_____ 님께

당신의 '이기는 습관'을 응원합니다!

_____ 드림

추천의 말 – 실력과 원칙으로 승부하는 강한

단연코 국내 최고의 마케터이자 시장의 흐름을 읽는 본능의 소유자, 김진동. 그가 '이기는 습관'을 통해 우리에게 주는 이야기에 사뭇 흥분된다. 이제까지 그 어떤 책을 통해서도 만나보기 힘들었던, 진짜 비즈니스 세계의 이야기에 전율이 느껴진다. 바야흐로 비즈니스의 향배를 고민하는 이들에게 적극 권한다.

– 제일기획 사장·한국마케팅클럽 회장, 김낙회

전자업계는 최첨단 기술이 하루가 다르게 쏟아져 나오고 있다. 신기술·신제품 경쟁이 분초를 다투는 정도다. 이러한 가운데서 승부를 가르려는 업계의 쫓고 쫓기는 숨막히는 물밑 경쟁 역시 치열하다. 그곳에서 김진동은 이름만으로도 엄지손가락을 치켜들게 되는 숨은 전략가로 꼽힌다. 그가 말하는 원칙과 기본기, 전략과 마케팅의 한 페이지 한 페이지는 현장의 기록이자 명승부의 핵(核)이다. 알짜배기 이야기에 눈길을 뺏긴다.

– 하이마트 사장, 선종구

해외와 국내에서 첨단의 마케팅을 공부하고 실천해온 나조차 그를 만나면 한 수 접고 들어가게 된다. 그것은 현장에서 잔뼈가 굵은 사람에게서만 풍겨 나오는 진한 '실용주의'의 향기 때문인 듯하다. 그의 본격 '현장 노하우'를 이 한 권의 책으로 만나게 되어 반갑기 그지없다.

– (주)아이리버 부회장, 이명우

체질을 당신의 조직에 심어라!

소비자들은 바야흐로 가치쇼핑으로 눈길을 돌린 지 오래다. 그 욕구를 헤아리는 제품과 서비스는 불황에도 끄떡없다. 모든 비즈니스는 궁극적으로 고객만족과 매출로 승부하며, 원칙과 기본기를 놓치지 않는 '이기는 습관' 만이 경쟁력을 지속시켜준다. 마케터나 판매 부문이 아니라도, 이 책을 일독해야 하는 이유다.

– GS홈쇼핑 상무, 임원호

정말 시의적절한 타이밍에 최고의 책에 어울리는 최적의 필자다. 우리 기업과 조직, 그리고 개인이 필요로 하는 것은 거창한 이론보다, 바로 이런 '가려운 곳을 긁어주는' 속 시원한 이야기다. 변화와 혁신을 모색하는 대한민국 기업의 필독서 중의 필독서!

– LG전자 유통전략그룹 과장, 이태성

Winning Habit 2

Winning Habit
이기는 습관 **2**

평균의 함정을 뛰어넘어라

이기는 습관 2

평균의 함정을 뛰어넘어라

2009년 4월 15일 초판 1쇄 | 2017년 1월 9일 36쇄 발행
지은이 · 김진동

펴낸이 · 김상현, 최세현
디자인 · 김애숙

마케팅 · 권금숙, 김명래, 양봉호, 최의범, 임지윤, 조히라
경영지원 · 김현우, 강신우 | 해외기획 · 우정민
펴낸곳 · (주)쌤앤파커스 | 출판신고 · 2006년 9월 25일 제406 - 2012 - 000063호
주소 · 경기도 파주시 회동길 174 파주출판도시
전화 · 031-960-4800 | 팩스 · 031-960-4806 | 이메일 · info@smpk.kr

ⓒ 김진동 (저작권자와 맺은 특약에 따라 검인을 생략합니다)
ISBN 978-89-92647-65-6 (03320)

쌤앤파커스(Sam&Parkers)는 독자 여러분의 책에 관한 아이디어와 원고 투고를 설레는 마음으로 기다리고 있습니다. 책으로 엮기를 원하는 아이디어가 있으신 분은 이메일 book@smpk.kr로 간단한 개요와 취지, 연락처 등을 보내주세요. 머뭇거리지 말고 문을 두드리세요. 길이 열립니다.

Winning Habit

이기는습관 **2**

평균의 함정을 뛰어넘어라

· 김진동 지음 ·

쌤앤파커스

'원칙'과 '기본기'에 충실한 조직은
풍랑에도 흔들리지 않는다!

처음 책을 쓰기 시작했을 때 '나 같은 사람이 뭘 말씀드릴 수 있을까?' 많이 망설였다. 엄청난 고위직에 오른 것도 아니고 혁혁한 수훈을 세운 것도 아니고 프로필이 화려한 것도 아니어서, 필자로서 당당히 명함을 내밀기를 주저하기도 했다. 하지만 책의 표제가 '이기는 습관'이기에, 누구보다 현장의 소리를 있는 그대로 말해줄 수 있는, 또 실무의 가려움을 긁어줄 수 있는 가장 최전선을 경험한 사람이 나서야 한다는 생각에 용기를 낼 수 있었다.

1권을 읽은 독자들이 전옥표 필자로부터 거시적인 노하우와 명사령관으로서의 전략과 실행력을 배웠다면, 필자는 좀 더 시시콜콜한 업무의 '원칙'과 '기본기'에 무게중심을 두고 이야기를 풀어가려고 한다.

경기가 좋을 때는 허장성세로도 얼마든지 유세를 부리며 살아갈 수 있다. 하지만 불황일 때, 기업이 어려워질 때, 지원군들이 하나 둘씩 없어지거나 등을 돌릴 때는 결국 실력만이 모든 걸 결정한다. 아무리 외부에 인심을 얻고 내부가 한 가족과 같은 끈끈한 우애로 다져졌다 해도, 공고히 축적된 실력이 없으면 오래 갈 수가 없다. 원칙이 흐트러지고 기본기가 단단하지 않을 때, 조직은 작은 풍랑에도 흔들릴 수 있다는 것을 필자는 여러 차례 직접 피부로 경험해보았다.

마케팅 컨설팅 회사의 대표를 맡고 있는 필자의 별명은 일명 '김직설(直說)'이다. 하고 싶은 말은 어떤 경우라도 꼭 해야 하고, 무엇보다 얼굴 표정에서부터 감정을 감추지 못하니, 현업에 있을 때도 화끈하지만 불같은 상사로 통했다. 이제는 '갑(甲)'인 클라이언트 고객사 사장님들이라 해도, 제대로 못하는 것이 있으면 큰소리로 호통을 치기 일쑤다. 아무리 생각해도 간 큰 컨설턴트다.

글을 읽어 내려가다 보면, 그런 필자의 다혈질이 그대로 녹아 있는 것을 발견할 수 있을 것이다. '유머감각 없는 상사'에게 마구 구박을 당하는 듯한 불쾌감이 들지도 모른다. 다 너그러운 아량으로 이해해주시기를 바라고, 입에 쓴 약이 몸에 좋다고 노파심과 충심에서 나온 이야기들로 받아들여주시길 바란다. 개인적으로 독자에게 악감정이 있는 게 아니라, 정말 꼭 알아주었으면 하는 것을 정리하느라 그리 되고 말았다. '나도 이미 알고 있는 것인데, 건방지게…' 하는 심정이 드는 대목은 살짝 넘어가셔도 좋다. 그러나 기억해주었으면 하는 것은, 이 책에 쏟아놓은 이야기는 필자가 직접 현장에서 경험하고 엎어지고 뒹굴면서, 누구보다 뼈저리게 느꼈던 것들이라는 점이다.

필자는 삼성에 20여 년간 몸담으면서 마케팅 실무로 잔뼈가 굵었다. 책상보다는 매장, 서류보다는 현장의 육성이 더 익숙한 나날이었다.

그러면서 머릿속에 꽉 차 있던 먹물들이 많이 **빠져나가는** 경험을 했다. 날고 기는 선후배들과 온몸으로 부대끼면서, 이론만 번지르르한 탁상공론보다는 결과를 만들어내는 '일'의 방법을 트레이닝 받을 수 있었다. 다행히도 '실용적으로', '수익을 내는' 쪽으로 일찍부터 생각과 일의 방향이 세팅되었던 것이다.

그러다가 과감히 외국계 회사인 소니코리아로 둥지를 옮기게 되었다. 소니Sony가 가진 브랜드력에 비해서 유통 영역이 비교적 약하고, 그러다보니 제품 품질에 비해서 시장 장악력이 떨어지던 시기였다. 그곳에서 매출을 150% 이상 신장시키며, 나름대로 마케팅 감각을 인정받은 필자는, 김치냉장고 '딤채'로 잘 알려진 위니아만도의 마케팅 총괄 본부장으로 전격 스카우트 되기에 이른다.

위니아만도에서 제작, 유통, 수익률, 현금회전율과 씨름하면서 필자는 정말 많은 것을 배우고 실행했다. 그때 내가 한 일은 '딤채'라는 브랜드를 개발하거나, 그것을 세계적인 일류 브랜드로 만드는 것은 아니었다. 그렇게 엄청난 일이라면 존경하는 마케팅의 프로페셔널들이나 R&D 아이디어 뱅크의 몫이다. 필자는 그렇게 머리가 좋은 사람은 못된다.

내가 했던 일은 3년여에 걸쳐 고가 상품군 위주로 안정적인 판매를 창출할 수 있는 300여 개의 직영점을 설립하고, 2.5%에 불과했던 영업이익률을 10%대로 올려놓은 일이었다. 필자가 부임하던 첫 해 100억 원대에 불과하던 영업이익은 3년 후 550억 원으로 늘어났다. 매출

신장은 크게 이루어지지 않았지만, 체질과 기본기를 바꾼 결과 3.5배의 수익 증대를 만들어낸 것이다.

이제까지 현업에 몸담으면서 배운 것 중 가장 큰 교훈은 '내가 가진 패'는 결코 숨길 수 없다는 것이다. 앞으로는 남고 뒤로는 밑지는 장사가 얼마나 많던가? 얼마나 많은 회사들이 '굴러가고 있는' 것만으로 위안하고 있던가? 실력이나 전술은 부재한데, 실적을 닦달하고 직원을 들들 볶는 것으로 돌파구를 찾으려는 회사는 또 얼마나 많은가? 그러나 '내가 가진 패'를 '제대로 된 것'으로 수리하는 것만이 현상유지의 악순환에서 벗어날 수 있는 유일한 방법이다.

책의 서두를 열면서 필자가 제일 먼저 말뚝을 박아두고 싶은 바는, '이제부터 설명할 모든 이야기들은 철저한 약육강식의 경쟁논리를 전제로 한다'는 점이다. 가끔 자기계발서를 읽는 독자들 중에는 '세상을 왜 그렇게 한쪽 시각으로만 보느냐', '너무 비정하다'고 불만을 토로하는 경우가 있다. 그런 목적으로 이 책을 집었다면 읽지 않아도 좋다. 결국 말하는 사람도 피곤하고 듣는 사람에게는 귀 아픈 잔소리에 불과할 뿐이니 말이다. 일찌감치 경쟁의 대열 따위에는 관심을 끊고 '위로'나 '위안'이나 '칭찬'의 말들을 듣고 싶다면, '기업', '전략', '승리' 같은 키워드가 아닌 다른 주제의 책을 읽는 편이 마음이 편할 것이다.

책을 쓰긴 했지만, 필자 역시 모든 걸 잘하는 팔방미인은 못 된다. 그래서 이 책에서 말하고자 하는 이야기 역시 독자 여러분에게 '내가 경험해본 바는 이렇던데, 어떻게 생각하시는지?', '현장에서 일하다

보면 이런 게 정말 풀어야 할 숙제인 것 같던데, 한 번 들어봐달라'는 주의주장에 가깝다. 나는 학자도 아니고 천재도 아니니 답을 드릴 수 있다고 생각하지는 않는다. 하지만 이러 저리 돌려 좋은 게 좋은 이야기를 하려면, 굳이 내가 써야 할 필요는 없을 것 같아 솔직히 생각하는 바를 적었다. 그런 연유로 필자의 필체가 가끔 도를 넘을 정도로 직설적이라면, 나의 못난 성격 탓이라 여겨주시길 바란다.

시장(market)은 질문하는 방식에 따라 각기 다른 답을 준다. '요행'을 바라고 질문을 던지면 가차 없이 '처절한 실패'라는 답변을 던져준다. '묻지마 식 성장'을 바라고 질문을 던지면, '부실'이라는 답변을 던져준다. 무엇을 묻고 무엇을 얻을 것인가? 바야흐로 '평균적으로 잘하고 있다'는 수준을 넘어서 결과 중심의 전략과 사고, 그리고 '실용적인 행보'가 요구되는 세상이다. 모쪼록 이 책이 그런 독자의 행보에 조금이나마 도움이 되기를 바란다.

지은이 김진동

CONTENTS

평균의 함정을 뛰어넘어라,
전략적 사고

———

현명한 경영자일수록, 그들이 원하는 전략이란 수십 페이지에 걸쳐
빼곡하게 이론과 원리를 나열한 박사논문이 아닐 공산이 크다.
실행에 집중하는 사람일수록 표리를 꿰뚫어 현실을 관통하는 '전략'에 갈증을 느낀다.
그러려면 그 전략을 탄생시키기 위해서는 질문하는 사람, 그리고 그 질문 자체가 명쾌해야 한다.
복잡해선 곤란하다. 잡다한 조직 논리나 자존심 싸움 같은 건 여기엔 필요 없다.
그걸 벗어야 1등 전략이 나올 수 있다.

PART

WINNING
HABIT2

01

회사가 월급 주는
이유를 망각하지 마라

승리는 습관이 되며, 유감스럽게도 패배 역시 그러하다.
— 빈스 롬바르디Vince Lombardi

기회가 왔을 때 잡을 준비가 되어 있는 것, 그것이 바로 성공의 비결이다.
— 벤저민 디즈레일리Benjamin Disraeli

기업들이 갑자기 쇠퇴해버리는 현상은 무엇을 의미할까?

세계의 경영자들이 갑자기 멍청해져서? 아니다. 평생 장밋빛일 것 같았던 비즈니스 모델이 갑자기 먹혀들지 않게 되는 건 바로, 환경이 바뀌었기 때문이다. 그리고 가장 두드러지게 변화한 것은 변화 그 자체다. 우리 시대를 다른 시대와 구분 짓는 것은 세계를 평평하게 만든 커뮤니케이션 효과도 아니고, 중국이나 인도 등 신흥시장의 경제적 급부상도 아니다.

바로 엄청난 변화의 속도다. 앞으로 다가오는 수십 년은 모든 사회, 조직, 개인 모두가 전에 없던 새로운 방법으로 적응력을 시험받게 될 것이다. 다행히 이 모든 혼란은 도전과 기회를 같이 가지고 온다. 기업 전망과 위험의 균형은 그 조직의 적응능력에 달려 있다. 그러므로 21세기의 모든 기업에 가장 중요한 질문은 바로 이것이다.

'당신은 세상이 변하는 만큼 빨리 바뀔 수 있는가?'

— 《경영의 미래The Future of Management》, 게리 해멀Gary Hamel

경영의 구루라 불리는 게리 해멀은 향후 밀어닥칠 '비즈니스 세계의 변화'를 논하면서, 조직 그리고 우리 개개인의 변화 필요성에 대해서 비장하게 강조하고 있다. 급속도로 변화하는 환경은 '생존'이냐 '도태'냐를 결정 짓는 속도를 비약적으로 단축시켜 놓았다. 바야흐로 우리는 '적당히 잘하는' 것으로 생존을 보장받았던 과거와는 전혀 다른 시대로 접어들고 있는 것이다. '경쟁'은 비단 스포츠 분야 혹은 순위 다툼이나 시장점유를 두고 일대 격전을 벌여야 하는 일부 부서의 전유물을 넘어섰다.

기업 활동의 모든 요소들은 본질적으로 '경쟁'을 바탕에 두고 있기 때문에, 엄밀히 말해 모든 기업 구성원은 경쟁이라는 전쟁의 승률을 좌우하는 '전략가'이자 고객이라는 전리품을 유혹하는 '마케터'다.

그러므로 오늘부터 회사에 출근하면서, '나는 회계 담당자', '나는 기획자', '나는 디자이너' 하는 식으로 자신의 업무를 경계 짓지 말기를 바란다. 기업은 분업식의 역할분담과 굳어진 시스템이 아니라, 나 스스로가 경쟁에서 싸워야 할 주인공이라고 생각하는 '오너십(Ownership)'에 의해 그 체질이 결정된다.

가끔 직접적으로 판매나 실적과 관련이 적은 부서의 직원들과 이야기를 나누다보면, 우리가 '영리를 목적으로 하는 기업에서 일하는 것인지', '친목단체에서 일하는 것인지' 혼란스러울 때가 있다.

"제가 보기엔 멋있는데요. 생산 비용이 좀 더 들더라도 이 사양으로 했으면 좋겠어요. 제가 꼭 디자인 하고 싶었던 스타일이에요."

"그래도 우리는 먹고살 만한 회사잖아요. 뭐 그리 빡빡하게 굴 필요가 있나요? 상대는 작은 회사인데 그쪽 편의를 좀 봐주죠."

"최선을 다해서 만들었지만 시장의 반응이 탐탁지 않은 걸 어떡합니까? 제가 영업 담당자는 아니지 않습니까? 판매에까지 일일이 신경 써가며 어떻게 일하나요?"

미안한 애기지만, 그런 직원들에게는 '그 누가 돈을 내고 사주지 않아도 충분히 훌륭하다고 칭찬해주는, 예술활동 할 수 있는 곳으로 가라'고 권해주고 싶다. 물론 그런 곳 역시 존재하지 않지만 말이다.

모든 제품, 모든 기획, 모든 회계, 모든 디자인, 모든 설계, 모든 경영에는 경쟁자가 있게 마련이다. '이길 수 없으면', 진다. 그 단 두 가지밖에 없다. '평화로운 공존' 따위는 동화 속 이야기일 뿐이다. 이기는 것을 즐기면 승부사다. 하지만 지는 것을 즐긴다면 환자에 불과하다.

필자의 경험의 끈이 많이 닿아 있는 곳이라서, 앞으로 내가 인용하거나 소개할 사례와 방법론 중에는 다분히 영업이나 유통, 세일즈 등 '마케팅' 분야 이야기가 많을 것이다. 그러나 필드의 여러 분야를 섭렵해본 입장에서 감히 말하자면, 돈 버는 일, 수익을 내는 일을 포함한 비즈니스 활동과 관련되어 있는 모든 영역의 핵심은 결국 '마케팅'과 '전략'으로 귀결된다. 그리고 그 분야의 원칙과 방법에 대해 제대로 통달하고 나면, 그렇게 체득한 방법론을 가지고 어디서든 활용할 수 있다. 1대 1로 고객을 상대로 하는 작은 매장 운영에서부터 수 조원의 어마어마한 액수를 컨트롤 하는 국가 경영에 이르기까지 모든 영역에서 통하는 '이기는 체질'을 확보할 수 있게 된다는 의미다.

그렇다면 '전략'이란 무엇인가? '마케팅'이란 무엇인가?

나는 교과서에 나와 있는 고급스러운 단어의 나열로 돼 있는 정의 (definition) 따위에는 관심이 없다. 물론 그런 정의를 읽고 이론적 감각과 식견을 풍부히 하는 것은 매우 중요하다. 하지만 어디까지나 그것은 승부에서 잠시 물러나와 잠행을 할 때나 참고할 내용이다. 결과론적으로 '이렇게 했더니 성공했더라' 하는 이야기는 현장에서는 별로 효용가치가 많지 않다. 현장에서 유효한 해법은 경쟁자인 '적'과의 계속되는 싸움에서 '이기는 방법'을 찾아내는 것이고, 그 싸움에 가장 적합한 무기를 선점할 수단을 찾는 일이다.

기업은 싸움의 승리를 통해서 널리 이름을 떨치고 궁극적으로 '이익'을 창출하는 것을 목표로 한다. 하지만 아이러니하게도 전쟁이란 늘 우세한 무기나 화력을 가진 쪽이 이기지는 않는다. 불리한 조건, 불가능하다 싶은 상황에서 이기는 것이 바로 '기업 전쟁'의 묘미다. 언제든 전략의 노트는 새로운 강자에 의해 업그레이드 되며 어제의 해법이 오늘은 낡은 것이 되고 만다. 일 분 일 초도 가늠할 수 없다는 것이 바로 이 전쟁의 즐거움이다.

오늘날의 시장은 1900년대의 그것과는 완전히 다르며, 매일같이 새로운 모습으로 바뀌고 있다. 과거의 기업 전쟁은 대표 장수들이 앞으로 나와 한 놈씩 겨뤄서, 패배한 쪽 진영이 어깨를 늘어뜨리고 퇴각하는 낭만적이고도 신사적인 전쟁이었다. 하지만 이제는 적진에 잠입하거나 보이지 않게 매복해 상대의 사업 영역을 뺏어오는 '게릴라전'의 양상으로 바뀌었다. 이제 공중전, 심리전, 세균전을 자유자재로 구사하는 치밀하게 계획된 전략, 더욱 정교하면서도 유연성 있는 시나리오가 필요하다.

싸우는 것 자체보다 이기는 것이 중요하다

알 리스Al Ries와 잭 트라우트Jack Trout는 《마케팅 전쟁Marketing Warfare》에서 "오늘날 마케팅의 본질적인 특징은 소비자에게 봉사하는 것이 아니라, 경쟁자의 허점을 찌르고 측면을 공격하여 싸워 이기는 것이다."라고 쓰고 있다.

모든 전쟁에는 승패가 있다. 그리고 우리는 반드시 이겨야 한다. 싸우는 것보다 이기는 것이 중요하다는 말이다. 그런데 싸워서 이긴다는 것이 쉬운 일인가? 상대방이라고 앉아 노는 것이 아니다. 그들도 절치부심 이기려고 노력하고 있다. 그러니 고만고만한 노력과 전략으로는 어림도 없다.

대부분 기업 현장에 있는 사람들은 자신들이 현실에 잘 대응하고 있고, 이기는 싸움을 하고 있다고 생각하기 쉽다. 그러나 막상 그들이 사용하는 전략의 뚜껑을 열어보면, 대부분 경쟁업체들과 도토리 키재기 식으로 앞서거니 뒤서거니 하는 '아류 전략'인 경우가 많다.

상대가 30만 원을 깎아주면, 나는 35만 원을 깎아준다. 상대가 소비자에게 사은품을 안기면, 나는 더 나은 사은품을 고르느라 바쁘다. 경쟁사보다 원가를 깎아 하청을 주고 있다면서 자랑한다. 거래처 담당자 불러다가 값싼 비교견적을 들이대면서, '다음 달부터는 공급가 낮춰라.' 하고 윽박질러놓고서는, 하루 일을 열심히 했다고 화장실에 가서 거울을 보며 씩 웃는다.

시장점유율이 33%에서 35%가 되었다고 '성공했다'고 좋아해서는 곤란하다. 수치쯤이야 다음 달이면 31%로 떨어질 수 있고 37%로 올라갈 수도 있다. 그런 미세한 수치의 변화는 '내가 주도하고 내가 그림을 그린 대로 결과가 움직여준 것'이 아니라, 그저 시장이 요동치는 자연스러운 파도 정도밖에는 안 된다. 대다수 기업 종사자들이 그런 '파도타기'가 '일'이라고 착각하고 있다. 때로는 그런 파도에 일희일비하느라 인생 전체를 허비할 수도 있다.

확실한 승리, 그것도 나의 주도적 전략으로 가능하게 한 승리가 필요하다. 누군가가 아주 획기적인 전략을 내놓지 않는 한, 꽤 장기적으로 유지될 승리 전략이 필요하다. 자잘한 것은 그 후에 신경 써도 된다. 아니, 한 번 확실하게 이기는 전략으로 승부해두면 그 다음부터는 다른 조무래기들과는 다른 차원에 가 있게 된다.

그럼 모든 사람이 고심하는 '이기는 방법'은 어떻게 찾으면 되는가?

세계적인 석학이자 하버드 대학교 석좌교수인 하워드 가드너Howard Gardner는 한 인터뷰에서 이렇게 말했다.

"당신이 진짜로 망하고 싶다면, 이렇게 하라. 첫째, 잘하는 사람을 무조건 따라 하라. 둘째, 실패하면 벌을 줘라. 셋째, 권위자의 말을 맹신하라." 이기기 위해서는 '남들과는 다른 나만의 창의적인 방법'을 찾아야 한다. 그가 주장하는 창의적 사고의 본질은 '누군가 창조해놓은 것을 습득해 내 것으로 만드는 것'이 아니다. 물론 그것은 모든 창의의 기본이다. 하지만 결국 진정한 창의란 자기 스스로가 만들어낸 '창조 메커니즘'을 통해서만 탄생한다.

창조 메커니즘이란, 일종의 정신적 프로세스다. '스스로 생각하고', '스스로 실행하고', '스스로 실패해본 결과', 다시 새롭게 도전할 수 있게 세팅된 '직관적 생각기술'이다. 가장 중요한 전제는 '상황을 제대로 파악하고 그것을 돌파할 수 있는 정공법'을 선택해 시도하는 것이다. 첫 단추를 잘 꿰어야 한다는 말이다.

둘째로 중요한 전제는 그것이 무엇이 되었든, 스스로 실행해보아야 한다는 것이다. 머릿속에서 제아무리 만리장성을 백만 번 쌓았다가 허문다고 해도, 그것은 상상 속의 산물일 뿐이다. 비록 아무리 보잘것없는 결과라 하더라도, 스스로 직접 도전해 얻어내는 것이 중요하다. 쓰라린 실패의 경험을 하더라도, 아무것도 시도해보지 않고 머릿속으로만 해보는 것보다는 낫다. 남들이 도전해 실패한 것을 비웃고 앉아 있어봐야 절대 창의적인 사람이 될 수 없다.

이런 창의적 프로세스를 반복하고 반복하면, 바로 자신만의 전략이 탄생한다. 그것은 상황을 꿰뚫어보는 직관력, 남들이 보지 못한 빈틈을 포착하는 통찰력, 상상 속의 소설이 아니라 실제 싸움에 적용할 수 있는 시나리오를 탄생시키는 과정이다.

이렇게 일단 자신만의 지략과 힘이 생기고 나면, 더 이상 조무래기들의 싸움에 끼어들어 멱살잡이 하며 피투성이가 되는 '양아치' 짓은 할 필요가 없다. '뭘 더 얹어준다', '값을 깎아준다', '선심 쓴다', '접대한다' 식의 전략 없는 다툼은 더 이상 필요가 없어진다는 말이다. 그때라야 '제대로 싸워서 이기는 것'이 가능해진다.

모든 마인드를 실용적으로 세팅하라

직장세계에서 오래 전부터 농담 삼아 전해 내려오는 이야기가 있다. 일종의 '회사 괴담'이라고 할 수 있는데, 어느 회사에나 네 가지 부류의 사람들이 있다는 것이다. '똑부 족', '똑게 족', '멍부 족', '멍게 족'이 그것이다. 퇴근 후 한 잔 걸치러 들르는 포장마차의 안주 메뉴 같겠지만, 그 뜻을 살펴보면 재밌다.

'똑부 족'은 '똑똑하고 부지런한' 사람이다. 전략적으로 사고하고 그것을 바탕으로 부지런히 움직이는 덕택에 일이 쉽게 풀리고 성과도 크다. 가야 할 방향을 정확히 설정하고 처음부터 누수가 없는지 확실하게 챙기니, 무슨 일을 하든 손실이 없고 그 결과에 대해서도 칭찬을 받게 마련이다.

'똑게 족'은 예상했듯 '똑똑하지만 게으른' 사람이다. 머릿속으로는 뭐든 다 해낼 것 같은데 뒷심이 부족해서 일을 제대로 마무리 못한다.

'멍게 족'은 '멍청하고 게으른' 사람이다. 정해진 규칙적인 업무만을 하려 하고, 새로운 것은 시도하지 않는 부류다. 변화의 속도가 아주 느리고 자기계발에 대한 열의도 거의 없다.

그런데 문제는 바로 마지막 최악의 부류, '멍부 족'들이다. '멍청한데 부지런한' 사람 말이다. 멍청하면 차라리 게으른 편이 낫다. 이들 멍부 족들은 하루 종일 뭔가를 부지런히 하기는 하는데, 하는 족족 사고만 치는 경우가 많다.

우스갯소리로 입에서 입으로 구전된 이야기지만, 이 이야기에는 뼈가 있다. 사람을 몇 가지 부류로 나눠 희화화하자는 의도가 아니고, 실제 우리가 업무를 진행하는 방식에도 똑같은 패턴이 존재한다는 뼈아픈 지적이다.

지금도 그런 곳이 있는지 모르겠지만, 예전 영업, 판매 담당자들 사이에는 이상한 습관이 있었다. 작은 소비재를 취급하는 회사든 큰 고가품을 취급하는 회사든 예외 없이 그런 경우가 많았으니, 이 책을 읽는 독자도 그런 경험을 해보았는지 모르겠다.

집에서 차려준 뜨신 밥 먹고 회사가 주는 교통비 받아 영업 현장에 나간 직원들은 모두 회사가 자랑하는 인재들이다. 그런데 그런 최고의 직원들이 하루 종일 한다는 일이 경쟁업체 영업 방해다. 예를 들어, 경쟁사 제품 위에 얹혀 있는 홍보용 안내문패를 아무도 보지 않을 때 팔로 툭 쳐서 바닥으로 떨어뜨린 다음, 발끝으로 살짝 차 넣는다. 그러면 제품 진열대 밑으로 안내문패가 쥐도 새도 모르게 사라진다. 그뿐인가? 나란히 놓인 경쟁사 제품보다 우리 회사 제품이 더 잘 보이도록 살짝 배치를 바꾸어놓거나, 경쟁사 제품을 들고 가서 엉뚱한 판매대 위에 올려놓기도 한다.

그러면 경쟁업체 영업 담당자는 어떻게 할까? 없어진 안내문패를 다시 인쇄해서 채워놓고, 복수한답시고 다시 경쟁사 제품보다 자사 제품을 더 잘 보이게 돌려놓는다. 심지어 한때는 경쟁사 판매사원이 일을 못하도록 고객인 척 전화를 걸어 장시간 통화하면서, 판매사원을 붙들고 클레임을 걸게 하는 악질 아르바이트를 쓰는 기업도 있었다. 인터넷 공간이 활발해지면서, 경쟁사 제품에 대해 악성 댓글을 다는 데 에너지를 쏟기도 한다.

지금은 지난 얘기하듯 그저 씁쓸했던 과거의 기억일 뿐이지만, 여전히 우리는 크고 작게 이런 '멍부 족' 짓을 답습하고 있다. 그것이 시장을 교란시키고 쓸데없는 비용을 만들어내고 결국에는 고객들로 하여금 지겨워 떠나가게 만드는지도 모르면서, '회사 사랑한다'는 일념 하에 반복하고 있는 그런 일은 결국 회사도 구성원도 '멍부 족'으로 만들 뿐이다.

필자는 기업 경영 전반에 대한 컨설팅을 할 때마다, 필드부서 즉 생산이나 일선 영업, 서비스, 기획 등등 제품 생산에 꼭 필요한 부서나, 들이닥치는 고객들의 요청을 처리하고 응대해야 하는 인원들을 제외하고, 관리 인원은 최소한으로 두라고 조언하곤 한다. 특히 현업은 하지 않고 관리만 하는 소위 전근대적 방식의 관리자는 아무리 큰 회사라 해도 한두 명이면 족하다. 관리부서의 스태프도 가능한 한 적은 편이 좋다는 게 내 지론이다.

이유인즉슨 이런 사람들일수록 '멍부 족'으로 전락할 가능성이 높기 때문이다. 가만히 앉아 있으면 노는 것 같으니까 자꾸만 일을 벌인다. 특히 현업에 직접 투입되지 않는 중간관리자라면 이런 함정에 빠지기가 쉽다. 밑에 있는 부하직원들이나 현장의 인력들이 놀고 있을까봐, 자꾸만 새로운 팀을 짜고 새로운 업무를 줘서 일을 벌인다. 원칙을 지키고 기본 업무를 더욱 창의적이고 충실하게 하는 데 집중하지 않고, 새로운 형식과 방침만을 만들어 실무선에 끊임없이 하달한다.

하지만 그 성과는 묘연한 경우가 많다. 처음부터 일을 잘하기 위해 벌인 일이 아니라, 뭔가 하고 있다는 것을 보여주기 위해 벌인 일이기 때문에, 성과는 나와도 그만 안 나와도 그만이다. 일을 더 열심히 하거나 효율적으로 할 수 있는 '방법론'과는 거리가 먼 탁상공론일 공산이 크다는 말이다.

부하직원이 '멍부 족'이면 근신을 시키거나 방향을 다시 잡아주면 된다. 물론 계속 멍부 족 상태에 머물러 있다면, 회사는 과감히 그들을 정리해야 한다. 하지만 문제는 상사나 중간관리자가 '멍부 족'이면 회사 전체를 흔들리게 할 수도 있다는 것이다. 뭔가 열심히 하는 것 같은데 비용은 비용대로 들고 결과는 안 나오고 직원들만 피곤하다. 물론 이런 '멍부 족'들이 경영 최일선의 브레인이 되거나 경영자가 될 가능성은 적다. 하지만 그런 위치에 오르지 않고서도 충분히 빈 구멍으로 회사의 소중한 시간과 비용을 새어나가게 할 수도 있다.

2009년 초 삼성은 1,400명에 이르는 본사 지원부서 인원 중 1,200명을 현장에 전진 배치시켰다. 법무, 회계, 관리 업무는 '현업'을 감시하고 점검하던 기존의 방식에서, '잠재된 리스크 요인을 탐지하고 예방'하는 차원의 지원업무를 하는 것으로 철저히 그 성격이 바뀌었다. '효율의 삼성'이라는 슬로건 하에서 이루어진 파격적인 조치였다. 삼성이 욕을 얻어먹으면서도 앞서갈 수 있는 원동력은 바로 이런 데서 나온다고 생각한다.

앞으로 한국기업 그리고 기업 구성원은 고질적인 기존의 습관, 즉 비생산적이면서도 '했다'는 구호성에 머무는 일들을 줄여내고, 얼마나 더 실용적이면서도 유연하게 변신하느냐에 따라 그 생존 여부가 결정될 것이다. 이제 근속하면 승진하고, 일정 위치까지 승진하고 나면 일을 좀 쉬엄쉬엄 해도 되는 시대는 지났다. 무엇으로 기업을 승리하게 할 것인가, 그 전략을 도출하고 실행하는 사람만이 살아남고 영광을 누릴 것이다.

무엇으로 성공을 보장받을 것인가?

힐튼호텔의 창업자 콘래드 힐튼Conrad Hilton은 호텔 건설현장을 기자들과 함께 방문했다. 앞으로 개장하게 될 새 호텔의 청사진에 대해 설명하던 그에게, 불현듯 기자 한 명이 질문을 던졌다.

"정말 대단하십니다, 힐튼 사장님. 도대체 지금까지 이렇게 승승장구할 수 있었던 성공의 비결을 뭐라고 생각하십니까?"

잠시 무언가를 생각하던 힐튼 사장은 현장 바닥에 떨어져 있던 잘린 철근 하나를 주워들었다.

"이 철근 값이 5달러 정도 될 겁니다. 이걸 불에 달군 다음 망치로 두드려 말발굽을 만들면 10달러 50센트를 벌 수 있습니다. 더 세밀하게 가공해서 좋은 바늘로 만들면 3,250달러를 벌 수 있습니다. 하지만 스위스 명품시계의 밸런스 스프링Balance Spring을 만들면 250만 달러를 벌 수 있습니다."

그는 철근을 내려놓고, 기자들에게 말했다.

"제 고향 그리스에서 처음 취직하려 찾아갔던 곳은 '건물 경비원' 자리였습니다. 하지만 글을 읽을 줄 모른다는 이유로 퇴짜를 맞았지요. 제가 만약 글을 읽을 줄 알았다면 아직도 경비원 노릇을 하고 있을지도 모릅니다. 주어진 환경은 성공을 가져다주지 못합니다. 오직 행동만이 성공을 부를 뿐입니다."

탁월한 전략가는
숫자로 말한다

그 무엇도 직선으로 움직이지 않는다.
어떤 목표도 좌절과 장애를 겪지 않고 이루어지지 않는다.
— 앤드류 매튜스 Andrew Matthews

무조건 믿지 마라. 검증하라!
— 스티븐 D. 레빗 Steven David Levitt, 《괴짜경제학》 저자

세탁기가 정말이지 불티나게 팔리던 1990년대 중반의 이야기다. 지금
처럼 드럼 세탁기가 주류가 되기 훨씬 이전의 일이다. 당시 삼성전자
마케팅 실장이었던 황선도 이사는 얼토당토않은 지시를 내렸다.

"지금 우리가 취급하는 세탁기가 한 달에 2만 대 이하로 팔리고, 가격
이 30만 원대 정도로 떨어져도 견딜 수 있는 구조를 만들어라."

당연히 직원들은 웅성거렸다. '무슨 소리 하시는 거야. 지금 세탁기는
80만 원대를 호가하고 시장점유율 30% 대만 달성해도 3만 대 이상은
너끈히 팔리는데. 저 양반은 왜, 잘하고 있는데 헷갈리는 말씀을 하
지?' 이런 반응이었다. 하지만 마케팅 실장의 추상같은 분부니 따르지
않을 수가 없었다. 결국 제조 부문에서는 부품공용화 등을 통해서 비
용을 절감하고, 마케팅 부문에서는 유통을 포함해 비용을 최소화하기
위해 뼈를 깎는 노력을 했다.

그런데 지금은 어떤가? 일반 세탁기는 아무리 비싼 것도 30만 원대면
살 수 있다. 판매량이 많지는 않지만 브랜드 입장에선 아예 철수할 수

도 없는 시장이다. 그러나 미리 준비를 철저히 해놓은 덕에 삼성전자의 일반 세탁기 부문은 저가에다 많은 양이 팔리지 않는데도 탄탄히 유지되고 있다. 황선도 당시 이사는 재무 분야 전문가이기도 하다. 아마도 판매추이, 비용 등 다양한 데이터들을 분석해보고 난 다음, 지시를 했을 것이다. 훗날 삼성선물 CEO를 역임했던 그분의 탁월한 숫자 감각이 빛난 순간이었다.

데이터를 보라, 답이 들어 있다

필자가 삼성전자를 떠나 위니아만도에서 마케팅 수장을 맡았을 때, 가장 먼저 유심히 연구하고 들여다 본 것이 기존의 판매 데이터들이었다. 이미 삼성에서 일하면서 기존의 데이터를 다방면으로 들여다보면서 충분히 연구하고 나서야 전략을 수립하는 습관이 몸에 배어 있었던 것이다.

그런데 데이터는 비상 알람을 울리고 있었다. 이미 시장에서 탁월한 경쟁우위를 점하고 있었는데도, 이상하게 수익구조는 썩 좋지 못했던 것이다. 어디에선가 무언가가 새어나가고 있다는 증거였다. 획기적인 제품 개발과 마케팅 사례로 꼽히는 '딤채'는 이미 출시 이후 누적판매량 300만 대를 넘어서고 있었다. 경쟁사들의 판매량을 모두 합쳐봐야 그것의 채 절반도 되지 않았을 때였다. 매출 규모는 4천억 원 대. 하지만 수익은 고작 100억 원 규모에 불과했다. 수익률이 2.5%에 불과하다는 말이다.

1년 열심히 생산하고 판매하고, 수백 명의 직원이 열심히 움직여서 만들어내는 수익이 고작 2.5%라니. 속된 말로 '많이 먹고 많이 싸기는' 하는데, 몸에 영양분이 축적되지 않는다는 말이다. 요즘의 우량기업들은 수익률을 가장 민감하게 챙기지만, 아직도 매출 기준으로 모든 것을 판단하고 평가하는 회사들이 많이 있다. 무조건 많이 팔면 장땡이다. 그래서 앞에서 남고 나중에 결산해보면 밑져 있는 게 대부분이다.

'지금 당장 좀 더 많이 파는 것'도 중요하지만 우선은 이 말도 안 되는 수익률을 정상궤도로 돌려놓아야 했다. 그리고 '3년 후에는 시장에서 어느 누구도 도전할 수 없는 입지를 갖추는 것'이 중요했다. 결국 기본기를 다시금 다잡아야 했다.

지금 조금 이기기보다, 3년 후에 확실히 이긴다!

앞서 설명했듯이 필자가 위니아만도에 처음 부임했을 때, 시장상황은 기묘했다. 고객만족도도 높고 어딜 가든 가장 먼저 찾는 김치냉장고 충성 브랜드는 분명 우리인데, 시장점유율은 점점 타사의 추격에 잠식되어가고 있고 조직의 사기는 땅에 떨어져 있었다. 경쟁사들이 엄청나게 기발한 전략으로 공세를 편 것도 아니다. 자사의 제품 디자인 변화속도가 조금 늦기는 했지만, 그렇다고 이렇게까지 시장상황에 영향을 줄 만한 요인은 아니었다.

패기를 갖고 마케팅 수장으로 부임했는데, 그럭저럭 버티거나 추락

속도를 늦추는 정도로 만족할 수는 없었다. 판도를 뒤엎을, 싸움에서 확실하게 이길 전략이 필요했다.

낮이건 밤이건 숫자를 분석하고, 직접 현장에 나가서 유통 프로세스를 면밀히 관찰하고, 경쟁사는 어떻게 움직이고 있으며 우리는 어떻게 대응하고 있는지 두 달 동안 눈을 부라리고 뛰어다녔다. 물론 개선해야 할 사항도 많았지만, 이미 잘하고 있는 부분도 많았다. 그러나 '강점을 강화하고 약점을 고치는' 전형적인 대증요법으로는 '반전'을 일으킬 수 없었다. 조금은 나아질 수 있겠지만 조직 전체가 고혈을 쥐어짜고 힘과 에너지를 들여야 하는 일련의 개선을 위한 투입 노력에 비해서, 그 결과는 미약할 게 뻔했다.

고민을 넘어 전략을 탄생시킨 OX 노트

나의 선택이 중요한 때였다. '열심히 했다'는 위안만 가지고 미약한 변화에 만족할 것인가? 아니면 잠깐 동안은 고통스러울지 모르지만 '3년 후에는 확실한 승리를 보장해줄' 전략을 선택할 것인가?

나는 현장을 돌면서 도출했던 문제점과 그 해법들을 모두 리스트로 만들었다. 다른 구체적인 전략방향에 대해서는 앞으로 계속해서 설명하겠지만, 핵심적인 해법은 몇 가지로 귀결되었다. 그리고 리스트로 만든 해법들 중에서 '그럭저럭 괜찮지만 결정적이지는 못한 것'을 하나씩 하나씩 지워나가기 시작했다.

첫째로 도출된 방법은 기존 고객에 대한 데이터베이스를 체계적으로 정리하고, 지금 다른 기업들이 열을 올리는 소위 고객서비스(CS, Customer Service) 강화에 집중하는 것이었다.

지금이라도 당장 실행할 수 있는 일이고 매출 상승에 약간은 도움은 되겠지만, 현재의 문제점을 완전히 뒤엎을 해법은 아니었다. 뒤엉켜 있는 고객 데이터베이스를 다잡는 데만도 별도의 시스템 구축과 더불어 족히 1년은 걸릴 게 틀림없었다. 과감히 X표를 쳤다.

둘째로 도출된 방법은 공급률 전쟁을 벌이는 것이었다. 자사의 공급률은 유통 거래처별로 들쭉날쭉했다. 상대 유통사가 강하냐 약하냐에 따라, 그리고 제품을 공급하는 영업 담당자의 성향에 따라 공급률은 천차만별이었다. 그런 불안정한 공급률을 확 뜯어고쳐서 유통회사들과 밀고 당기기를 하더라도 일대 전쟁을 감행하는 것도 방법이었다.

제품 공급률은 결국 수익과 직결되는 부분이다. 비단 가전이나 특정 제품군에만 해당하는 이야기가 아니다. 이 책을 읽는 당신도 자사의 업종을 떠올려보고 각종 판매채널별로 공급률을 어떻게 책정하고 있는지, 지금이라도 면밀히 살펴보기 바란다. 단 1~2%의 공급률 조정이 곧바로 1~2%의 수익 등락과 연결된다. 그럼에도 불구하고 많은 회사들이 여전히 유통업체 혹은 거래처가 '요구하는 대로' 공급률을 책정해준다. 다른 회사들도 다 비슷한 공급률에 납품하니까 우리도 경쟁에서 이기려면 어쩔 수 없이 그렇게 해야 한다고 여긴다. 단단히 착각하고 있는 부분이다. 다른 회사들과 맞추기 위해 공급률을 낮추는 것,

혹은 한꺼번에 많은 물량을 팔기 위해 공급률을 낮추는 것만큼 어리석은 일은 없다.

나중에 자세히 설명하겠지만, 어차피 제품력을 가지고 있고 해당 분야에서 일정 정도 시장점유율을 유지하고 있다면 공급률을 무기로 유통회사들과 한판 겨뤄볼 만하다. 물론 체질이 안 따라준다면 그마저도 사용할 수 없는 카드다. 하지만 딤채 같은 경우는 시장에서 독보적 위치였기에 과감히 시도해볼 만한 일이었다. 그러나 꼼꼼히 생각해본 결과, 부임한 지 채 몇 개월도 되지 않은 마케팅 수장이 실행할 전략은 아니었다. 아직은 좀 더 탐색전이 필요했다. 여기에 대해서도 X표를 쳤다.

나는 전략을 도출하기 위해서 실무자들이 귀찮아할 정도로 여러 각도의 데이터 분석을 요구했다. 기존에 정리돼 있는 데이터는 '특정 제품이 몇 월에 얼마 팔렸다' 하는 정도에 불과했다. 나는 채널별, 담당자별, 지역별, 고급 제품군과 저가 제품군, 시기, 날씨, 마케팅 방법론 등등에 따라 어떻게 판매추이가 변화되었는지 다방면의 데이터를 내오게 했다. 그랬더니 슬슬 수익구조상의 문제점이 드러나기 시작했다.

데이터를 연구하는 틈틈이 현장에 나갔다. 현장에 우리 제품이 어떻게 진열되어 있고 어떤 패턴으로 팔려나가고 있으며, 고객들은 어떤 반응을 보이는지 체크하기 위해서였다. 결국 결론은 '전속점을 늘려야 한다'는 것으로 도출됐다.

지금부터 필자가 말하는 내용은 전문적인 유통에 관한 부분이라, 해당 분야 종사자가 아닌 분은 까다롭게 느껴질 수도 있다. 하지만 곱씹어 읽어보면, 어떤 내용인지 이해할 수 있을 것이다.

전속점이란 물건을 만드는 '내'가 직접 하는 장사라고 보면 된다. 만드는 사람이 '메이커'라면 홈쇼핑이나 다른 가게, 혹은 판매전문 회사에 맡겨 팔 수도 있고, 내가 직접 매장을 열어서 팔 수도 있다. 하지만 내가 모든 가게를 관리할 수는 없으니, 각각의 매장 사장은 따로 있고 나는 관리만 하는 형식으로 운영되는 게 전속점의 개념이다. 결과적으로 당시 위니아만도에게, 전속점을 늘리는 방법론은 두 마리 토끼를 동시에 잡을 수 있는 전략이었다.

첫째, 들쭉날쭉한 제품 공급률을 정착시키기 위한 방법이었다. 유통회사에 코가 꿰어서 원칙도 방침도 없이 판매되는 패턴을 바꾸려면, 전체 제품이 팔려나가는 비중, 즉 마켓 쉐어(Market Share, 시장점유율)의 30% 정도는 자사의 전속점을 통해서 확보해둘 필요가 있다.

둘째는 고가 제품군의 판매를 촉진하기 위해서였다. 전속점은 저가 제품을 중점적으로 판매하는 양판점이나 할인점과는 달리, 판매직원의 역량에 따라서 고급 제품을 더 많이 팔 수 있는 가능성이 크다. 전속점을 찾는 고객은 이미 우리 브랜드 제품을 사겠다고 결심한 상태기 때문에 저가의 다른 상품과 비교하며 꼼꼼히 가격을 따지는 일반 매장의 고객과는 달랐다. 그러므로 내 매장이라는 애정을 가진 점주나 판매사원의 노력 여하에 따라, 고가의 고급제품을 고를 확률이 더 높다. 기존의 판매 데이터도 전속점에서의 고가 제품군 판매가 더 많다는 것을 검증해주고 있었다.

이 대목에서 당시 시장상황에 대한 이해가 좀 필요할 듯싶어 좀 더 부연하고자 한다. 당시 가전 3사를 비롯해 전자회사들은 모두 '자가 유통망(직영점 혹은 전속점)을 보유하는 쪽'과 '생산에만 집중하는 쪽'을 두고 고심에 고심을 거듭하고 있었다. 전속점을 보유하고 있다면 외부요인에 흔들림 없이 안정적인 매출구조를 유지할 수 있지만, 대대적인 광고와 홍보 공세를 펴는 할인점이나 양판점이나 홈쇼핑 같은 대형 유통점에 대해 경쟁력을 가지며 여러 개의 전속점을 유지하기란 만만치 않은 노릇이다.

그렇다고 '생산'에만 집중하자니 자사 유통망이 전무하게 되면, 언제 어느 때 대형 유통점에게 독점권을 빼앗김으로써 유통상의 불이익을 감내해야 할지도 모르는 일이다. 일본의 경우 많은 가전 브랜드들이 자사의 제품경쟁력만 믿고 유통 부문을 신경 쓰지 않고 있다가, 비대해진 양판점들에 의해 완전히 시장장악력을 빼앗긴 사례가 있었다.

전속점이란 한마디로, 유통점과의 밀고 당기기에서 빼어 쓸 수 있는 '비장의 카드'이자 '보험'과도 같다. 또 전속점의 경우는 저가 위주의 타 유통망과 달리 메이커(생산업체)의 입맛대로 주력 제품군을 조절할 수 있다는 장점도 있었다. 그래서 전속점 자체로는 이익구조가 크게 생겨나지 않더라도 울며 겨자먹기 식으로 유지해야 하는 경우가 많았다.

특히 L사의 경우는 전속점이 줄어드는 것에 대해 방심하다가 다시 뒤늦게 막대한 자금을 들여 회복시키느라 말 못할 고생을 했다. 전속점을 유지한다는 것은 여러 개의 매장을 단시일 내에 확보할 자금력,

그리고 자사 브랜드 제품만을 가지고도 유지될 수 있을 정도의 다양한 제품군이 확보되어야 가능한 일이다. 물론 자금력이나 상품군 모두 확실한 가전 맹주들은, 당시 모두 든든한 전속점들을 거느리고 안정적인 매출을 유지하고 있었다.

꿀을 따게 해주면 꿀벌들은 모여들게 돼 있다

위니아만도처럼 특정 제품군에만 집중하는 브랜드가 거대 자본과 막강한 상품군을 자랑하는 코끼리들이 사용하는 전략을 똑같이 쓸 수는 없었다. 하지만 아무리 시나리오를 다시 써보아도 장기적이고도 안정적인 매출구조, 그리고 누구에게 휘둘리지 않고 유통의 기준을 유지할 수 있는 방편은 '전속점 확대'밖에 없었다.

S사는 전속점을 유치하고 지속적으로 유지시켜주기 위해서 막대한 초기투자비를 들인다. 창업 시점에 부지를 매입해주고 건축비와 보증금을 대신 내준다. 대신 해당 지원금은 5년 거치 5년 상환 같은 형식으로 판매를 통해 벌충하도록 되어 있다. 그런데 어지간히 목이 좋은 곳이 아니고서야 수십 억 원에 가까운 액수를 5년 안에 갚기란 쉽지 않다. 결국 처음엔 웃고 들어가지만, 나중에는 울면서 나온다는 말이 나올 정도다.

나는 정반대의 전략을 썼다. 초기에 들어가는 목돈은 업주가 내도록 했다. 창업을 고민하는 사람이라면 어지간한 목돈은 준비하고 시작하게 마련이니, '확실한 매출 보장' 쪽이 더 매력적인 조건이라 판단한 것이다. 회사가 지원하는 지원금은 매달 유지비 명목으로 지급했다.

3년이 채 안 되어서 100여 개에 불과하던 전속점이 300곳으로 늘어났다. 마진이 높은 고가품 위주로 고정고객이 유지되었고, 이들 전속점의 이익률이 높아지자 결국 회사의 수익도 자연히 높아졌다. 필자가 처음 마케팅 총괄을 맡았을 때의 영업이익이 100억 원에 불과했던 반면, 다음 해에는 200억, 그 다음 해에는 350억 원으로 점점 늘기 시작하더니 결국 3년 후에는 영업이익이 550억 원에 이른 것이다. 자체 전속점이 전체 유통채널 중에서 차지하는 점유율이 1위, 그것도 고객 실판매 점유율 40%가 넘어서게 되자, 그 다음부터는 다른 유통 채널들 역시 비교적 손쉽게 컨트롤 할 수 있게 되었다.

'당장 조금 이기는 것'이 아니라 '3년 후에 확실히 이기는 것'을 선택했기에 가능한 일이었다. 큰 회사들이 돈 놓고 돈 먹기 식으로 이긴다면, 작은 회사인 우리는 머리를 써서 이기는 수밖에 없다. 이 전속점 확대 사례는 대한민국 마케팅 사(史)에서도 유례가 없는 일로 꼽힌다. 다들 전속점을 줄이려고 하는 추세 속에서, 오히려 나는 반대의 행보를 한 것이다.

훗날 L사에서는 필자의 전속점 전략을 벤치마킹 하기 위해 컨설팅을 의뢰하기도 했고, 지금은 순차적으로 수익이 나는 전속점 구축을 위한 전략을 실행에 옮기고 있다.

당신 회사의 매출 장부, 원가율, 현금회전율, 수금률, 수익률…, 그 모든 것은 이미 문제의 원인을 생생하게 가리키고 있다. 유능한 경영자나 구성원으로서, 회계에 능통하라는 말이 아니다. 무엇에서부터 어떻게 문제의 핵심으로 관통할 수 있는지, 그 통로를 찾아가는 습관을 들여야 한다. 좋은 물건 만들어 잘 팔리기만 하면 '성공할 것이다' 하는 막연한 감(感)으로는 아무것도 잡을 수 없다. 숫자를 제대로 보라. 숫자는 거짓말을 하지 않는다.

김밥 장사도 숫자 싸움?

지하철 역 주변에서 김밥을 파시는 어머니. 준비한 양의 절반도 채 팔지 못하고 집으로 돌아오는 어머니의 김밥 박스는 긴 한숨소리와 함께 무척이나 무거웠습니다.

그런 어머니를 그냥 지켜볼 수 없어 이런 저런 고민을 해보았지만, 뾰족한 방법이 떠오르지 않았습니다. 그러다가 '가장 유동인구가 많은 출구를 찾아보자'는 결론을 내렸습니다. 친구들을 동원해, 8개의 출구마다 유동인구를 조사하느라 하루 4시간씩 꼬박 일주일을 지켜보았습니다. 주먹구구식 조사였지만 헛수고는 아니었습니다. 같은 역이지만 출구마다 15%에서 20% 넘는 차이가 있다는 것을 알게 되었고, 그 결과대로 유동인구가 많은 자리로 조사된 위치에서 파시도록 말씀드렸습니다.

엄청난 차이는 아니지만 판매량에 변화가 생기더군요. 용기를 낸 저는 판매에 도움이 될 좀 더 다양한 정보를 정리하기로 결심했습니다. 요일별로 팔리는 양, 사 먹는 사람들의 성별과 연령대, 선호하는 맛과 양을 조사했습니다. 그랬더니 월요일과 화요일에 가장 많이 팔리고 주말에는 40% 정도 판매량이 주는 것으로 조사됐습니다. 10~20대 여성이 주된 고객이라는 것도 알게 되었죠.

시장 분석을 마치고 나는 어머니에게 조사결과를 조목조목 알려드렸습니다. 손님들의 기호에 맞게 내용물을 달리 한 다양한 김밥을 준비하고, 보리차와 어묵국물도 덤으로 넣어주었습니다. 판매량이 비약적으로 늘어난 것은 물론이고, 팔릴 만큼 준비하고 손님이 몰릴 시간에만 집중해서 팔면 되니 그만큼 휴식시간이 늘었다고 어머니가 좋아하십니다. 새삼 숫자의 위력에 놀랐습니다.

– *김세운(통계청 통계활용 체험수기 중에서)*

하물며 김밥 장사도 '전략적'으로 하면 훨씬 더 많은 돈을 벌 수 있다. 앞의 사례를 보면 돈만 버는 것이 아니라 더 행복해질 수도 있는 것 같다. 숫자를 '골치 아픈 것'이라고 생각하는 사람은, 회사 내에서 어느 정도 위치까지만 올라가고 그 다음부터는 포기해야 할지도 모른다. 단 1%의 수치 변화가 '내가 지금 하고 있는 일'의 성패를 결정 짓는 곳이 바로 '기업 현장'이기 때문이다.

제대로 된 질문을 던져야
진짜 답이 나온다

진정한 전략가란 기업의 '현재' 모습을 보는 것이 아니라,
앞으로 '어떻게 될 수 있을지' 가능성을 보는 사람이다.
– 존 티츠 John W. Teets

전례(前例)가 없으니까 한다는 것이다!
– 히구치 히로타로ロ廣太郎, 아사히맥주 CEO

한 젊은이가 기세등등한 표정으로 한 회사의 출입문 앞에 서 있었다.
그는 이제 막 실전에 배치된 자동차 세일즈맨이었다. 젊은이는 으리
으리한 회사 건물의 압도적인 위세에 주눅 들지 않으려고, 새로 뽑아
입은 양복 바짓단의 빳빳한 주름을 다시 한 번 매만졌다. 그러고는 눈
앞의 두꺼운 유리문을 있는 힘껏 밀었다. '무엇이든 돌파할 수 있다!
내 앞을 가로막지 마라!' 하는 태세였다.

하지만 육중한 문은 미동도 하지 않았다. 젊은이는 다시금 힘차게 문
을 밀어댔다. 세 번, 네 번…, 문은 여전히 열릴 기미가 없었다. 하지
만 젊은이의 사전에 포기란 없었다.

마침내 너무 오랫동안 문에 부딪힌 탓에 젊은이는 서서히 지쳐가기 시
작했다. 말쑥했던 복장과 말끔히 빗어 넘겼던 머리칼은 어느 새 구겨
지고 헝클어져 있었다. 최선의 노력을 다했지만, 역시 모든 문이 '두
드리는 자'에게 열리는 것은 아닌 모양이었다. 젊은이는 어깨를 늘어
뜨리고 돌아갔다.

......

그가 그렇게도 들어가려 애쓰던 출입문에는 이렇게 씌어 있었다.

'당기시오!'

판매의 신(神)이라 칭송받는 엘머 레터맨Elmer Leterman은 자신의 오랜 세일즈 경험을 한마디로 압축해보았다. 그랬더니 결론은 '거절당한 순간 세일즈는 시작된다(Sale Begins When the Customer Says NO!)'는 것이었다.

거절당했을 때, "역시 안 되나봐." 하고 물러서는 사람과 "그래도 꼭 성사시키겠어." 하고 오기를 부리는 사람 사이에서 '실적'이라는 차이가 생겨나기 시작한다는 것이다. 일견 그는 성공을 거두는 사람의 특징으로 '남들이 다 포기한 후에도 계속 무언가에 매달릴 수 있는 것', 즉 끈기 있는 실행력이라는 미덕을 꼽고 있는 것 같다. 하지만 본질은 다른 데 있다.

'끈기 있는 실행', '문제해결의 습관', '끝까지 덤비는 자세' 등은 성공을 위한 최고의 포석이다. 그러나 이것을 잘못 이해해서는 곤란하다. 무엇이든 지독히 열심히 하는 사람들 중에도 결과를 내지 못하는 사람이 많다. 정말 꾸준히도 노력을 지속하는데, 옆에서 가만히 보면 속이 터지도록 계속해서 똑같이 엉뚱한 구덩이만 파고 있는 사람도 수두룩하다.

그들은 한결같이 하소연한다. "하느라고 열심히 했는데 왜 안 되는 걸까요?" 앞서 말한 레터맨은 거절당한 순간부터 영업 실적을 쌓을 수 있다고 고백했지만, 거기서 말하는 거절이란 '그렇게 접근해서는 안 되는 방법론으로 실패해보았던 경험'이다. 거절당했던 순간을 기점으로 그 전의 전략과 그 후의 전략이 달라졌음을 간과해서는 안 된다. 실패한 전략을 수정하지도 않고 기존에 했던 것과 똑같이 '열심히' 하는 것은 어리석은 낭비요, 첫 단추가 잘못 끼워진 성실함에 불과하다.

대부분 특정한 분야에서 일가를 이룬 사람들은 자신의 성공 이면에 바로 '문제를 반드시 해결하는 습관'이 있었음을 강조한다. 많은 이들에게 회자되곤 하는 현대그룹 고(故) 정주영 회장의 일화 중 많은 부분도 그에 해당하는 이야기다. 정주영 회장은 생존에 부정적인 의견을 접할 때마다 특유의 낙천적이면서도 코믹한 어투로 이렇게 말했다고 한다. "해보기나 했어?" 그의 직설적이면서도 실용적인 사고방식을 가늠케 하는 말이다.

궁하면 통한다는 말처럼, 문제를 회피하는 것이 아니라 끝까지 해결하려고 집요하게 노력할 때 비로소 새로운 경지가 열리기 시작한다. 그러나 그 해결을 위한 노력에도 소위 핀트가 맞아야 한다. 오른쪽으로 돌려야 열리는 뚜껑을 왼쪽으로 아무리 돌려봐야 소용이 없다는 말이다.

필자가 아직도 인상적으로 기억하고 있는 정주영 회장의 일화가 있다. 바다를 막아 간척을 하기 위해 배 한 척을 통째로 수장(水葬)시켰다는 얘기도 유명하지만, 내 기억 속에는 그의 가난했던 젊은 시절 일화가 더 생생하다. 그것은 이론만 화려한 경영학자들의 전략 노트에서는 찾아볼 수 없는 힌트를 내게 주었기 때문이다. 많이 알려져 있는 스토리지만 다시 한 번 인용해보고자 한다.

고 정주영 회장이 젊은 시절, 인천 부두에서 막노동을 할 때의 일이었다. 일에 시달리느라 몸도 피곤한데, 밤이면 밤마다 합숙소에 들끓는 빈대라는 놈이 온몸을 쪼고 다니며 괴롭혔다. 그래서 하루는 머리를 써 요령을 낸다고, 큰 상을 펴놓고 그 위에서 잠을 청했다고 한다. 그랬더니 빈대들은 네 귀퉁이의 상다리를 기가 막히게 타고 올라와 젊은 정주영의 달콤한 살을 포식했다.

포기할 리가 없는 그는 궁리 끝에 기가 막힌 빈대 퇴치 아이디어를 냈다. 상의 네 다리 밑에 물을 담은 양동이를 놓아둔 것이다. 그렇게 하면 빈대란 놈들이 상 위로 올라오려다가 모조리 물에 빠져 죽게 될 테니, 이제 빈대와의 전쟁은 안녕인 듯했다.

그렇게 한 삼사일 정도는 평안하게 보낼 수 있었다. 며칠 동안은 그 작전이 효과를 발휘했던 것이다. '역시 사람은 머리를 써야 해.' 하고 안도하고 있을 때쯤, 다시금 빈대의 공격이 시작됐다.

젊은 정주영은 화가 치밀었다. '도대체 방법이 없을 텐데 이놈들이 어떻게 상 위에 올라왔지?' 오기가 난 그는 밤새 빈대들의 행태를 지켜보았다. 그랬더니 그놈들의 작전이 기가 막혔다. 벽을 타고 천장으로 올라간 다음, 표적인 그의 몸 바로 위에 다다랐을 때 바닥으로 떨어져 내린 것이다. 빈대들은 기가 막히도록 본능적으로 사람 몸 위로 착지해 먹잇감을 포획했다.

그 사건을 접한 후에 정주영 회장은 '빈대도 이럴진대 사람이 못할 것이 없다'는 큰 교훈을 얻었다고 한다. 지지리도 가난한 집의 장남으로 태어나 초등학교밖에 나오지 못한 그가 어떻게 한국을 대표하는 대기업을 일구었는지 그 원동력을 엿볼 수 있는 대목이다.

많은 사람들은 이 이야기를 인용하면서, '끈질긴 문제해결 노력', '집요함'을 강조한다. 하지만 필자는 전혀 다른 포인트를 발견했다. 그것은 젊은 정주영과 빈대 양쪽이 던진 '질문'이었다. 정주영은 '어떻게 하면 저놈들에게 물리지 않을 것인가?'를 고심했고, 빈대는 '어떻게 하면 저놈을 뜯어먹을 것인가?'를 고심했다.

정주영 회장이 던진 질문은 '당장 문제를 해결해야 한다'는 절박함의 소산이었다. '어떻게 하면 저놈의 빈대들을 박멸하나?' 혹은 '어떻게 이 지저분한 합숙소를 벗어날까?' 하는 추상적이고 거창한 질문이 아니었다. '빈대한테나 물리는 이 불쌍한 내 신세…' 하는 한탄도 아니었다. 그래서 상다리 네 개를 물동이에 넣는다는 답을 도출할 수 있었다. 다른 질문을 던졌다면 빈대 잡느라 불을 놓다가 합숙소를 태워먹었을지도 모를 일이다. 혹은 합숙소나 막노동 생활을 접고 고향으로 돌아갔을 수도 있다.

직문직답! 질문이 명쾌하니 답도 명쾌했다.

그런데 빈대는 정 회장보다 한 수 위였다. 문제를 어떻게 해결할까 묻기보다 그저 본능이라는 생존 장치가 시키는 대로 '결정하고 행동'했을 뿐이다. 빈대의 머릿속에는 '먹잇감'만이 있었다. 정 회장은 빈대의 그 징그럽도록 원초적이고 '직설적인 면'에 감복했을 것이다.

하물며 일개 미물도 본질에 접근해 심플하게 문제를 해결하는데, 사람은 이것저것 재고 비교하고 고민하느라 빈대만도 못한 결론을 내리게 되는 경우가 다반사다.

많은 경우 기업들이나 그 안에 몸담고 있는 사람들은 의외로 '현실적인 질문'을 던지지 않는다. 기업에서 월급 받고 일하는 것이 수익을 창출하고 고용을 확장하고 모두 다 잘살기 위한 것임에는 그 누구도 이견을 달지 않을 것이다.

그런데도 기업에서 중요한 의사결정을 하거나 업무의 기준을 정할 때는 발상부터가 복잡한 경우가 허다하다. '돈이 남을 것인가?', '장사가 될 것인가?', '종전보다 비용이 절약될 것인가?'… 이런 아주 단순하고도 명쾌한 질문이 있는데도, 그 질문을 꼬고 또 꼬아서 엉뚱한 것으로 만들어놓는다.

'이렇게 하면 윗분에게 한소리 들을 텐데', '사장님이 원하시는 답은 무엇일까?', '예전에 L부장이 이렇게 했다 완전히 쪽박 찼는데'…. 그런 질문을 던지니 답도 엉뚱하게 나올 수밖에 없다. 물론 기업의 일과는 먹이를 찾아 먹기만 하면 되는 빈대의 일상과는 사뭇 다르다. 하지만 때론 답이 뻔히 보이는데도 엉뚱한 선택을 하게 되는 것을 보면, 정말 잔머리를 굴려야 할 때는 따로 있는 것은 아닐까 생각한다.

오늘날 기업들은 모두 '훌륭하고 그럴듯한 전략'을 세우기 위해 고심한다.

그러나 현명한 경영자일수록, 그들이 원하는 전략이란 수십 페이지에 걸쳐 빼곡하게 이론과 원리를 나열한 박사논문이 아닐 공산이 크다. 실행에 집중하는 사람일수록 표리를 꿰뚫어 현실을 관통하는 '전략'에 갈증을 느낀다. 그 전략을 탄생시키기 위해서는 질문하는 사람, 그리고 그 질문 자체가 명쾌해야 한다. 복잡해선 곤란하다. 잡다한 조직 논리나 자존심 싸움 같은 건 여기엔 필요 없다. 그걸 벗어야 1등 전략이 나올 수 있다.

'실행'과 '골몰', 이 두 가지가 흥미롭게 맞물릴 때 비로소 진정한 전략이 탄생한다. '실행'이란 실패했을 때조차, 아니 오히려 실패했을 때 더욱 치열하게 끝까지 가보는 행동의 습관이다. '골몰'이란 실행을 통해 검증되거나 수집한 정보들을 가지고 '과거'라는 퍼즐을 조립해보고 '미래'라는 시나리오를 그려보며 새로운 작전을 수립하는 것이다. 그리고 그때 적합한 사고방식이 바로 '본질을 꿰뚫는 질문'이다.

엉뚱한 질문을 던지면 엉뚱한 답이 나온다

삼성전자는 SCM(Supply Chain Management) 시스템의 선진화를 위해서 1996년 3월, 강력한 태스크포스 팀(Task Force Team, 이하 TFT)을 만들었다. SCM은 효율적인 생산, 판매, 배송, 재고 관리를 위해 필수적인 시스템이었다.

당시로서는 판매량 기복이 그리 심하지 않았던 전자레인지 분야부터 시작해서, 제조 부문의 생산관리 담당 임원, 영업 부문의 지점장들, 마케팅 부문의 리더들을 발탁해 상근 조직으로 운영하기로 한 것이다.

사장의 지시로 비장하게 시작한 일이니 만큼, TFT에 합류할 인원은 각 부서에서도 가장 전문가인 리더들로 차출하는 것이 당연했다. 하지만 어느 팀이건 최고의 A급 인력들은 늘 윗사람의 호출이 잦고 일상 업무에서 중요한 대부분을 처리하기 때문에 자리를 비우기가 힘들다. 그래서 자연히 팀별로 업무는 어느 정도 처리할 수 있지만 최고 수준은 아닌 사람들을 TFT에 참석시키게 되었다. 특정 부서만 그런 것이 아니라, 현장이건 본사건 무관하게 대개 그런 원리로 돌아가다 보니 딱히 누군가를 탓할 노릇은 아니었다. 미래의 큰 그림을 그리는 TFT도 중요했지만, 당장에 실적이 떨어지면 책임을 피할 수가 없었기 때문이다.

TFT가 결성된 지 6개월이 지난 후에 경영진들에게 1차 완료 보고를 하는 자리가 열렸다. 사장을 비롯해서 경영진 모두가 참석해 보고를 들었다. 하지만 결과는 탐탁지 않았다. TFT가 보고를 마치자마자 득달같이 반대 의견이 꼬리를 물었기 때문이다. '무엇은 이것 때문에 안 되고', '기존에 처리하던 방식 때문에 고충이 있고', '현실적으로 도입이 쉽지 않고'…. 토론의 내용은 거의 대부분 각 부문들이 새로운 시스템을 도입할 때 어떤 이해관계가 충돌하고 책임의 문제가 따르는지 '고충 토로'에 할애됐다.

결국 6개월에 걸친 지난한 TFT 활동은 단 두 시간의 토론으로 모두 원점으로 돌아가게 됐다. 뚜껑을 열어보니 두 가지 문제가 있었다.

하나는 TFT 자체가 그 팀의 핵심 역할이 무엇인지 명쾌하게 잡아내지 못했다는 것이었다. 바쁜 업무에 시달리다가 등 떠밀려 몽롱한 정신으로 팀에 배속되니, 그저 시간 때우기 식으로 업무를 흘려보내기 일쑤였다. 회사의 중요한 시스템이나 업무상의 프로세스에 대해 명확하게 파악하고 있지 못하다 보니, 이들의 연구는 수박 겉핥기 식에 불과했다. 수만 장이 넘는 자료를 출력하고 수백 권이 넘는 스크랩북이 채워졌지만, 정작 '무엇을 어떻게 바꿀 것인가'에 대한 답은 도출하지 못한 것이다. 그러다 보니, 결과 보고도 당연히 장황해질 수밖에 없고 시작부터 꼬투리를 잡힐 수밖에 없었던 것이다.

두 번째 문제는 사장의 지시를 받은 각 팀의 수장들이 첫 단추를 잘못 채워주었다는 것이다. 사람만 모아놓고 일을 주문한다고 일의 결과가 나오는 것이 아니다. 그 일의 목적이 무엇이며 그것을 달성했을 때 어떤 결과가 나오는지 명확하게 설정해주어야 한다. 그것을 설정하기까지는 어중이떠중이들이 아니라, 해당 업무에서 가장 경험이 많고 판단이 빠른 사람들이 모여 치열하게 토론해야 한다. 거기서 반론도 나오고 이의도 나오고, 어느 수준까지 하자 말자 하는 기준이 나와 주어야 한다.

가장 첫 번째 시작, 첫 삽을 어떻게 뜨느냐가 중요하다는 말이다. 첫 삽을 뜰 때, 조직을 잘 알고 의사결정의 폭도 넓은 사람들이 가장 핵심적인 '질문'을 던져서 정확하게 스케치를 해야 한다. 그러고 난 다음의 실행 영역에서는 하급부서의 직원들이나 경험이 적은 사람들이 결합해도 무방하다. 그런데 대다수의 기업에서는 첫 삽을 하급 직원들이 뜨고, 굵직한 사람들은 그 뒤에서 훈수를 두거나 딴지를 건다. 앞뒤가 바뀌어도 한참 바뀌었다.

한마디로 말해, TFT는 SCM의 도입이 '무엇을 위한 것인지' 오리무중인 상태로 출발했다. 그저 좋은 시스템이라니까, 다른 회사도 도입한다니까, 업무의 전문가 베테랑도 아닌 사람들이 모여서 6개월 동안 열심히 '공부만' 한 셈이다. 그 결과 각자 구성원들은 이제 SCM에 대해서는 누가 둘째라고 하면 서러울 만큼 백과사전 한 권 분량의 지식을 쌓았다. 하지만 결정적인 문제는 그것을 무엇을 위해, 어디에 어떻게 결합시킬 것인가에 대해서는 '공상과학 소설'을 쓰고 있었다는 데 있다.

업무 지시를 했던 당시 사장은 한마디로 상황을 다시 정리해주었다.

"지금 우리는 짚신 장사를 하다가 구두 장사를 하려고 하는 것이다. 지금 당장의 매출이 줄어도 좋다. 최고로 우수한 인력들이 다시 모여 일을 마무리하라. 특히 오늘 회의에서 문제점을 비판했던 A부장과 C차장은 반드시 TFT에 참여하라."

결국 2개월 만에 새로운 SCM의 프로세스가 만들어졌다. 2개월이면 끝낼 일을 8개월에 걸쳐 끝마친 것이다.

'일을 한다고' 다 일이 아니다. '전략을 세운다고' 다 전략이 아니다. 그것의 본질에 대해서는 앞으로도 계속해서 알아볼 것이다.

아는 체하는 대신 묻지요!

1991년, 미국 스탠퍼드 경영대학원 수업 시간. 한 강사가 학생들에게 질문을 던졌다.

"한 CEO가 유력경영자들이 모이는 중요한 행사에서 연설을 하려고 합니다. 연설 내용은 세 가지 중에서 골라야 합니다. 첫째, 아주 매력적이고 정교해보이지만 실전에 투입된 일은 없는 신기술을 도입하겠다는 내용입니다. 둘째, 현재 갖고 있는 기술을 강화하는 데 전력을 기울이겠다는 내용입니다. 셋째, 두 가지 모두 하지 않고 판단을 시장에 맡기겠다는 내용입니다. 여러분이라면 어떻게 하시겠습니까?"

강단 위에 선 강사는 인텔의 전설적인 CEO 앤디 그로브였다. 그가 한 질문은 실제 며칠 후에 본인이 내려야 할 의사결정이었다. 전설적인 CEO가 이제 막 경영을 배우려고 하는 초보자들에게, 기업과 산업의 운명을 바꿀지도 모르는 중요한 의사결정에 대해 의견을 구한 것이다.

'인텔 인사이드'라는 전략을 성공시키며 인텔을 세계적 기업으로 만든 앤디 그로브는 질문을 잘 던질 줄 아는 기업인이었다. 그가 내세우는 중요한 두 가지 원칙이 있다.

첫째, 새로운 문제에 부딪히면 이전에 알고 있던 모든 것을 잊어버리라는 것. 1980년대 중반 인텔은 새로 등장한 일본 경쟁사들과의 가격경쟁에서 밀리기 시작했다. 하지만 성공 경험에 도취된 직원들은 상황을 인정하려 하지 않았다. 이때 인텔의 2인자였던 앤디 그로브는 당시 CEO 고든 무어에게 물었다.

"만일 주주들이 우리를 내쫓고 새 경영진을 영입한다면, 새 경영진들이라면 어떻게 할 것 같습니까?" 그러자 고든 무어가 대답했다. "이제까지의 영광은 생각지 않고 모든 것을 확 바꿔놓겠지." 그러자 앤디 그로브가 답했다. "그럼 우리가 새로 들어온 사람이라고 생각하고, 지금 말씀하신 그대로 하는 게 어떨까요?"

둘째, 져야 하는 논쟁에서 이기지 말라는 것. 메모리 반도체 분야 신기술인 RISC가 처음 나왔을 때, 기술자들은 열광했다. 패션으로 따진다면 아주 고급스럽고 유행의 첨단을 달리는 기술이 RISC였다. 여기에 매료된 앤디 그로브는 인텔의 기존 주력기술인 CISC를 버리고 RISC로 방향을 잡으려 했다.

그때 인텔의 오래된 기술자 두 명이 모든 보고체계를 무시하고 회장이던 앤디 그로브에게 곧장 달려간다. 그들은 인텔에 가장 많은 돈을 가장 오랫동안 지속적으로 벌어다줄 기술은 CISC라고 확신하고 있었다. RSIC는 잠시 스쳐 지나가는 유행이라는 게 그들의 판단이었다. 그들이 제시한 모든 근거를 검토한 앤디 그로브는, 두 기술자의 설득에 RISC를 포기했다.

나중에 앤디 그로브는 이렇게 회고한다. "나는 회사를 거의 망쳐놓을 뻔했다. 신기술의 유혹에 홀렸던 모양이다. 그 두 기술자에게 진심으로 감사한다."

― 이원재, 한겨레경제연구소 소장

그저 하지 말고, '되게' 하라, 결과 중심의 일처리

물론 노력만 한다고 아무나 다 성공하는 건 아니다.
하지만 나의 분야에서 '성공하고 싶다'는 희망을 피력하는 만큼, 수억 원의 몸값을
욕심내는 만큼, 딱 그 욕심만큼이라도 치열하게 노력해본 사람이 몇이나 될까?
필자는 성공이나 성과에 대해 언급하면서 '자리 탓'을 하는 것처럼 어리석은 일은 없다고 생각한다.
폐지를 줍는 일을 하든, 반도체 개발 업무를 하든, 모든 일이 다 나의 능력과 혜안,
노력과 집요함을 바쳐야 하는 예술 활동이다. 어떤 일을 하든 좋은 성적표를 받는 사람이 있고,
최악의 낙제점을 받는 사람이 있다. 그들이 타고날 때부터 필자가 그렇게 정해져 있었을까?
그랬다면 어차피 재미도 없는데, 인생 살아갈 이유가 뭐가 있겠는가?

PART

WINNING
HABIT 2

02

한술에 배부를 리 없다, '일하는 힘'을 축적하라

혁신을 멈추는 사람은, 현상유지도 할 수 없다.
– 올리버 크롬웰Oliver Cromwell

대다수의 사람은 목표에 거의 다다라서 안타깝게 포기한다.
몇몇 사람은 마지막 순간에 이전보다 더 노력을 쥐어짜낸다.
이것이 패배하는 사람과 이기는 사람의 차이다.
– 헤로도투스Herodotus

흔히 '일 잘하는 사람', '일 못하는 사람'으로 회사인간들을 구분하곤 한다. 그럼 도대체 일을 잘하는 것과 일을 못하는 것의 차이는 무엇일까? 두뇌 회전이 빠르고 학교 때 공부를 잘하던 사람이 일을 잘하던가? 윗선에 아부 잘하고 소위 말해 썩은 동아줄이 아닌 제대로 된 줄을 잘 잡는 부류들이 일을 잘하던가?

몇 해 전, 예전에 일하던 회사에 신입사원들이 들어왔다고 해서, 지금은 중견간부가 되어 있는 후배도 만날 겸 그 회사 술자리에 동석한 적이 있었다. 왕년의 선배인 데다 컨설팅을 하고 있다고 하니 신입사원 입장에서 궁금한 점이 많았던 모양이다. 사람이 허술해보여서 제 상사보다는 편하게 느껴졌는지, 한 잔 두 잔 기울이는 사이에 이것저것 처음 경험하는 직장생활의 고충을 털어놓을 정도가 되었다.

그 자리에서 직장 초년생인 후배들이 가장 많이 던진 질문은 "어떻게 하면 일을 잘해서 인정받을 수 있을까요?" 하는 것이었다. 자기 딴에는 노력하느라고 하는데, 열심히 보고서를 작성하고 필드를 돌아다니며 의견을 내보아도 매번 헛다리만 짚는 기분이라는 것이다. 일이 느는 것 같지도 않고, 어디서 무엇부터 배워야 할지도 모르겠다고 하소연한다. 학벌도 좋고 남들 다 갖춘다는 입사를 위한 스펙(spec)도 충실히 준비했는데, 현업에 오니 말짱 도루묵이라는 것이다.

나는 후배들에게 반문했다. "일하면서 느끼기에 스스로에게 뭐가 제일 부족한 것 같더냐?"

그랬더니 나오는 대답이 하나같이 비슷했다. 판단력, 전략적 사고, 크리에이티브 씽킹(Creative Thinking)…. 한마디로 스스로 알아서 판단하고 결정하고 움직이고 창안할 수 있는 능력을 제일 아쉬운 항목으로 꼽았다.

나는 또 한 번 물었다. "무언가 한 가지에 파고든 나머지, 밤에 잠을 자며 꿈을 꾸다가 번뜩하고 그 주제에 대한 답이 나올 정도까지 고민해본 적이 있느냐?"

그랬더니 모두들 '금시초문'이라는 표정이었다. 나는 삼성전자에서 총괄기획 과장으로 일할 때의 경험을 들려주었다. '해결하고 싶어 미칠 것 같은 주제가 있다면, 정말 미치기 딱 일보 직전까지 고민해보라'는 주문과 함께.

일은 '하는' 것이 아니라 '되게 하는' 것이다

당시 내게 있어 가장 고민이 되는 품목은 에어컨이었다. 에어컨이라는 것이 지금처럼 건물 설계 단계에서부터 공조를 통해 일괄 보급되거나, 집집마다 없는 게 이상할 정도로 갖춰져 있지 않던 시절의 이야기다. 구멍가게 하드 장사도 아니고, 더우면 팔리고 선선하면 안 팔리니 수요를 예측할 수도 없고 그에 따라 전략을 수립할 수도 없었다.

1년 중 에어컨이 팔리는 시기는 6월 한 달뿐이었다. 정작 여름이 되어서 날이 더워져도 열대야가 5일 이상 지속되지 않으면 판매가 되지 않았다. 아무리 덥다가도 비라도 시원하게 한 번 내리면, '내일 가서 에어컨 사야지' 하던 사람도 마음을 바꾼다. 이런 변덕스러운 소비행태 때문에 심지어 수천만 원을 주고 비교적 정확하다는 일본의 기상예보 데이터를 미리 사와서 생산 예측을 하기도 했다.

전략이란 일관성이 있어야 하는데, 에어컨 분야에 한해서는 그저 요행으로 '족집게 점쟁이'가 되기를 바라는 수밖에 없었다. S사가 예측을 잘못해 생산라인을 줄이면, L사는 상대 회사의 운 나쁜 점쟁이 덕택에 두 배로 제품을 판다. 반면 판단을 잘못해서 넉넉히 생산해두었다가 팔리지 않으면 고스란히 악성 재고로 남게 된다. 결국 연초에 누가 어떤 선택을 하느냐에 따라 희비가 엇갈리는 복불복 방식이었다.

몇날 며칠을 고민에 빠졌다. 밥을 먹어도 그 생각, 잠을 청해도 그 생각뿐이었다.

그렇게 고민한 지 한 달 정도 되었을까? '에어컨'의 '에' 자만 들어도 경기가 날 만큼 고민을 하던 차에, 새벽녘에 꿈속에서 계시(?)가 내려왔다. '신용카드를 활용하라!' 단 한마디였다. 당시 신용카드가 흔하지 않던 시절에, 카드 사업부 역시 시장 확장 방안을 두고 고민을 하던 때였다.

나는 출근하자마자 카드 사업부를 찾아갔다.

"카드와 제휴를 맺어서, 신용 판매로 겨울에 에어컨을 한 번 팔아봅시다!"

1993년의 일이었다. 그해 겨울에 개시된 '에어컨 예약판매'는 그야말로 대박이 났다. 12월, 1월, 2월, 3월까지 예약이 줄을 이었다. 그에 맞춰 공장 라인은 쌩쌩 가동됐다. 판매하면서 설치 날짜까지 미리 지정해두었기 때문에, 평소에 주문이 밀리면 설치기사를 확보하고 파견하느라 허둥거리던 고충도 덩달아 덜 수 있었다.

지금은 에어컨 예약판매가 당연한 일이 되었지만, 당시 내가 낸 아이디어는 영업포상 금장까지 받은 성공한 마케팅 사례였다. 기본을 지키며 일에 집중하되, '가장 현실적인 질문'을 가지고 끝까지 매달린 결과였다. 정말로 깊이 고민하면 꿈에서도 그 답이 나온다.

요즘 젊은 직장인들에게 말해주고 싶은 것은 이것이다. 직장 일을 취미생활이나 단순한 돈벌이로 생각하면서 '성공하겠다'고 생각한다면 사치다. 하루 8시간이라는 근무시간에만, 혹은 상사가 내어준 과제를 해결하는 데만 집중하는 사람은 결코 성장할 수도, 성공할 수도 없다.

'우리 제품이 왜 안 팔리나', '고객은 무엇을 원하나', '고객이 우리 제품을 좋아한다면 그 이유는 뭔가' 끝없이 고민하고 창안하는 사람이야말로, 새로운 시장을 창출하는 주인공이다. 요컨대 업무의 테크닉이 있는 사람이 성공적으로 프로젝트를 완수하는 것이 아니라, 업무에 대한 장악력(Job-ownership)을 가진 사람이 이기게 돼 있다는 말이다. 여기에 있어서는 윗사람과 부하직원의 경계가 없다.

'왜 나한테는 중요한 프로젝트가 오지 않고 매양 허드렛일만 주어지나?' 한탄하고 있는 사람이 있다면, 스스로에게 되묻기를 바란다. '그 허드렛일조차 완벽하게 해내고 있냐'고. 사소한 시간 약속을 지키지 않는 사람은 대개 다른 일도 완벽하게 처리하지 못하는 경향이 많다고 한다. 남들이 하던 대로 따라 하는 것에 급급하고 새로운 일을 시도하는 것은 '귀찮아' 하면서, 주어지기만 한다면 '엄청난 일'을 해낼 수 있다고 착각하지 마라. 꿈에서조차 고민을 이어갈 정도로 집중하지 않는다면 어떤 분야에서든 탁월한 답은 나올 수 없을 것이다.

창의성의 출발은 결과가 나올 때까지 멈추지 않는 것

딱 1미터만 더 팠으면 됐을 텐데, 그만 그 전에 멈추는 바람에 엄청난 금맥을 놓치고 말았다는 일화가 있다. 흔히 집요함의 중요성을 강조하기 위해 인용하는 사례다.

그런데 필자는 창의성이라는 영역에 있어서 '땅 파기'란 이런 '광산(鑛山)의 법칙'과는 전혀 다른 메커니즘으로 작동하는 것 같다는 생각을 하곤 한다. 물론 창의성의 다른 말은 '끈기'다. 그만큼 무언가에 파고들어 끝장을 보는 습관은 일에서건 인생에서건 중요하다.

그러나 현실의 땅 파기가 어제 파고 나서 다음 날에는 그 다음부터 더욱 깊이 파 들어가면 되는 식이라면, 이 창의성이라는 '땅 파기'는 파다가 도중에 잠시라도 멈추면 다시 원상태로 복구되고 마는 특성이 있다. 마치 매일 똑같은 하루가 반복되는 영화의 한 장면처럼 바로 어제까지 고민의 끈을 놓지 않고 파 들어갔더라도, 한 순간 정신을 놓으면 다시 원래 상태의 평지로 돌아가고 만다는 것이다.

이게 무슨 의미인지, 창의적인 땅 파기를 해본 사람이라면 공감하며 고개를 끄덕일 것이다.

어설프게 정복한 산은 다시 오르더라도 정상 정복의 경험이 가물가물하다. '여기서 이렇게 갔었던가?', '여기서 어디로 돌아갔지?' 하고 매번 고개를 갸웃하며 또 다시 머리를 굴려야만 한다. 하지만 매 지점마다 전략을 설정해 확실하게 정복한 산이라면, 눈을 감고 떠올려 보기만 해도 그 루트가 정확히 그려진다.

창의적 사고도 그러하다. 자신의 힘으로 전략을 설정하고, 한시도 심지어 잠자리에 들거나 TV를 보거나 샤워를 하면서도 그것에 대해 머릿속으로 시나리오를 그려보는 지난한 과정이 필요하다. 그렇게 머릿속에 확실한 그림이 그려진 다음 실행을 하게 되면, 다시 그 실행으로부터 얻은 생생한 결과물을 가지고 새로운 전략 시나리오를 더 정확하게 그릴 수 있게 된다. 뿐만 아니다. 무의식의 영역에서조차 그 고민의 끈을 놓지 않고 있다 보면, 의외의 곳, 의외의 정보를 통해 고민하던 것의 답을 찾을 때도 있다. 하물며 TV 사극(史劇)에 등장한 인물의 말 한마디에서 답을 찾는 경우도 있다.

답이 나올 때까지 문제를 놓지 말아야 한다. 전문가라는 사람은 지식이 풍부하거나 인맥이 넓은 사람이 아니다. 이들은 고민의 끈을 놓지 않고, 답이 나올 때까지 파 들어가는 방법을 아는 사람들이다.

내로라하는 브랜드 네이밍(Brand-naming) 전문가나 광고회사의 카피라이터들에게 '어떻게 하면 그런 획기적인 아이디어를 낼 수 있느냐?'고 물으면 그들은 한결같이 말한다. '비결 따위는 없다'고.

그런데 그들의 일상을 자세히 관찰해보면 대개 몇 가지 공통점이 있다는 것을 알 수 있다. 그렇게 히트상품, 히트카피를 내놓은 사람들은 개인적인 약속이 잡히거나 술자리가 있어도, 어느 한 순간도 결코 자신이 진행하는 프로젝트에 대한 고민을 내려놓지 않는다. 하다못해 술자리에 나온 소주병의 라벨을 보고도 '일'과 연관시킨다.

그런데 낮 시간 동안, 아침 9시부터 저녁 6시 언저리 퇴근시간까지는 '회사인간'이었다가, 집에 돌아가거나 친구들을 만나거나 영화를 보거나 책을 보는 시간에는 철저히 '자연인'으로 돌아가는 사람이 이런 전문가들과 경쟁이 될 수 있을까? 뼛속까지 '일 고민'으로 가득 차 있는 사람과 상대가 되겠느냐는 말이다.

'고민의 끈'을 놓지 않는다는 것은 한 번 무언가에 파 들어가기 시작하면, 답이 나올 때까지 절대 그것을 멈추지 않는다는 말이다. 보통 사람은 머리가 아파서라도 포기하고 말 것을, 머리에 쥐가 나서 터지기 일보 직전까지 고민하고 또 고민한다는 말이다. 관찰의 폭이 넓어지고 모든 것을 '프로젝트'의 관점으로 연결시켜 생각하는 습관을 들이면, 그 습관이 숙련된 다음부터는 답을 내오는 속도와 패턴 모든 면에서 다른 사람이 따라갈 수 없는 경지에 오르게 된다. 그래서 옆에서 보면 그들이 마치 일을 '엄청나게 빠른 시간에', 그것도 '아주 수월하게' 처리해내는 것처럼 보인다. 하지만 그렇게 되기까지 얼마나 지난하고 지루한 정신적 트레이닝을 거쳤는지 간과한 채, 전문가가 된 후의 모습만 부러워해서는 곤란하다.

대개 신입사원에게 어떤 프로젝트를 주면 딱 자기가 생각할 수 있는 선까지만 고민하고 구상하다가 답을 내온다. 당연히 삶의 스펙트럼도 좁고 경험치도 적다 보니, 답이라고 내온 것을 보면 유경험자의 입장에서는 기도 안 찰 때가 많다. 그럼에도 불구하고 상사는 그 사람에게 다시 또 다른 업무를 주문한다.

이때 신참이 잘 알아야 할 것이 있다. 상사가 일을 시키는 것은 '신참이 자신보다 일을 잘하기 때문이 아니라는 것'을 말이다. 상사는 신참으로 하여금 '현재 자신의 상태나 역량보다 더 많이 고민하고 머리를 싸맨 결과, 성장하기를 바라는 것'이라는 점을 뼛속 깊이 알아야 한다. 평소에는 보지 않던 자료를 찾아보고 그 누가 고민하더라도 따라갈 수 없을 정도로 깊이 연구한 끝에 결과를 내밀어도 될까 말까 한 마당에, 알량한 자기 경험치 범위 내에서 끼적이다가 만 것을 내놓는 것은 '쓰레기'를 내놓는 것이나 다름없다. 그런 식으로 만들어진 보고서를 제출하는 건 귀중한 복사용지 낭비하고 쓸데없이 전기세 낭비하는 꼴이다.

한 TV 코미디 프로그램에서 "○○ 해본 적 없으면 말을 하지 마세요." 하는 대사가 웃음을 자아내게 한다. 그 어투를 빌려 말하자면 이렇다. "머리가 터질 것 같을 때까지 고민해본 적이 없다면, 창의성에 대해서는 말을 하지 마세요!"

첫술에 배 부르려는 건 놀부 심보다

이 대목까지 이야기를 하고 나면, 독자들 중에는 '아, 나도 오늘부터 무언가 한 가지 주제를 가지고 끝까지 고민해보는 습관을 들여야지.' 하고 결심하는 분이 있을 줄 안다. 이야기가 경도되어 받아들여지면, 그 또한 잘못된 금맥을 향해 쓸데없는 땅 파기를 하게 하는 결과를 낳을 수도 있으니까 몇 마디 잔소리를 더 덧붙이고자 한다.

'일을 잘하는 것'에도 단계가 있다. 처음 초짜 제자를 들인 도공이 빗자루질부터 시키는 데는 다 이유가 있다. 누구나 처음부터 창의적인 일을 완벽하게 할 수는 없는 노릇이다. 물론 일이라는 것에는 '반복적이고 단순한 것'과 '변칙적이고 돌발적인 것'이 모두 섞여 있기에 비록 단순 업무라고 해도 창의성이 수반되어야 하지만, 그래도 대개 일의 진화 과정을 보면 어느 정도 단계가 존재한다.

첫째, 숙련의 단계다.

빗자루질도 완벽하게 잘하려면 엄청나게 어렵다. 필자의 아내는 가끔 청소를 해주겠다고 선심을 쓰는 나를 타박하곤 한다. 열심히 한다고는 하는데, 결과를 보면 청소기를 들고 먼지를 구석구석으로 처박아 넣는 꼴밖에 안 된다는 것이다.

아내가 청소하는 모습을 보면 요령이 있다. 먼저 창문을 다 열고 총채로 곳곳에 박혀 있는 먼지를 바닥 쪽으로 털어낸다. 선풍기를 창밖을 향하도록 틀어놓아서 웬만한 먼지들이 빠져나갈 수 있게 한 다음, 진공청소기를 가지고 구석에 있는 방들부터 시작해 거실, 베란다 방향으로 동선을 그리며 먼지를 빨아들인다. 화분이나 카펫도 모두 들어낸 다음 그 밑에 있는 먼지까지 깔끔하게 빨아들인다. 그 다음 젖은 걸레를 가지고 역시 구석에서 중앙 방향으로 남은 먼지들을 닦아낸다. 걸레 하나만 쓰는 게 아니라 두세 개를 물기가 거의 없이 꼭 짜서 뽀득뽀득 소리가 날 정도로 닦아댄다. 그 다음 마른 걸레를 가지고 구석구석에 남은 물기를 닦아낸다. 물기가 남아 있으면 먼지가 다시 들러붙는단다. 이쯤 되면 아내의 능숙한 청소 솜씨에 혀를 내두른다.

숙련이 되려면 어떻게 해야 할까? 늘 하던 방식대로 최선을 다해 열심히 하면 될까? 천만의 말씀. 마치 필자가 아내의 청소하는 모습을 지켜보듯, 가장 잘하는 사람이 하는 방법을 잘 살펴봐야 한다. 잘하는 사람의 보고서를 유심히 연구해보고, 효율적으로 일하는 사람이 시간 관리 하는 방법을 보고 관찰하고 카피(copy)해야 한다. 이게 첫째다.

그리고 모르는 게 있으면 물어봐야 한다. 대개 숙련도의 진전이 없는 사람일수록 '내 방식대로'를 고집한다. 물어보는 것은 폐가 아니다. 묻지 않고 맘대로 해서 일을 망쳐놓는 것이 더 큰 폐다. 책이나 자료를 통해서 좀 더 효율적으로 할 수 있는 방법을 학습하는 것 역시 숙련의 지름길이다.

둘째, 통찰의 단계다.

숙련이 어느 정도 되고 나면 이른바 씽킹(thinking)이라는 것이 가능해진다. 처음 타이핑을 배우는 사람은 자판이 익숙하지 않아 온 신경을 곤두세우고 해당 자판을 해당 손가락으로 누르는 그 행위에만 집중한다. 하지만 어느 정도 타이핑에 익숙해지고 나면, 그때부터는 주위를 둘러볼 여유가 생긴다. 커피를 마시거나 라디오를 들으면서도 충분히 오타 없이 자판을 칠 수 있게 된다.

그때 비로소 통찰이라는 놈이 활동을 개시할 수 있다. '좀 더 효율적으로 할 수 있는 방법은 없나?', '타이핑 말고 다른 걸로 해결하는 방법은 없나?', '다른 사람들과 협력해서 시너지를 낼 방법은 없나?' 이 단계가 되면 비로소 '전략적 사고'라는 것이 가능해진다. 동원할 수 있는 화력을 갖췄으니 슬슬 전쟁 준비에 돌입할 수 있다는 말이다.

그런데 요즘 신입사원들을 보면 몇몇은 '숙련의 단계'도 거치지 않고 '통찰의 단계'로 넘어가고 싶어 안달이 난 기색이 역력하다. ABC라도 제대로 외우면 좋으련만 그걸 하는 게 귀찮고 지루하니까, 어떻게 하면 월반해서 인정받을까 골몰하는 것이다. 왜? 통찰은 멋있어 보이고 숙련은 미련해보이니까. 특히 전직과 이직을 통해서 이력 쌓기(Career Building)에 몰두하는 사람일수록 이런 부류가 많다. 그런데 숙련 없이 통찰 단계로 넘어가게 되면, 나중엔 그게 얼마나 고통스러운 결과를 낳는지는 몇 년이 흐른 후에야 비로소 깨닫게 된다. 그때 가서 땅을 치고 후회해봐야 돌이킬 수 없다는 것도.

셋째, 직관의 단계다.

모든 길은 로마로 통한다고 했던가? 전혀 다른 분야라도, 어느 정도 자기 분야에서 일가를 이룬 사람을 만나면 말이 쉽게 통하는 걸 알 수 있다. 그것은 그들이 이미 '직관'의 단계에 도달했기 때문이다.

《가슴 뛰는 삶》이라는 책을 보면 '지식의 임계치'라는 말이 나온다. 통달의 경지 혹은 대폭발, 즉 빅뱅(Bigbang)이 일어나게 되는 시점까지는 일종의 지난한 과정이 필요하다는 의미다. 그 임계치 직전까지는 엄청나게 고통스럽고 지루하지만, 일단 임계치를 넘고 나면 그 후에는 축적된 지식이 합종연횡해서 대단한 결과물을 만들어낼 수 있게 된다.

비커에 물을 계속 부으면 처음에는 좁은 비커 내에만 물이 존재하게 된다. 하지만 어느 정도 분량이 차고 난 다음부터는 그 물이 넘치기 시작해서, 그것이 흘러가 닿는 영역은 기하급수적으로 늘어난다. 현대사회는 학문 간 경계가 없어지는 시대다. 앞에 언급한 책에 의하면 레오나르도 다빈치처럼 일정한 지식의 임계치를 벗어난 사람은 예술과 과학, 미학 등 다양한 영역 모두에서 탁월한 역량을 발휘하게 된다고 한다.

하나를 들으면 열을 알고, 앉아서 천리를 내다보는 능력도 결국은 '숙련'과 '통찰'을 죽어라고 반복한 결과다. 그리고 그 다음부터의 향배가 범부(凡夫)들과는 달라지는 게 당연한 일이 아닐까.

넷째, 창조의 단계다.

대개 중소기업들을 가보면 사장들은 직원을 탓하고 직원들은 사장을 탓하는 게 일반적인 모습이다. 사장들은 제 일처럼 움직여주지 않는 직원이 야속하고, 직원은 소모품 취급하며 처우에 돈 아끼는 사장에게 서운하다. 팔이 안으로 굽는다고, 직원들 입장에서는 듣기 싫을 소리 한번 해야겠다.

물론 아직도 세상에는 철면피에 부도덕한 경영자들이 왕왕 있다. 자기는 회사 돈 빼돌려 투기나 하고 인맥관리를 핑계로 술이나 마시고 골프나 하러 다니면서, 박봉의 직원들에게서는 고혈까지도 짜내려 하는 악덕 업주도 있다. 그런 경영자가 있는 회사엘 다니고 있다면, 당장 그만 두기를 바란다. 그런 곳에선 헌신해봐야 소용없다. 하지만 대다수 선의의 경영자들은 그렇지 않다. 경영을 통해 구성원들의 개인적 비전과 수익 창출이라는 기업의 가치를 어떻게 하면 동시에 실현할 수 있을까 고민하고 또 고민한다. 그런 건전한 경영자들이라면 어떻게 하면 이익을 내서 직원들과 함께 나눌까 고심하게 마련이다.

그런데 직원 중에는 '나에게 창의성을 원한다면 구글이나 3M처럼 처우해주시오!' 하고 얼토당토않은 요구를 하는 경우가 있다. 삼성의 이건희 회장이 2008년 '창조경영'의 기치를 내세웠다. 한 명이 10만

명을 먹여 살리는 시대라는 것이다. 그런데 그 한 명이 되려면 나머지 10만 명들은 도저히 도달할 수 없는 경지에까지 자신을 몰아붙여야 한다는 것을 간과해서는 안 된다. 그들은 부와 명예를 얻는 대신, 10만 명을 먹여 살려야 한다는 사회적 책임을 통감하며 자신의 사생활 따위는 일찌감치 내던진 사람들이다. 이른바 노블리스 오블리제(Noblesse Oblige)라는 것은 바로 여기서 출발한다.

기업에서 '창의, 창안 팀' 만든다고 무조건 게나 고동이나 모아놓고 사무실에 당구대 놓아주고 아무 때나 출퇴근하게 해주고 자유로운 복장을 입고 오게 한다고, 과연 창조적인 결과가 나올까? 오산이다. 일을 '하는' 것과 '잘하는' 것, '주어진 일'을 잘하는 것과 '새로운 일'을 만들어내는 것은 마치 쇳물과 쇠처럼 전혀 다른 성질을 지닌 것이다.

결국 일하는 힘이란, 자신이 원하는 바를 실현할 수 있는 물리적·정신적 무기를 확보하는 것이다. 세상에는 엄청나게 천재적인 사람도, 비관할 만큼 떨어지는 사람도 존재하지 않는다. 살다 보면 사람이란 정말 종이 한쪽 차이라는 것을 알게 된다. 다만 그들의 시작이 다를 뿐이다. 남다른 출발점에서 시작해 남다른 정신력을 가지고 앞장서 달리고 있을 뿐이다.

후배들이여, 욕심부리지 말고 현재의 자신을 갈고닦기 바란다. 당신들이 그리하지 않는다면, 우리 모두에게 미래가 없다.

쓸데없는 일의 목록들

포드자동차의 창업자, 헨리 포드 Henry Ford 는 "날마다 수천만에 이르는 사람들이 얼마나 엄청난 양의 쓸데없는 일에 매달리는지 알게 된다면, 정말 놀랄 것이다."라고 말했다. 그가 꼽은 쓸데없는 일의 목록은 이렇다.

- 전화 통화를 필요 이상으로 많이 한다.
- 꼭 필요한 것보다 세 배는 더 길게 편지를 쓴다.
- 사소한 일에 집착하고, 정작 정말 중요한 일은 무시한다.
- 정보를 주는 것도 아니고, 그렇다고 의욕을 불러일으키는 것도 아닌 글들을 너무 많이 읽는다.
- 다음 일을 착수해야 할 때, 지난 번 일에 대해 변명하거나 해명하느라 시간을 허비한다.
- 앞으로의 일에 대해 계획을 세워야 할 때, 몽상에 빠져 정신력을 허비한다.
- 열심히 했다는 것을 내세우기 위해서, 중요하지도 않은 일에 시간과 에너지를 낭비한다.

의미 있는 목표가
차이를 만든다

겨누지 않고 쏘면 100% 빗나간다.
– 웨인 그레츠키|Wayne Gretzky

사람들은 게으르지 않다. 다만 무기력한 목표를 갖고 있을 뿐이다.
가슴을 뛰게 하지 않는 그런 목표 말이다.
– 앤서니 라빈스Anthony Robbins

우리 모두는 어디를 향해 뛰어야 할까?

당연히 목표지점이다. 공통으로 설정된 목표야말로 모두가 달려 나가야 할 하나의 지향점이다.

그러나 목표! 이것은 너무 강조된 나머지 그 의미가 퇴색된 단어 중의 하나인 듯하다. 목표는 기업이나 그 구성원이 있어야 하는 존재이유이자 목적, 그리고 도달해야 할 이정표다.

그런데 통상 기업에서 '목표를 세운다'고 하면, 달성해야 할 수치를 설정해두고 그것에 도달하기 위해 '최선을 다해 노력하는 것' 정도로 아무렇지 않게 생각한다. 회사 입구나 사무실의 잘 보이는 곳에 목표가 적혀 있어도, 그것이 얼마나 절절히 달성해야 할 지표인지 가슴 깊이 인식하고 있는 구성원은 극히 적다.

작년에 100억 원 매출을 올렸으니 올해는 120억 원…, 하는 식으로 연봉이 인상되는 수준으로 매년 조금씩 수치를 향상시키기만 하면 '목표를 다 세웠다'고 생각한다. 하지만 목표에는 도달해야 할 수치 외에도, 도달하고자 하는 '이상향'이 포함되어야 한다.

'매출 20억 원을 더 올리는 것이 왜 필요한가?' 그 자체에 대한 절실한 고민이 필요하다는 말이다. 현재의 시장점유율을 유지하는 것이 궁극적으로 시장에서의 우월적 지위를 보장해줄 것인가? 닥쳐올 시장의 거대한 변화에 대비해서 디자인에서 제품 기능에 이르기까지 독보적이고 획기적인 상품을 개발해두는 일이 시급한가? 기획력을 강화할 것인가, 생산성을 강화할 것인가? 매출 증진에 집중할 것인가? 인재에 대한 투자에 집중할 것인가? 이렇듯 다각적이고도 면밀한 검토 속에서 목표가 설정되어야 한다. 하지만 아쉽게도 기업들 대부분은 그저 습관적으로 목표를 설정한다.

목표를 달성한다는 것은 모든 기업의 생명이자 이상이다. 목표가 없는 조직은 안테나 없는 라디오처럼 잡음만 무성하고 '열심히 하자'는 구호만 난무할 뿐, 어디로 가야 할지 방향을 잡을 수 없다. 사람도 마찬가지다.
미래에 어떤 모습이 될 것인가 하는 큰 그림은 비전(vision)이다. 그 비전에 따라서 중장기적인 목표를 세우고, 그것을 다시 잘게 쪼개서 단기적인 목표를 세운다. 대개 기업들의 장기적인 목표는 '시장 확대'라든가 '경쟁력 증진' 같은 것에 포커스가 맞춰져 있다. '특정 분야의 세계 No. 1', 혹은 따라 잡아야 할 역할모델을 언급하며 '특정 기업을 반드시 앞지른다!' 등의 슬로건이 기업들의 비전이 되곤 한다.

그것을 더 잘게 쪼갠 목표는 단기목표다. 연간목표가 있고, 분기별 목표가 있으며, 월별, 주별 목표가 있다. 대개 경험이 풍부한 회사일수록 연간목표를 각각의 해당 월로 분배할 때, 단순히 1/12로 나누는 것이 아니라 해당 시기의 경기 상황이나 업계 상황을 반영해 배치한다. 그리고 단기목표를 설정할 때는 '현재의 능력으로 달성할 수 있는 수치보다 조금 높은 수준'으로 설정한다. 현재의 위치에서 조금 더 손을 뻗어야 닿을 수 있다고 해서 이를 스트레치 골(Stretch Goal)이라고 일컫기도 한다.

여기까지가 '목표'에 대해 우리가 일반적으로 공유하고 있는 기초 정보다.

조직 안에서 죽어버린, '박제된 목표'는 내다버려라

기업들은 매년 초 해당 연도에 기업 전체에 부과된 목표를 설정하고, 그것을 다시 팀 단위, 개인 단위로 나누어 배분해준다. 신규상품 기획이나 생산 부서에는 새로운 부가가치를 생산해서 만들어내야 할 수치가, 영업이나 마케팅 부서에는 기존에 유통 중이거나 새롭게 유통될 상품을 판매해서 만들어내야 하는 수치가 부여된다.

그런데 이 목표라는 놈에는 요상한 특징이 하나 있다. 잘게 쪼개져서 아래로 내려가면 내려갈수록 '본래의 의미'를 점점 더 상실하게 된다는 점이다. 그래서 현장 부서를 관장하는 실무 관리자일수록, 무의

미하게 던져진 숫자는 일선의 구성원들에게 아무런 감흥이나 동기부여도 일으키지 못한다는 사실을 잘 알고 있어야 한다. 아침마다 구호로 외치고 플래카드에 써서 눈에 띄는 곳곳에 붙여도, 거기 붙은 진정한 의미와 달성 전략을 납득하지 못하는 구성원의 눈에는 '강요된 의무방어전'처럼 느껴질 뿐이다.

'목표를 배분하고, 직원들을 쪼면 아루어진다?' 돼지 창자에 순대 속 밀어 넣는 소리다.

경영이란 목표를 달성하는 '과정'을 컨트롤 하는 것이다. 현재의 역량을 초과하는 매출목표를 달성한다는 것은 기본적으로 불가능하다. 결국 현재의 역량보다 조금 높은 수준의 목표를 달성하기 위해서는, 역량이 커져야 한다.

아무 능력도 없는 부서에 목표를 과다하게 부여해주면 어떻게 될까?

답은 뻔하다. 첫 번째 쓸 수 있는 카드는 거래선을 협박하거나 사탕발림으로 달래서 일명 '밀어내기'를 하는 방법이다. 개발이나 기획, 제조와 관련된 부서라면 제대로 익지도 않은, 스스로도 만족할 수 없는 결과물을 성급하게 시장에 내놓는다. 왜냐면 상사가 쪼니까. 재고가 어떻게 되건 나중에 반품으로 들어오건 말건, 만들어낸 제품이 시장에서 혹평을 받건 상관없이, 무조건 면피만 하고 나면 된다는 궁색한 판단을 하게 되는 것이다. 짐승도 궁지에 몰리면 꾀가 나는 법인데, 사람이라고 다를 바가 없다.

또 다른 한 가지 카드는 목표를 달성하지 못하고 좌절하고 실망한 끝에 자책을 하게 되고, 결국 시말서를 쓰거나 회사를 그만두는 것이다. 자칫하면 잠재력이 있는 인재를 제대로 활용 한번 해보지 못하고 내보내게 된다.

어느 기업이건, 또 어떤 부서건, 목표와 관련된 점검은 매월 초에 해야 한다. 그것도 그 달의 매출계획만을 가지고 점검하는 것이 아니라, 남은 연간목표 전체를 가지고 점검해야 한다. 예를 들어 7월 초에 회의를 한다면, 6월의 목표달성 여부를 점검하고 7월 말의 예상 목표달성도를 예측한 다음, 예상대로 되지 않을 때 그 이후 2~3개월의 전략을 어떻게 구사하는 것이 좋을지 '대안'을 도출하는 식으로 회의가 이루어져야 한다는 말이다. 시장상황이 어려워져서 이번 달에 부득이하게 목표를 채우지 못한다면, 기발한 아이디어를 내거나 획기적인 발상을 해서 그 다음 달에 목표를 초과달성할 계획을 세우는 게 목표점검회의다.

그런데 우리는 정작 어떤가? 대개 월말쯤 당월 예상과 익월 계획에 관련된 회의를 하고, 월 중간쯤에 계획대로 되고 있는지 점검회의를 한다. 그러니 회의는 언제나 살얼음판이다. 목표를 초과달성한 부서나 담당자는 한껏 칭찬을 받아 고무되고, 반대의 경우는 무참하게 기를 죽여 '살고 싶지 않은' 심정이 되게 한다. 완전히 인민재판식이다. 상사는 기분이 후련할지 모른다. '기분 좋게 깨부숴 놨으니 정신 좀 차리고 하겠지….' 자신의 탁월하고 용맹한 리더십과 불같은 카리스마를 떠올리며 뿌듯해한다. 이게 도대체 뭔가?

그런 회의에서 상사에게 무작정 깨지기만 하는 부하사원에게도 문제가 있다. 지금 당장은 깨지더라도 미래에 잘할 수 있는 공약(公約)을 내보여야 한다. 비록 이번 달에는 부진했지만, 앞으로 어떤 부분을 어떻게 개선해 실적을 높이겠다는 약속을 해야 한다. 그리고 반드시 그 약속을 지켜야 한다. 상사가 부하를 깨야 하는 시점은 실적에 미달한 이번 달이 아니라, 약속을 지키지 못한 다음 달이 되어야 한다. 그래야 조직에 발전이 있다.

조직이든 그 안에 몸담고 있는 사람이든, 중요한 것은 목표를 달성할 수 있는 '게임 능력'을 갖추는 것임을 잊어서는 안 된다. 재수가 좋아서, 시장상황이 호전돼서, 개발팀의 노력으로 제품력이 좋아져서…, 나는 아무것도 하지 않고 가만히 앉아 있었는데도 1등이 된 부서를 칭찬해선 곤란하다. 그런 부서일수록 거꾸로 무리수를 두고 있는 것은 아닌지, 어딘가 누수가 있는 것을 아닌지 짚을 줄 알아야 한다.

허울 뒤에 숨은 진실을 읽어라

앞에서도 설명했듯이 일 잘하는 사람의 특징은 '숫자'에 강하다는 점이다. 숫자에 강하다는 것은 재무제표를 잘 파악하고 액셀(Excel)의 수식을 자유자재로 활용할 수 있는 것을 의미하는 게 아니다. 숫자의 이면에 있는 진실(fact)을 파악할 수 있어야 한다.

매출은 많아지는데 경상이익은 오히려 줄고 있다면, 경영의 적신호다. 제품을 내보내는 데도 비용이 든다. 내보낸 제품을 다시 받는 데는 더 많은 비용이 든다. 그러니 많이 팔린다고 마냥 좋아할 노릇이 아니라는 말이다. 매출이 높아지면 그만큼 인력도 많아져야 한다. 시장상황이 악화되면 남아도는 인력을 정리해야 할 시점도 온다. 숫자에 놀아나서 흥청망청 기분 좋게 질주하다가 막다른 절벽을 만날 수도 있다.

숫자로 표현되는 각종 목표나 현상과 관련된 지표에도 가로 획이 있고 세로 획이 있다. 보이는 것은 숫자들의 조합이지만, 정작 그 안에는 스토리가 있다는 말이다. 그러므로 숫자를 보는 것이 아니라, 그 안의 스토리를 보아야 한다. 특히 매출 기반으로 움직이는 영업 현장의 경우, 리더는 겉으로 드러난 숫자의 속임수에 곧이곧대로 넘어가서는 안 된다.

물론 목표에 관한 것은 비단 영업이나 판매 부문에만 해당되는 이야기가 아니다. 당신이 만약 다른 부서의 실무자라 해도 유사한 경험을 한 적이 많을 것이다. 기획이나 제조 부서의 경우도 마찬가지다. 월말이면 정해진 마감 일정에 허덕이는 관리 부서도 마찬가지다. 넉넉하다 생각해 일정을 잡아놓고 '어어~' 하고 손 놓고 있다 보면 어느 새 일정은 코앞에 닥쳐 있다. '막판에 몰아치기 벼락치기로 해내면 되겠지' 하고 안일하게 생각했던 탓이다. 그래서 결과는 어땠는가? 마지막 공정의 가장 중요한 10%, 마무리 개념의 꼼꼼한 검수, 최종 점검에 소홀해져 일을 그르친 적이 있지 않은가?

세상에서 제일 위험한 실무자가 누구인 줄 아는가?

첫째, 무조건 많이 하겠다고 덤비는 사람이다. 숫자를 제출할 때는 잘할 수 있다고 큰 숫자를 제시해서 은근슬쩍 넘어갔다가, 월말에 그대로 안 되면 그냥 왕창 깨지고 말자는 심리가 여기에는 숨어 있다.

둘째, 월말에 문책 당할까봐 늘 안정적이고 보수적으로 목표를 책정하는 사람이다. 이런 사람은 어딜 가든 조직에 발을 반쯤만 담그고 있는 사람이다. 혼나지 않을 만큼, 튀거나 모나지 않을 만큼만 한다. 이런 사람은 하루 빨리 기강을 잡아 변화시키거나, 더 늦기 전에 조직에서 쫓아내지 않으면 안 된다. 어정쩡하게 사는 나른한, 하향 평준화된 기업문화는 이런 사람 때문에 만들어진다고 해도 과언이 아니다.

그러므로 리더는 많이 하겠다고 하는 사람이든 적게 하겠다고 하는 사람이든, 그들이 왜 그런 숫자를 도출하게 됐는지 꼬치꼬치 캐물어야 한다. 어떻게 할 것이며 누구와 할 것인지, 목표를 수립한 이유와 그것을 달성할 방법을 시시콜콜 캐물어야 다음번에는 제대로 된 숫자가 나온다.

당신이 리더라면 숫자를 꿰뚫는 연습을 계속하길 바란다. 당신이 일반 평사원이라면, 무슨 일이든 숫자로 보고하고 숫자로 생각하는 일을 게을리하지 말기를 바란다. 사람은 누구나 자기를 보호하고자 하는 본능이 있다. 그래서 대부분 스스로를 실제의 자기 자신보다 과대평가한다. 그래서 일정을 짜고 계획을 잡고, 숫자로 계속 상황을 객관화시킬 필요가 있다. 그래야 본능적으로 나른해지고자 하는 욕망을 꺾을 수 있다. 거꾸로 실무자가 숫자로 거짓말을 하고 있는 경우에 리더는 그 본질을 꿰뚫어야 한다. '당신이 제시하는 숫자에는 모순이 있다. 그

모순에 대해 다시 한 번 설명하라'고 끊임없이 추궁함으로써 진짜 답이 나오게 해야 한다. 합리적으로 대답을 못할 때는, 리더가 나서서 숫자의 잘못된 부분을 고쳐줘야 한다.

대부분의 사람들은 달성 못할 목표치나 일정을 만들어놓고 '못하면 월말에 깨지고 말지' 하고 단순하게 생각한다. 맞지 않는 숫자를 기입해놓고 월말이면 깨지기를 반복하는 회사나 팀만큼 구제불능인 곳은 없다. 그것이 반복되지 않도록 하자.

다음 달에 잘하는 것보다
3개월 후에 잘하는 것이 중요하다

전 부서에게 합리적이고 달성 가능한 목표를 세우도록 조정을 해나가다 보면, 단기적으로 달성해야 할 목표치에 미달하게 되는 것이 일반적이다. 전사적인 목표치란 본래 달성할 수 있는 수준보다 조금 더 높게 책정되게 마련이기 때문이다.

그렇다고 달성하지도 못할 가짜목표를 그냥 놓아둘 것인가? 아니면 달성할 수는 있지만 도전정신이 생겨나지는 않는 적당한 수준의 목표를 세워놓고 만족할 것인가? 그럴 수는 없는 노릇이다. 단기목표를 차근차근 한 스텝 한 스텝씩 밟아나가는 것이 결국 연간 실적을 만들어낸다. 부족분에 대한 달성 대책을 수립하는 것은 지휘자의 몫이다.

어디에든 조금의 숨 쉴 틈은 있게 마련이다. 제대로 수립된 목표를 합리적인 방법을 통해서 부하직원들이 달성해나가는 동안, 지휘자는 오랜 경험과 노하우를 통해서 좀 더 다른 방법으로 새롭게 접근할 수 있는 방법을 찾아야 한다. 그것이 리더의 몫이다.

부하들의 일거수일투족을 감시하고 남의 제사에 감 놔라 대추 놔라 하는 건 리더의 몫이 아니다. 오히려 더 큰 그림으로 시장을 관찰하고, 부하직원들이 미처 발견하지 못하거나 잘 모르고 있던 예측 정보들을 시의적절하게 제공해주고 코칭해주면 된다. 비용을 절감하거나 효율을 올릴 수 있는 프로세스에 대해서 고민하는 것 역시 리더가 할 수 있는 일 중 하나다.

그렇게 리더는 자신이 그 실마리가 될 무언가를 툭 건드려주었을 때 다른 여러 가지 현상에 대해 견인효과가 많은 일을 노려야 한다. 소위 일타양피 전략이 필요하다는 말이다. 리더가 연봉을 많이 받는 이유는 그런 일을 하라는 의미다. 그러려면 누구보다 예민한 촉각을 곤두세워서 시장을 관찰하고 흐름을 읽어야 한다.

그렇다면 목표를 달성하지 못하는 부하직원은 어떻게 다뤄야 할까? 무조건 잘하라고 다그치기만 하면 될까? 그럴 리 없다. 그 직원의 역량에 비해 목표가 너무 과다하게 설정되었다면, 그 단기목표는 과감히 포기시키는 게 좋다. 대신 인프라를 개선해서 3개월 후에는 반드시 목표를 달성할 수 있도록 체질 개선을 시켜주어야 한다. 민첩성이 떨어지고 정신상태가 해이해졌다면 정신을 바짝 차릴 수 있도록 육체적으로 호되게 힘든 부서와 순환근무를 시킬 수도 있다. 목표가 달성되지 않는 원인을 찾아서 그것을 제거하거나 바꿀 수 있도록 해주어야 한다.

결국 목표란 우리로 하여금 한 방향을 향해 달려 나가게 해주는 원동력이지만, 결국 모든 구성원들이 낙오 없이 그곳에 도착하려면 길고 지루한 싸움에서 지치지 않을 체력이 필요하다. 단기적인 성과목표를 지켜나가면서도, 체력을 비축하면서 지속적으로 나아갈 수 있는 방법을 찾지 않는 조직은 결코 오래 갈 수 없다.

나쁜 관리와 좋은 관리

나쁜 관리의 비용은 엄청나다. 한 대기업 프로젝트에서 이를 직접 경험한 적이 있다. 팀원들은 모두 유능했고 각자의 마음속에 열정이 있었지만, 관리자의 무능과 변덕으로 인해 팀원들은 모두 좀비가 되어갔다. 일부는 떠났고 일부는 일을 하지 않았고 일부는 하는 척을 했다. 결국 수년간 프로젝트를 진행했으나 결과는 나오지 않았고 프로젝트는 취소됐다. 나쁜 관리자는 팀원들이 무엇을 하고 있는지 알지 못하며(또는 관심이 없으며), 팀원들의 능력을 제대로 파악하지 못한 채로 원칙 없이 업무를 지시하며, 부적절한 인력을 배치하고, 팀원들과 제대로 대화를 나누지 않으며, 펫 프로젝트(pet project, 고위층 또는 자신의 개인적인 관심으로 만들어낸 프로젝트)로 인해 업무 우선순위를 마구 바꾸고, 결과가 나와도 잘했는지 못했는지 제대로 판단하지 못한 채 자신의 기호에 따라 결과를 재단한다. 한마디로 그들은 조직의 목표와 팀원의 성장에는 아무런 관심이 없으며 단지 자신의 안위만 생각하는 사람들이다.

(……중략……)

그렇다면 '좋은 관리'란 어떻게 관리하는 것인가?

첫째, 바라는 결과를 명확히 알려주어야 한다.

둘째, 위임을 적절하게 활용해야 한다.

셋째, 방법보다는 결과에 초점을 맞추어야 한다. 이 말에 오해가 없기를 바란다. 결과가 올바르다면 방법은 팀원에게 맡겨두라는 뜻이다.

넷째, 피드백을 주고, 코칭을 하고, 경력 개발을 지원해야 한다.

다섯째, 좋은 관리자는 자기 자신을 관리하는 사람이다. 좋은 관리자는 감정의 폭발에 반응하기보다는 사건에 대응한다.

지금 이 순간에도 많은 기업들이 사소한 비용 절감과 무의미한 규칙 준수를 위해 직원들의 신뢰를 잃고 있으며, 나쁜 관리자를 배정함으로써 프로젝트와 팀원의 인생을 망치고 있다. 나쁜 관리자는 개인, 회사, 사회 모두에 악영향을 미치는 존재다.

반면에 좋은 관리자는 탁월한 결과를 만들어내고 팀원들을 성장시키고 사회 전반에 좋은 인재를 공급한다.

    – *류한석, IT 칼럼니스트(peopleware.kr)*

사람이 일을 한다,
이기는 조직으로 변화시켜라

일은 찾아서 하는 것이다. 자신이 만들어내는 것이다.
남이 시킨 일만 하는 자는 잡일꾼이다.
– 오다 노부나가織田信長

알맹이가 없는 사람은 아무리 겉을 꾸며도 언젠가 그 속이 드러난다.
– 노자老子

한 농부가 평생을 고되게 일하다가 죽음을 앞두게 되었다. 그는 게으른 아들을 부지런하게 만들 한 가지 묘안을 생각해냈다. 그의 아들은 '어떻게 하면 자신은 고생하지 않고 요행수를 얻을 수 있을까'에 대해서만 골몰했다. 그것이 인생의 참 진리가 아님을 알고 있는 농부는, 자신이 죽기 전 마지막으로 아들을 불러놓고 유언을 남겼다.

"내가 평생 동안 모은 보물을 포도밭에 묻어두었다. 그런데 워낙 묻어둔 지가 오래 되어서, 어디에 두었는지가 영 가물가물하다. 네가 틈나는 대로 포도밭을 파서 그 보물을 찾아내거라. 네가 평생 써도 모자라지 않을 엄청난 보물이니, 꼭 이 애비의 말을 잊지 말거라."

농부가 죽고 나자, 아들은 포도밭 땅을 갈아엎기 시작했다. 여기를 파도 없고, 저기를 파도 없고…, 결국 포도밭을 이 잡듯이 뒤졌지만 보물은 나오지 않았다. 하지만 한 해 동안 열심히 땅을 갈아엎은 덕분에 포도나무들이 건강해져서 열매를 많이 맺었다. 결국 아버지가 남겨주신 보물이 기름진 땅에서 나는 포도임을 아들은 뒤늦게 깨닫게 된다.

우리가 익히 알고 있는 이솝우화의 한 예화다.

진부하지만 이 이야기를 인용한 이유는 하나다. 바로 조직 역시 마찬가지의 원리로 움직여야 한다는 것이다. 요행수로 어쩌다 잘 되는 건 조직의 역량이 아니다. 제대로 된 전략을 가지고, 제대로 된 실행으로, 편법이나 꼼수를 쓰지 않고 이겨야 한다. 묵묵한 끈기도 필요하고 때론 바보스럽다 할 만큼의 원칙도 필요하다. 그게 무너지면 조직에는 절대 지속적인 승리가 보장되지 않는다.

전략이 아무리 제대로 수립되었다 하더라도, 실행을 하는 것은 결국 사람이다. 조직 구성원 한 사람 한 사람이 제대로 된 생각을 가지고 솔선해 움직이는 조직, 그리고 그렇게 구성원들 각각이 다른 이들의 일하는 모습을 지켜보면서 서로 자극을 받아 더 분발하게 되는 문화가 '일하는 조직'의 문화다. 이들은 끊임없이 자신의 보물밭을 파 들어가며 하루하루 괄목할 만큼 성장한 모습을 보여준다. 그리고 이렇듯 '건강한 구성원'이 모였을 때라야 비로소 시너지 효과가 생겨난다.

훌륭한 리더, 솜씨 좋은 명장이 조직을 일시적으로 일으킬 수는 있으나 결국 구성원 전체를 '이기는 조직'으로 변모시키지 않으면 생명력은 오래 갈 수 없다.

그저 잘난 놈이 아니라, 열정이 있는 놈을 뽑아라

친구 중 한 명이 취업전쟁에 시달리는 아들 녀석 때문에 속이 상한다면서 하소연을 해왔다. S사, H사를 비롯해 유수의 기업 50여 군데에 입사 지원서를 냈지만, 결국 한 곳에도 합격하지 못했다는 것이다. 내로라하는 명문대 출신에다 토익점수도 900점이 넘고 스펙 중 어느 것 하나 꿀릴 게 없는 아들인데, 요즘 회사들이 진흙 밖에 나와 있는 진주조차 알아봐주지 못한다며 푸념이다.

짚이는 데가 있어, 왜 50군데나 되는 곳에 이력서를 넣었느냐고 물었다. 그중 특별히 들어가고 싶은 회사라도 있었느냐고. 전공이나 하고 싶은 일의 분야를 정해두고 회사를 고른 것이냐고. 그랬더니 당연하다는 듯 대꾸한다.

"그거야. 요즘 아이들은 우선 1급수 기업부터 지원하고 그 다음 순서대로 내려가지 않던가. 인터넷도 있고 이메일로 접수하는 곳도 있고 해서, 어떤 때는 하루에 서너 곳씩 지원을 하기도 하는 것 같던데."

안 봐도 비디오였다. '자애로우신 어머니와 엄하신 아버지'로 시작하는 고리타분한 자기소개서, 몇 번이나 그대로 복제된 듯한 천편일률적인 서류들, 열정이나 의지 따위는 찾아볼 수 없는 교과서에서 배운 듯한 앵무새들의 면접 답변…. 나는 그러니 떨어지는 게 당연하다는 표정으로 단호하게 말했다.

"그런 친구라면 내가 채용 담당자라고 해도 안 뽑겠네. 50군데면 50군데 모두 똑같이 보냈음직한 지원서를 누가 읽고나 싶겠나? 물론 기업마다 다르겠지만, 제대로 정신 박힌 회사라면 '정말 우리 회사를 좋아하고 우리 회사의 일거수일투족에 관심이 있는 사람'을 뽑지 않겠나? 공부 잘하고 스펙 좋고, 이것저것 기웃대고 여기 저기 집적거려 본 친구들 뽑았다가 뒤통수 맞은 경험이 한두 번이 아닐 테니까 말이야. 이 회사가 아니면 저 회사, 결국 초임 많이 주는 곳을 찾아다니는 그런 사람들 말이야. 자기 것은 눈곱만큼도 헌신하지 않으려고 하면서, 회사가 자기에게 얼마만큼 해줄 것인가에 대해서만 관심을 갖지. 휴일은 다 챙겨먹어야 하고, 야근은 죽어도 싫고, 그래도 그럴듯한 전문가로 인정받고 싶고.

연봉이나 처우 좋아서 들어온 놈은 결국 좋은 조건 찾아 철새처럼 떠돌아다니게 마련이야. '내가 들어가서 이 회사 먹여 살리겠다'는 무모해 보이기까지 한 패기를 요즘 젊은 친구들에게는 찾아볼 수가 없다고. '88만원 세대' 운운하며 청년실업자가 사회문제 때문인 양 얘기하지만, 결국 개성 없이 비슷한 스펙으로 만들어진 젊은 친구들도 문제 아닌가. 자네 돌아가면 한번 아들 녀석에게 물어보게나. 작은 회사에 들어가 열심히 일해서 전문성을 쌓고 그 회사도 궤도 위에 올려놓는 일에 헌신하겠느냐고. 그런 일에 흥미가 있냐고. 아마 몇 번 더 입사시험 떨어지면, 당장에 공무원 시험 준비하겠다는 소리 나올 걸? 그게 걔네들 수순이니까."

좀 심하게 쏘아 붙이긴 했지만, 친구 아들 녀석이 내 앞에 있었다면 꼭 해주고 싶은 이야기였다. 많은 회사들이 '가능성'을 높이 보고 열정을 가진 직원을 뽑기 위해 열을 올린다. 머리 좋고 유능한 것도 좋지만, 결국 '이기는 문화'를 만드는 데 일조할 사람을 최고로 꼽기 때문이다. 아무리 공부 잘하고 학교 때 성적이 좋아도, 조직에서 고문관 노릇 하고 열정의 온도를 떨어뜨릴 친구들은 애초에 열외로 둔다.

한 중소기업의 신입사원 환영 방법을 듣고, 무릎을 친 적이 있었다. 그 회사에서는 매번 신입사원을 뽑을 때마다, 전 직원들이 모여서 '동료들이 바라는 ○○人, 이렇게 하면 사랑 받는다'는 항목을 작성해 전달한다고 한다.

그 내용은 소박한 것이다. 예를 들어 '집에서 아무리 우울하고 기분 나쁜 일이 있었어도, 절대 회사에 그 나쁜 기분을 가져오지 말 것', '회사에서 만나는 사람에게는 지위고하를 막론하고 상냥하고 밝게 인사할 것', '한 번 정해진 일이라고 하더라도, 당연한 일이라 받아들이지 말고 뒤집어서 생각해볼 것' 등등 일하거나 생활하면서 가장 필요한 조언을 토론을 통해 전 직원이 선정해서 서면으로 건네준다는 것이다. 그 항목은 일 년에 한두 번, 공채 때마다 업데이트 하고 보완해 더욱 발전시켜간다고 한다.

인사 담당자가 꼽는 최고의 채용 전략은 '누구든 우리 회사라는 배에 태울 때는 어렵고 까다롭게'라고 한다. 뽑을 때 정말 치열한 절차를 밟아 뽑고 '정말 이 사람이다' 싶지 않으면 여간해서 뽑지 않는다. 그러면 들어온 사람도 더욱 자부심을 느끼게 되고, '어떻게 들어온 직장인데' 하며 더 열의를 보이게 된다는 것이다. 이직률이 상대적으로 줄어드는 것도 당연한 일이다.

회사 입구에 들어서면서부터 문화는 향기를 풍긴다

이 책을 출판한 쌤앤파커스는 '출판계'에서도 알아주는 역량을 지닌 조직이지만, 무엇보다 필자로서 방문할 때마다 짱짱한 열기를 느낄 수 있는 곳이다. 통상 출판사 하면 느껴질 법한 지루하고 나른한 분위기가 여기엔 없다. 각자의 책상에는 조용히 그러나 열정적으로 자신의 일에 몰입해 있는 직원들이 번뜩이는 눈망울로 원고와 모니터 화면을 응시하고 있다. 예의 바르면서도 자유롭고, 일견 타이트해 보이면서도 유머와 여유가 넘친다.

그런데 이 회사에는 독특한 것이 또 하나 있다. 바로 현관 입구에 걸려 있는 직원 전원의 '사명선언문'이다. '내가 왜 이 일을 하는가', '나는 이 일을 통해 무엇을 성취할 것인가', '나는 이 회사와 나의 발전을 위해 무엇을 할 것인가'가 몇 줄의 문장으로 압축된 글귀, 그리고 그 글귀의 주인공 사진이 제각각 액자에 담겨 있다. 이사, 부장, 과장, 대리, 평사원 할 것 없이 그 현관에 걸린 액자 속에서는 누구나 회사의 CEO다. 그리고 실제 모두가 회사의 주인인 것처럼 움직인다고 한다.

이들 회사에서는 신입사원들이 3개월의 수습과정을 마치고 정직원이 될 때, 선임 구성원들이 신참들을 위해 '그들의 날'을 만들어준다고 한다. 사무실에서 깜짝 파티를 열어주기도 하고, 워크숍에 가서 특별 행사를 갖기도 한단다. 그 자리에서 '사원 임명장'과 함께 새로운 구성원들 각자는 자신이 작성한 '사명선언문'이 담긴 액자를 선물 받는다. 이렇게 아주 특별한 날을 선사받은 신입사원은 그날의 감동과 자긍심을 성취의 자양분으로 삼는다고 한다.

'조직문화'라는 것은 겉으로 보이는 것보다 훨씬 더 대단한 위력을 지녔다. 물론 평생 한 직장에서 근무한 사람이라면 자신이 속한 기업의 문화와 다른 기업의 문화가 어떤 차이가 있는지 그 문화 충격을 경험하지 못할 것이다. 때로 아주 강력한 카리스마를 지닌 리더가 외부에서 영입됨으로써, 문화적 충격 속에서 일대 변화를 경험하게 되는 경우는 왕왕 있다. 그러나 조직문화란 아주 교묘한 특징을 가지고 있어서, 웬만한 노력으로는 짧은 시간에 바꾸어나가기가 힘들다. 더군다나 하나의 작은 부정적인 요소조차도 쉽사리 조직 전체를 잠식할 수 있다. 그 부정적인 요소는 지위의 고하를 막론하고 긍정적인 요소보다 더 강력한 영향력을 미친다.

전시행사로는 안 된다. 진심을 담은 소통과 애정, 그리고 때론 애정 어린 충고와 대화가 필요하다. 잘못되고 있는 것을 못 본 체 놔두는 리더가 얼마나 많은가? 조금 더 신경 쓰고 관심 가져야 하는데 남의 일로 여기는 동료들이 얼마나 많은가? 장점보다는 약점만 잡아 헐뜯고 물고 늘어지며 상사의 고충을 나 몰라라 하는 후배들이 얼마나 많은가?

조직은 험난한 대양을 항해하며 목적지를 향해 달려 나가는 한 척의 배와도 같다. 파도가 잠잠할 때는 어떻게 하든, 누군가가 졸거나 안에서 조금 다툼이 생겨도 목적지까지는 어찌어찌 갈 수 있다. 하지만 바다가 험해지면 어찌 되는가? 아주 작은 배의 흔들림이나 판단착오,

내부의 작은 소란만으로도 배는 가라앉고 만다. 그렇게 배가 가라앉고 나면, 더 이상 헐뜯을 상사도 미워할 동료도 꼴 보기 싫을 후배도 없어진다.

삼성이라는 조직에서 20년을 근무하고 나서 일본계 회사로 처음 이직했을 때, 필자 역시 조직문화라는 것이 얼마나 중요한 것인지 절실히 깨달았다. 도전정신보다는 무사안일이 우선이고, 잘하는 사람이나 그렇지 않은 사람 모두 편안하게 공존하는 문화는 나로서는 도저히 납득할 수 없는 충격이었다. 조직은 전통을 유지하고자 하는 관성을 가지게 마련이다. 그것이 좋은 것이든 싫은 것이든 무관하다. '하던 대로 하는 것'이 무엇보다 편하다. 변화는 불편하고 신경 쓰인다. 더더군다나 변화를 장려하는 문화가 없던 조직에서, 새삼 변화를 꾀하는 일은 단단한 무쇠를 녹이는 일보다 어렵다.

조직을 내전(內戰)에 시달리게 하지 마라

조직은 태생적으로 의심이 많다. 개성이 서로 다른 여러 사람을 모아놓은 데다가 위계와 권한, 성과와 보상이 공존하는 곳이기 때문에 당연한 현상이다. '아무개가 K부장 줄에 섰대', '이번에 온 누구는 누구 친척이라던데?', '그 친구는 빽이 뭐기에 그렇게 잘나가는 거야?' 등등 억측과 오해가 난무하기도 쉽다.

'이기는 조직', '성과가 높은 조직'을 만드는 데 1차적으로 선행되어야 하는 관건은, 각 개인이 가지고 있는 역량을 극대화해서 유기적으로 결합하게 하는 것이다. 일개인의 능력이 아니라 조직 구성원의 역량이 모인 합(合)이 결국 조직의 성과 성적표가 된다. 그렇다면 유능한 사람들을 모아놓는다고 100+100=200의 결과를 얻게 될까? 자기의 업무 분야에서 유능한 사람이 조직 경영도 탁월하게 할까? 반드시 그렇지만은 않다. 여기에 바로 조직 운용의 묘미가 있다.

분명히 싸움의 장소는 '시장'이요, 싸움의 대상은 '경쟁업체'나 '선발업체'다. 그런데 많은 기업의 경우 회사 내 혹은 팀 내의 경쟁구도 탓에, 정작 싸움의 대상과는 싸워보기도 전에 발목을 잡히는 경우를 왕왕 본다. 한 막사에 유능한 장수 둘이 있으면, 결국 내부의 불신을 키워 전쟁을 패배로 몰고 가기 쉽다. 회사의 브레인들이 역량을 모두 합쳐 목표를 달성하려 해도 모자라는 판에, 내부의 적(敵)들끼리 서로 협력하지 않는다면 얼마나 끔찍한가? 나 자신보다 상대가 더 부각될까봐 시시각각 촉각을 곤두세우고 동료나 선후배를 견제하느라 에너지를 소모한다면 얼마나 낭비인가?

기업이 경계해야 할 제1의 요소는 바로 회사가 권력투쟁의 장으로 전락하는 것이다. 그러므로 조직을 움직이는 사람은 크든 작든 내부조직을 협력체계로 만들어야 한다. 선의의 경쟁은 발전의 원동력이지만, 경쟁이 지나치면 화마(火魔)가 될 수 있기 때문이다.

조직의 관심사는 철저히 문제해결에 집중되어야 한다. 대부분 조직

내의 갈등은 과업이 느슨해졌을 때, 조직 내 질서가 균형을 잃었을 때, 구성원 몇몇에게 과도한 스포트라이트나 과도한 질타가 주어졌을 때 빈번하게 일어난다. 결국 몸의 균형이 깨어졌을 때 병균의 침입이 용이해지는 것처럼, 무언가 조직의 균형이 흐트러졌을 때 부정적인 요소들이 잠식해 들어오는 것이다.

필자의 경험으로 보아, 조직 내의 갈등을 줄이고 비교적 건설적인 경쟁에 몰두하게 만드는 몇 가지 방법이 있다. 구성원과 그 구성원들을 아우르는 리더들 모두 조금은 새겨두었으면 하는 바람이다.

리더가 확고하게 중심을 잡아주어라

필자가 말단사원으로 근무하던 무렵, 같은 팀에서 일하던 동료 중에 정말이지 '입안의 혀'에 비유할 만큼 상사의 비위를 잘 맞추는 녀석이 있었다. 평상시에는 일손을 놓고 놀고 있다가 상사가 있을 때만 열심히 일하는 척하는 것은 기본이고, 회식 때면 상사가 원한다면 2차 3차라도 따라다니며 소위 알랑방귀를 뀌었다. 우직하게 일만 하는 나 스스로가 한탄스러웠고, 나보다 뺀질대는 그 녀석이 먼저 승진할까 봐 조바심도 나던 때였다. 지금 생각해보면 유치하기 짝이 없는 고민이었지만, 아마도 당시 말단으로서 할 수 있는 가장 어울리는 고민이 아니었나 싶다.

어느 날 회식 자리를 빌려 용기를 내어 상사에게 물어보았다.

"부장님…. 사실, 저 싫어하시죠? 무뚝뚝하고 표현도 잘 안 하고. 제가 부장님이라도 그러겠어요."

그랬더니 상사의 대답이 의외였다. "김진동 사원, 5년 후가 말해줄 거야. 작은 일에 흔들리지 말고 소신을 갖고 일하게. 상사란 언제든 바뀔 수 있는 병풍 같은 존재일 뿐이야. 결국 기본을 지키며 열심히 일하는 사람이 인정받게 마련이네. 미래는 자네 것인데 뭘 걱정하나?"

나는 그 자리에서 모든 쓸데없는 고민을 날려버렸다. 그리고 상사가 마지막으로 덧붙인 이야기도 잊지 않았다. "나도 이 자리에 있으려면 외로워. 원래 윗사람이 베푸는 게 순리지만, 아랫사람이 그렇게 못하란 법은 없네. 과도한 충성도 부담스럽지만, 적당한 충성은 상사의 피로회복제네."

그 후로 쑥스럽거나 남들이 손가락질할까 봐 괜히 더 상사에게 무뚝뚝하게 굴었던 습관을 고쳤다. 고마울 때는 고맙다고, 죄송할 때는 죄송하다고 표현하면서, 기본을 지키며 열심히 일했다. 결국 몇 년이 지나지 않아 뺀질대던 녀석은 회사를 떠났다. 지금은 뭘 하고 있는지 모르겠다.

한참 세월이 흐른 후에 나는 또 하나의 사실을 깨닫게 되었다. 그때 뺀질대며 아부하던 그 녀석에게서 미운 점을 골라내었던 나의 질투심 역시, 부족한 나를 감추려고 그 녀석을 질타하는 것에 에너지를 쏟았던 일종의 방어본능이었다는 것을.

성과가 좋은, 능력이 뛰어난 사람일수록 은인자중하라

모난 돌이 정 맞는다는 말이 있다. 성과가 좋고 능력이 뛰어난 사람일수록 주변의 관심과 질투 어린 시선을 많이 받게 마련이다. 당연히 일거수일투족이 관찰의 대상이고, 시기의 대상이 되게 마련이다.

그런데 유능한 사람이 곧 유능한 경영자가 되는 것은 아니라는 점에서 새삼 새겨두어야 할 것이 있다. 자칫 사회생활의 첫 단추를 '유능함이라는 자아도취 정서'에 묻혀 보내게 되면, '나보다 못하는 사람' 이른바 평균적인 사람들의 정서에 둔감해지기 십상이다. 평범한 고객의 생각을 읽을 수 없고, 더더군다나 조직 내에서 빨리 성장하지 못하는 사람들의 고충을 헤아려 팀워크로 승화시키기가 어렵다.

"이 정도 일을 도대체 왜 똑 부러지게 처리 못하는 거야?" 하면서 부하직원의 노력을 업신여길 수도 있다. 결국 조직의 사기를 떨어뜨리고, 모두의 한 걸음이 의미하는 소중한 가치를 퇴색시킨다. 한 사람이 빨리 앞서 나가는 것도 중요하지만, 조직 전체가 다 같이 한 걸음을 옮기는 것도 그것 못지않게 중요하다.

그러므로 자신이 상대적으로 성장속도가 빠르고 성과가 좋다고 자부하는 사람일수록 스스로 자기를 추스르는 노력이 필요하다. 일부러 일을 못하라는 말이 아니다. 그럴수록 한 번이라도 주변에 시선을 돌려보고, 다른 사람의 입장에서 역지사지로 생각해보는 것이 필요하다. 길게 보아서는 그게 이기는 길이라는 것을 종국에 깨닫게 될 것이다.

일반적으로 능력이 뛰어난 사람일수록 성장에 대한 욕구가 크며, 회사를 권력 쟁투의 장소로 생각하는 경향이 강하다. 그래서 조직에서는 잘하는 사람을 향해 너무 칭찬하는 것도 자제해야 하고, 못하는 사람을 향해 너무 윽박지르는 것도 자제해야 한다. 못하고 있는데 기를 쓰고 노력하는 사람은 칭찬해주어야 한다. 기본기가 아주 꽝이 아니라면 결국 그 꾸준함으로 조직에 기여할 날이 온다.

문제는 어정쩡한 사람들이다. 성과가 뛰어나더라도, 본래 자신이 가진 능력 중의 아주 일부만을 활용하고 있거나 두 집 살림하듯 언제든 딴 둥지로 옮길 궁리를 하는 사람은 조직에 필요 없다. 다른 사람의 성과에 적당히 빌붙어 살려고 하는 사람도 용인해선 안 된다. 그런 사람들은 조직에 발을 못 붙이게 해야 한다.

필자가 삼성에 몸담고 있을 때의 일이다. 동대문 지역 반경 4킬로미터 이내에 자사 대리점이 두 개 있었다. 당시에는 직영점이 활발하게 움직이던 때여서 사실 4킬로미터 정도의 거리면 동일 상권으로 볼 수도 없었다. 500미터 정도만 거리가 있으면, 새 대리점을 내는 것을 용인하던 분위기였다. 당시 두 대리점의 점주는 중고등학교를 같이 다닌 절친 중의 절친이었다. 그런데 남이 아니라 오히려 사촌이 땅을 사면 배 아프다 했던가? 어느덧 두 대리점 사이의 경쟁에 몰두해버린 둘은 경쟁사인 L사에 대한 대응전략은 세우지도 않고 제살 깎아먹기 식으로 할인행사와 사은행사를 남발했다. 새 고객을 유치하는 것보다, 상대편 대리점 고객을 뺏어오는 것을 더 중요하게 생각하게 됐다. 처음엔 선의의 경쟁이었지만, 나중엔 악감정이 쌓여서 더 이상 수익 따위는 안중에도 없었다. 무조건 상대 대리점을 이기는 것이 목표였다. 결국 동대문 지역의 상권은 완전히 L사로 넘어갔고, 결국 얼마 지나지 않아 두 대리점 모두 문을 닫고 말았다.

조직의 성과는 시장을 제대로 읽고 고객을 제대로 이해하는, 좋은 전략을 구사하는 '기본'으로부터 나온다. 하지만 인간사란 그런 기본적인 원칙과 법칙만으로 지배되는 것이 아니다. 악화(惡貨)가 양화(良貨)를 구축한다는 말이 있다. 아주 사소한 것처럼 보이는 인간 간의 역학관계가 조직 전체를 갉아먹을 수도 있다. 특히 기업들은 '선의의 경쟁'을 시킨다고 구성원들끼리 성과 위주의 무한대결을 하도록 분위기를 조장하는 일을 경계해야 한다. 돈만 바란다면 다단계 판매회사를 하는 게 낫다. 기업의 본질은 '협력'과 '공동의 성장'이다. 이긴다는 것도 결국 이것을 기본으로 한다는 것을 망각하지 말아야 한다.

다른 구성원들이 완벽한 인격자이길 기대하지 마라

컨설팅을 하는 한 친구가 어느 날 하소연을 한다. 직원 여남은 명을 데리고 있는데, 비위 맞추기가 여간 힘든 게 아니라는 것이다.

"내가 신이야? 지들 부모야? 월급은 월급대로 챙겨줘야 하고, 시시때때로 잔치 열어서 흥 돋워줘야 하고, 하다못해 가족 대소사라도 안 챙기면 악덕사장 취급하니 원. 힘들어도 힘들다고 내색을 할 수가 있나, 조금만 혼내도 사표 날리고 떠나버리는 게 요즘 직원들이라고!"

외국계 회사에서 오래 일해본 경험이 있는 사람들은 '한국적 상하관계'를 이해할 수 없다는 말을 종종 한다. 상사가 마치 부모나 스승과도 같은 존재가 되어야 하는, '존경할 수 없다면 복종할 수 없다'는 식의 논리가 이해가 되지 않는다는 것이다. 직장에서의 상하관계란 계약에 의해 형성된 것이고 당연히 상사의 명령을 따르는 것이 그 기본인데, 사석에서 상사 험담을 하거나 하급직원들이 항명을 하는 행태를 도저히 이해할 수 없다는 것이다. 그렇게 싫으면 그 회사를 떠나면 되지, 왜 상사에게 인간적 요구를 하는지 모르겠다고 한다.

필자 역시 '이기는 조직'을 위해 선행되어야 할 중요한 요소 중에 하나가 바로 '제대로 된 상하관계의 정립'이라고 생각한다. 상하관계만이 아니라 수평관계도 마찬가지다. 한두 달 먼저 들어왔다는 이유로 텃세를 부리거나, 역량이나 업무방식에 관한 문제가 아닌 개인사나 개성을 두고 서로 질시하고 미워하는 문화가 우리에겐 아직도 많이 남아 있다. 그런 문화가 협력을 가로막고 쓸데없는 소통상의 낭비를 낳는다.

더군다나 그 대상이 상사라면 어떤가? 상사는 일도 잘해야 하고 직원들의 집에 무슨 변고는 없는지 상담도 잘해주어야 하고, 사생활이나 성격도 깔끔해야 한다. 그뿐인가? 적절한 유머감각과 유행에 뒤떨어지지 않는 센스도 가져야, 직원들이 잘 따르는 상사가 된단다.

사람은 모두 다르다. 다르다는 것은 때로 불편을 낳는다. 부부관계도 '다르다'는 것을 인정하지 않으면 오래 지속될 수 없다고 하지 않는가? 그런데 우리는 같은 직장을 다니고 있다는 이유로, 동료나 상사에게 '다른 것'을 교정하고 내게 맞춰달라고 끊임없이 어리광을 부리고 있지는 않은지 돌아볼 필요가 있다. 제 눈의 들보는 보지 못한 채 상대방의 작은 허물을 확대해석해서 고쳐라 바꿔라 하고 있는 건 아닌지 말이다.

기업은 성과가 기본이다. 성과 없는 조직은 지속할 가치가 없다. 일정한 성과를 '반복적으로' 만들어내는 조직만이 살아남는다. 평생을 같이 할 것 같지만, 실제 기업들의 수명은 채 30년을 넘기기 힘들다. 그 기업의 비전을 누가 만들어갈 것인가? 장애물이 닥쳤을 때 그것을 어떻게 힘을 합쳐 제거할 것인가? 경영자나 리더들에게는 배의 키를 쥐어달라고 요구하면서, 정작 직원들은 여차하면 도망갈 궁리나 하는 기업이 오래갈 수 없다. 인격과 성숙은 오랫동안 행복한 기업 활동을 해나가기 위해 조직 구성원 모두가 공동으로 추구해야 할 가치다. 그 것을 다른 사람에게만 요구하는 것은 일방통행이다. 갈등을 줄이는 법, 다름을 이해하는 법, 상대방의 처지에서 생각해 최선의 방법을 찾아내는 법, 지엽적인 문제보다 성과와 직결될 문제해결에 집중하는 법. 이기는 조직이 모두 다 함께 배우고 찾아가야 할 가치다.

협력업체와의 관계에도 룰이 필요하다

업무에도 룰이 필요하듯이, 기업에는 외부와 만나는 접점에 대한 룰 역시 필요하다. 그 룰이 흔들리면 부정이 생겨나고, 부정이 생겨나면 원칙은 쉽사리 붕괴된다.

무슨 말인고 하니 외부고객, 그중에서도 거래처나 협력업체와의 관계에 대한 원칙이 필요하다는 말이다. 이 원칙을 사전에 분명히 정해 두고 직원들을 교육하지 않으면, 그것이 조직적 폐해로 돌아오게 되는 경우가 허다하다. 금전적인 혹은 기타의 부정을 저지른다면 그런 사람과는 같이 일을 할 수가 없다. 그 사람을 평생 망치는 일이자, 조직의 투명성 역시 치명적인 타격을 입는다.

그 외에도 많은 부작용이 생겨 조직 내 인간관계, 나아가 기업문화에 영향을 줄 수 있다. 쓸데없는 회사 내 정보가 새어나갈 수도 있고, 갈등의 단초가 될 잘못된 언질을 할 수도 있다. 술 마시고 '어어~' 하고 풀어진 상태에서 자사의 상사나 동료 욕을 할 수도 있고, 푸념 비슷하게 조직의 문제를 노출할 수도 있다. 아무것도 아닌 것 같지만, 결국 콩가루 집안이 되는 지름길이다. 거래관계로 맺어진 사람과는 불가근불가원의 자세로 만나야 한다. 너무 가까워도, 너무 멀어도 곤란하다는 말이다. 만날 때는 친절하게, 그러나 친구가 되어선 곤란하다.

거래선이나 협력업체와의 관계는 조직 차원으로 룰을 정해, 직원들로 하여금 분명히 인식하게 하는 것이 필요하다. '정표 정도의 개념이 아닌, 3만 원 이상의 선물은 절대 받지 마라', '소주 정도는 마셔도 좋으나 2, 3차는 가지 마라', '업무상 만날 때는 무조건 먼저 계산하라', '명절에 보낸 선물은 무조건 돌려 보내라' 등등.

거래선이나 협력업체와의 관계를 돈독히 해두는 것은, 문제 상황이나 장애가 생겼을 때 그들의 역량을 효과적으로 동원하기 위한 것이다. 주객이 전도되어서는 안 된다는 말이다. 어떤 회사는 회사 전체 워크숍을 떠날 때마다, 거래회사에 노골적으로 찬조를 부탁한다고 한다. 고개 숙여 반성할 일이다. 결국 그 찬조 비용은 나중에 어떻게든 다시 회수된다는 것을 잊어서는 안 된다.

정장을 입지 않아도 업무를 훌륭히 수행할 수 있습니다!

구글^{Google}의 창립자들은 우리가 근엄해질 때는 오로지, '검색'에 대해 연구할 때밖에 없다고 말합니다. 구글의 바탕에는 '업무는 힘이 들더라도 즐거워야 한다'는 생각이 깔려 있습니다. 이 때문에 구글의 기업문화는 남다릅니다. 사무실 곳곳에 운동기구가 널려 있고, 직원들을 위해 요리하는 회사 주방장이 최고의 호텔 주방장 출신이라는 것은 우리를 제대로 말해주는 정보가 아닙니다.

구글은 온라인 서비스에 있어서 항상 고객을 최우선에 두는 것처럼, 본사의 일상에서도 직원을 가장 먼저 생각합니다. 팀원으로서 그리고 개인으로서의 성취감이 강조되어야, 회사의 전체적인 성공으로 이어진다고 믿기 때문입니다. 아이디어를 교환하고 실험하고 구현하는 일련의 모든 과정은 어지러울 정도로 빠르게 진행됩니다. 다른 회사에서는 몇 시간씩 걸리는 회의도 점심식사 중의 대화로 대신하는 경우가 많습니다. 코드 작업을 하는 엔지니어와 수표를 발행하는 회계직원 사이를 가로막는 벽은 거의 없습니다. 대화가 자유롭게 이루어지는 환경은 생산성의 증대로 이어지고, 수백만의 사용자가 구글의 검색 결과를 신뢰하고 있다는 사실은 동료애를 고취시킵니다. 변화를 추구하는 사람들에게 필요한 도구를 쥐어주는 것, 그것이 세상을 바꾸는 힘이라고 우리는 믿습니다.
- 구글의 회사소개 문구 중에서

그 어디에서도 전례를 찾아볼 수 없는, 리마커블(Remakable)한 업적을 만들어내는 조직은 무엇을 통해 만들어지는가? 조직의 자긍심과 조직의 가치는 누가 만들어가는가? 기꺼이 '세상을 바꾸고자 하는' 이들에게만 기회란 주어지는 법이다.

일을 잘하는 데도
요령이 있다

삶에서 성장을 가능케 해주는 세 가지 원료는 이것이다.
집중력, 헌신, 그리고 원칙.
– 헨리 에머슨 포스딕 Henry Emerson Forsdick

성공은 완벽을 추구하는 가운데 끈질기고도 집요하게 하드워킹을 한 결과,
처절하게 실패한 후에야 비로소 얻어진다.
– 콜린 L. 파월 Colin L. Powell

넓고 큰 하늘을 바둑판 삼고 밤새도록 바둑을 두었다. 하늘에 별 하나
뜨면 바둑 하나 두고, 하늘에 별 두 개 뜨면 바둑 둘 두고… 바둑에 혼
을 빼앗겼다. 바둑이 있는 곳이면 지옥이라도 찾아갈 것 같은 심정이
었다.

내 바둑은 아주 어릴 때부터 잠을 줄이고 시간을 바쳐서 만든 바둑이
다. 한판의 바둑을 이기기 위해서는 대국 시간의 수십 배에 달하는 양
의 공부가 필요하다.

바둑에서 일가를 이루기 위해서는 다른 많은 가치들을 희생해야 하는
것이 세상의 이치다. 보통 새벽 한두 시까지 잠을 자지 않고 공부한다.
대국에서 지기라도 한 날은 평소보다 두 배쯤 더 깨어 있다. 실수를 납
득할 때까지 몇 번이고 되풀이해서 돌을 놓는다. 나의 하루는 바둑으
로 해가 뜨고 바둑으로 해가 진다.

— 《하늘에 놓는 돌》, 이창호

신산(神算) 이창호가 자신의 바둑 세계를 고백하며 쓴 구절이다. 당시 어린 나이였지만, '경지에 오른다는 것'에 대해 이미 깨우친 듯한 그의 글을, 무릎을 치며 인상적으로 읽었던 기억이 생생하다. 신동이라 불리던 그의 역량은 바로 다름 아닌 이 '미칠 것 같은' 열정과 집념으로부터 시작된 것은 아닐까?

직장인들에게 이런 '달인'들의 이야기를 들려주면, 몇몇 삐딱한 사람들은 이렇게 반문하곤 한다.

"그거야, 대국 한 번만 해도 수억 원씩 수입이 생기니까 그렇죠. 나한테도 누가 그런 큰돈을 준다면 열심히 하는 시늉이라도 하겠네."

"타고난 재능이 있는 사람들 얘기지, 노력만 한다고 아무나 다 성공하는 건 아니에요. 그런 사람이 세상에 몇이나 되겠어요? 다 부모 잘만난 덕분이지."

그렇다. 물론 노력만 한다고 아무나 다 성공하는 건 아니다. 하지만 나의 분야에서 '성공하고 싶다'는 희망을 피력하는 만큼, 수억 원의 몸값을 욕심내는 만큼, 딱 그 욕심만큼이라도 치열하게 노력해본 사람이 몇이나 될까? 성공이나 성과에 대해 언급하면서 '자리 탓'을 하는 것처럼 어리석은 일은 없다. 폐지를 줍는 일을 하든, 반도체 개발 업무를 하든, 모든 일이 다 나의 능력과 혜안, 노력과 집요함을 바쳐야 하는 예술 활동이다. 어떤 일을 하든 좋은 성적표를 받는 사람이 있고, 최악의 낙제점을 받는 사람이 있다. 그들이 타고날 때부터 팔자가 그렇게 정해져 있었을까? 그랬다면 어차피 재미도 없는데, 인생 살아갈 이유가 뭐가 있겠는가?

100분 동안 도시락 120개를 파는 사나이

얼마 전에 감명 깊게 읽은 《세렌디피티의 법칙》이라는 책에 소개된 인상적인 인물이 하나 있어 소개하고 싶다. 신칸센 '쓰바사' 호에서 도시락과 음료수를 파는 차내 판매원 사이토 이즈미(斉藤泉)가 그 주인공이다.

열차에서 음료나 삶은 계란, 도시락 등을 파는 판매원. 언뜻 떠올려 보아도 존재감조차 느껴지지 않는 직업이다. 승객 수도 정해져 있고 노선과 운행시간도 정해져 있으니, 그 시간 안에 팔아봐야 얼마나 많이 팔며 못 팔아봐야 얼마나 죽을 쑤겠나? 그런데 이즈미 씨는 고만고만한 판매원들 사이에서도 '월등한 실적'으로 아무도 따라올 수 없는 진기록을 갈아치우고 있다고 한다.

그가 판매를 맡은 곳은 도쿄에서 야마가타(山形) 사이를 왕복하는 일곱 량의 작은 기차. 승객 수는 만석일 때 400명 정도이고 총 운행시간은 7시간 정도라고 한다. 폭 30cm, 길이 70cm인 그의 짐수레는 창의적인 발상이 가득한 하나의 상점이다. 조금이라도 많이, 사람들 눈에 띄게 물건을 진열하기 위한 그의 고민은 때에 따라 한 시간이 넘게 걸리기도 한다.

승객들이 모두 다 착석하고 난 다음, 그의 본격적인 활동이 개시된다. 처음 차량을 한 바퀴 돌면서 그는 승객들을 파악하는 시간을 가진다고 한다. 그저 대략 파악하는 수준이 아니라, 400명의 고객을 자리 배치별로 완전히 외우다시피 한다. 누가 도시락을 사려다 망설였는지,

누가 도시락을 이미 사서 이젠 음료수를 살 차례인지, 어느 자리의 어린아이가 먹을 것을 사달라고 부모를 졸랐는지, 차량을 도는 동안 완전히 숙지한다.

짧은 시간 안에 원하는 손님을 놓치지 않으면서도 너무 빠르거나 너무 느리지 않게 차량을 도는 자신만의 방법도 만들었다고 한다. 그것은 물건을 팔 때 돈을 받고 거스름돈을 건네주는 시간을 줄이는 전략이다. 그는 포켓을 두 개로 나누어 각각 100엔과 10엔짜리 동전을 넣어두고, 마치 초밥 달인이 일정한 밥 알갱이 숫자를 정확히 쥐어내듯 손 감각을 이용해 정확히 잔돈을 내어준다고 한다. 그 외에도 그의 시간 절약과 판매 증진을 위한 기상천외한 노력은 이루 헤아릴 수 없이 다양하다.

동료들은 차량과 차량 사이에 서서 '에잇, 오늘은 왜 이렇게 도시락이 안 팔리는 거야?' 하고 한탄할 시간에, 그는 한 명이라도 더 만나기 위해 갖은 방법을 동원하는 것이다. 그는 '많이 파는 것'을 넘어서 '먹고 싶은 것이 있는 고객들로 하여금 기다리거나 불편하지 않도록 돕는 것'이 자신의 임무라고 믿고 있다. 그는 동료들에 비해 거의 네 배 정도의 매출을 올린다고 한다. 이쯤 되면 거의 '신(神)의 경지'가 아닌가?

인생과 일이 재미있는 것은 어디에나 '개선의 여지'가 존재한다는 점이다. 제아무리 날고 기는 잘하는 사람이 있어도, 그 배(倍)의 노력을 기울이면 못 이기란 법이 없다. 달리기를 할 때 한 번 처지기 시작해 뒤에서 한숨 쉬며 따라가는 것과, 한 사람씩 경쟁자를 제치며 바람을 가르고 앞서 달리는 것은 맛 자체가 다르다. 직장에서도 마찬가지다. 운칠기삼(運七技三)이라고 흔히 자조하듯 말하지만, 기실 운이라는 것도 노력한 것에 대한 응답이다.

> 복권 당첨을 간절히 바라며 하느님께 매일 기도를 하던 사람이 있었다고 한다. 매일같이 똑같은 기도를 누구보다 간절히 올리던 그에게 어느 날 하느님의 음성이 들려왔다. 너무도 간곡한 기도에 하느님마저 감복한 것이다. 하느님은 이렇게 말씀하셨다.
> "제발, 제발 부탁이다. 복권을 사거라!"

학교성적표가 사회성적표는 아니다, 끝없이 배워라

삼성에 있을 때 생산관리를 하던 류병주 대리를 마케팅 부서로 전환 배치한 적이 있었다. 류 대리는 전자공학을 전공했고 줄곧 생산 관련 업무만 담당을 했기 때문에, 갑자기 영업과 관련된 마케팅 부서의 업무를 맡게 되어 당연히 생소했을 것이다. 당시 마케팅 부장이었던 나는 그가 어떻게 업무 영역의 차이를 극복하는지 유심히 관찰했다.

생산관리를 담당했던 류 대리는 제품의 기본 작동원리나 어떤 부품이 어떤 역할을 하는지 전문적인 지식을 가지고 있었다. 그러나 마케팅에 한해서는 다들 즐겨 사용하는 용어의 의미도 제대로 모를 정도로 완전히 문외한이었다. 생산 부서에서 사용하는 단어들도 생소하지만, BEP니 MS니 마케팅 부서에서 평소에 아무렇지 않게 사용하는 대화 내용을 처음엔 쉽사리 알아듣기도 어려웠을 것이다. 더군다나 같은 회사라고는 해도 생산 부서와 마케팅 부서의 조직문화는 많이 다를 수밖에 없다.

어느 날 상사와 늦은 저녁식사를 하고 집으로 돌아가려던 나는, 가방을 옆구리에 낀 류 대리가 한 건물을 빠져나오는 모습을 보았다. 그리고 그가 마케팅 부서에 잘 적응할까 염려했던 나의 걱정이 기우에 불과했음을 깨닫고, 속으로 회심의 미소를 지었다. 그는 회계 실무와 마케팅 실무를 익히기 위해 일과시간 후에 따로 학원을 다니고 있었던 것이다. 팀 내에서 실무를 하면서 자연스레 OJT(On the Job Training) 과정을 거치게 되겠지만, 기본기를 탄탄하게 배워둔 덕에 그 속도가 훨씬 빨라진 것은 당연지사다. 과연 몇 개월 후, 부쩍 향상된 실력으로 류 대리는 조직을 리드하게 되었다.

아주 운이 좋은(?) 경우를 제외하고는, 대학 시절 자신의 전공과는 전혀 다른 부서에서 일을 하게 되는 것이 다반사다. 아니, 대학에서 전공을 했다 해도, 공부하는 것과 실전에서 적용하는 것은 완전히 다르다. 누군가가 가르치거나 닦달하기 전에 스스로 배우고자 하는 것! 아주 단순한 말이지만, 안타깝게도 이것을 직접 실천하는 사람이 그리 많지는 않다.

류 대리에게는 자기 스스로 학원을 알아보고 관련 강좌를 열심히 찾아다니는 열정이 있었다. 학원에서 뭐 그리 대단하고 엄청난 것을 배우지 않았을지도 모른다. 하지만 배우고자 하는 그의 의지가 가장 큰 성장의 원동력이 되었다. 제품에 관해서도 누구보다 잘 알고 있는 데다, 마케팅과 관련된 기본지식까지 열심히 익혔으니 누가 그를 이길 수 있을까? 그는 다른 동료들보다 빨리 성장했고, 지금은 마케팅 전문가가 되어 임원 물망에 오르고 있다.

이공계 전공이든 혹은 그 어떤 전공을 거쳤든, 현재의 '전공'은 지금 우리가 취급하는 제품이나 서비스다. 제품을 개발하든, 판매하든, 혹은 지원부서에서 서포트 업무를 하든, 최소한 나의 업무를 잘 수행하기 위해서는 제품 자체에 대해서 혹은 우리가 취급하는 서비스에 대해서 그 누구보다 잘 알고 있어야 한다. 판매를 담당했다면, 반드시 그 제품을 뜯어보고 작동원리를 파악하고 타 제품과의 차별성도 줄줄이 꿰고 있어야 한다. 필요하다면 생산라인에서 일주일 정도 생산을 해보면 더 좋다. '배우겠다'고 자원하는데 말릴 사람은 아무도 없을 것이다. 그렇게 샅샅이 제품이나 서비스에 대해 통달하고 나면 비로소 그 분야에서 최고가 될 수 있는 바탕이 만들어진다.

필자는 제품 개발이나 디자인 등 직접적으로 판매와 관련이 없는 영역의 구성원들도, 그 제품을 팔아보는 일은 반드시 경험해보는 것이 좋다고 확신한다. 현장에서 10개 정도만 팔아보면서 고객들의 반응을 직접 경험해보면, 금세 자신의 제품이 가진 장점과 단점을 파악할 수 있다. 서류 붙들고 SWOT 분석 10시간 하는 것보다 더 확실한 방법이다. 그래야 비로소 전략도 세울 수 있고, 제대로 된 정책도 세울 수 있다. 서울 가본 사람과 안 가본 사람이 싸우면, 안 가본 사람이 이긴다는 말이 있다. 무식하면 용감한 법이다. 해보지 않고 아는 척하는 문화는 곤란하다. 실력은 금세 들통이 난다.

뭐든 한 줄로 명쾌하게 설명하는 습관을 들여라

조직의 운영은 결국 무수한 의사결정의 연속이다. 다만 그 경중의 무게감이 다를 뿐이다. 아무리 경력이 짧은 수습직원이라 하더라도 하루에도 수차례 자기 스스로 의사결정 해야 할 사안들을 경험한다.

'익명으로 걸려온 전화를 팀장님에게 바꿔드려야 하나, 말아야 하나?', '선임에게 전하고 싶은 업무 개선에 관한 아이디어가 있는데, 점심을 먹으며 제안해야 하나 아니면 술을 한잔 하며 해야 하나?', 하다 못해 '부장님이 이발을 했는데 멋있다고 말씀을 드려야 하나, 말아야 하나?'에 이르기까지. 결국 입안에서만 맴맴 돌던 생각에게 밖으로 나갈 자유를 주지 않고 꾹꾹 눌러 삼킨다. 필자는 사회생활 초창기일수록 생각하는 족족 혹은 궁금한 족족, 주변 사람이나 상사에게 물어보는 편이 좋다고 생각한다. 일천한 경험 속에서 스스로 판단한 것이 옳은지 그른지 금세 익히고, 짧은 시간 안에 숙련될 수 있는 최선의 방법이기 때문이다.

문제는 어느 정도 경험이 쌓이고 사리판단이 가능해졌을 무렵, 늘 시간과의 전투를 벌이는 상사에게 어떻게 상황을 전달할까다. 비단 상사뿐 아니라 외부 클라이언트에 대해서도 마찬가지다. 그들은 당신의 '결론'을 기다린다.

다혈질인 필자는 가끔 업무 보고를 하는 부하직원에게 버럭 화를 내곤 한다. 판단을 잘못 내린 것에 대해서는 오히려 자상하게 잘근잘근 왜 틀렸는지 그 이유를 알려주는 편인데, 유독 참을 수 없는 상황이 있다. 그것은 '상황'에 대해서만 장황하게 늘어놓고는, '어떻게 할까요?' 하는 표정으로 내 얼굴만 빤히 들여다보고 있을 때다.

지금은 회사를 그만둔 이 대리 역시 그런 부류 중 한 명이었다. 어느 날 갑자기 뜬금없이 '거래업체가 판매가를 10% 내려달라고 요구했다'면서, 남의 얘기하듯 '어떻게 할까요?' 하는 표정으로 입을 꾹 다물고 빤히 내 얼굴만 쳐다본다.

"자네는 어떻게 해야 한다고 생각하는데?"

"그거야 뭐, 거래처의 얘기도 타당성이 있지만…. 그 제품은 디자인도 열세인 데다가 경쟁사에서 다른 기능도 추가한 신제품이 나왔기 때문에…, 그래도 원칙을 지켜야 할 것 같고…. 부장님께서 안 된다고 하시면 어쩔 수 없지만…."

"자넨 도대체 어느 회사 직원이야? 지금 남의 상품 얘기하나?!!!?"

결국 그날도 화를 버럭 내고 말았다.

아마도 이 대리의 머릿속에는 이런 생각이 있었을 것이다.

'이미 이 제품은 디자인이나 여러 면에서 경쟁력이 떨어지고 있기 때문에, 가격 인하를 해서라도 빨리 재고를 소진하는 편이 좋겠습니다. 그리고 나서 신제품 판촉에 더 에너지를 쏟아야 한다고 생각합니다.'

요약을 잘해서 일목요연하게 말할 수 있다는 것은, 문제에 대해 더 많이 고민했다는 뜻이며 문제의 핵심이 무엇인지 꿰뚫어보는 습관을 들였다는 뜻이다. 최소한 상사나 거래처 앞에 설 때는 나름의 결론을 가지고 충분히 자신의 의견을 제시할 준비가 돼 있어야 한다. 앵무새처럼 상황을 고하고, 윗선에서 결론 내려 지시하면 그대로 움직이는 '메신저'는 더 이상 우리 일터에서 필요하지 않다. 상사는 늘 고민의 영역이 넓고 해야 할 일도 많다. '결론'을 내릴 수 있게 도움이 될 만한 한마디를 부하직원들에게 기대하고 있는 것이다.

이 대리는 꼼꼼하게 일처리도 잘하며 매사에 실수를 하지 않는 차분한 성격의 소유자였다. 그럼에도 불구하고 항상 자신이 실제 하는 만큼의 능력을 인정받지 못하다가 결국은 회사를 떠났다. 상사를 두려워하지 마라. 깨질 때 깨지더라도 자신의 의견을 가지고 깨진 경험이 있어봐야, 그 다음엔 제대로 된 판단을 내릴 수 있다. 깨지는 게 두려워 오금이 저린 듯 사박사박 걷는 사람은 살얼음판 같은 시장을 돌파할 수 없다. 더군다나 상사에게는 요약 잘하는 당신이 필요하다. 의사결정의 피곤함을 덜어주는 당신이 최고의 부하직원이다.

시간이 생명이다, 데드라인을 사수하라

21세기는 속도의 시대다. 두말하면 잔소리다. 다들 생각은 비슷비슷하다. 대중화된 정보의 고속도로 덕분에, 하나의 생각이나 발상이 전파되는 속도도 빠르다. 이런 때는 먼저 하는 놈이 임자다. '내일 아침에 출근해서 알아보지 뭐', 하다가는 늦는다.

더군다나 시장은 어떤가? 그야말로 포탄이 쏟아지는 전장이다. 먼저 쏘지 않으면 우리가 당한다. 가장 먼저 출시한 브랜드는 업계 1위가 되고 퍼스트 무버(first-mover)가 된다. 팔로워(follower)는 아무리 성능이 우수해도 2위의 설움을 겪을 수밖에 없다. 이 법칙에서 예외는 극히 적다.

2000년 초 개점한 가전매장 T마트는 이내 고객들로 장사진을 이뤘다. 주차장은 당시 기준으로도 엄청나게 넓었지만, 차를 대려면 몇 십 분이 걸릴 정도였다. 고객들의 움직이는 핵심 동선인 만큼 홍보 효과는 막대했다.

서울지사 마케팅팀의 채 대리는 T마트에서의 홍보 행사에 대한 품의서를 1주일에 걸쳐 작성했다. 그야말로 완벽한 품의서였다. 소요 비용, 기대 효과, 행사 방향, 거기에 마케팅 상의 배경이론들을 화려한 도표로 곁들인 수십 장의 자료도 덧붙였다. 그런데 그렇게 그림을 그리고 있던 사이, T마트의 노른자 자리를 L사의 홍보 장소로 빼앗기고 말았다.

휴일 현장점검을 하던 당시 S사 사장의 기분이 좋을 턱이 없었다. 경쟁사 제품이, 그것도 수없이 많은 고객들이 주목하고 있는 곳에 떡하니 자리 잡은 것을 보고 얼굴이 붉어질 수밖에 없었던 것이다. 동행했던 서울지사장은 한동안 스트레스 깨나 받아야 했다.

업무는 언제나 시간과의 싸움이다. 타이밍을 놓치지 않는 것이 인정받는 길이라는 점을 명심하라. 고객도 경쟁사도 당신을 기다려주지 않는다. 시기를 맞추지 못하면 절대 인정받을 수 없다. 모든 제품에는 다 팔리는 시기가 있다. 때를 놓치면 버는 것이 줄어드는 게 아니라, 아

118

예 깡통을 찰 수 있다. 한창 더워서 땀을 뻘뻘 흘릴 때 음료수는 비싸도 사먹는다. 코카콜라는 전 직원이 여름 시즌 3개월 내내 휴일도 없이 일한다. 그 시기를 놓치면 1년 장사를 망친다는 것을 잘 알기 때문이다.

시간을 지키려면 먼저 움직이고 빨리 준비하고 하루 일 분도 아껴써야 한다. 상사가 결재를 안 해줘서 못했고, 하필 그날 전기가 나가서 일을 못했고, 컴퓨터가 말썽이고, 갑자기 몸살이 나고…. 그런 리스크를 관리해 데드라인을 지키는 것도 결국 당신의 역량이다. 상사는 핑계를 두둔해줄지 몰라도, 시장은 절대 그 핑계를 믿어주지 않는다.

상사를 활용하라, 답을 얻고 시작한다

필자가 삼성전자 마케팅팀 총괄기획 과장으로 있을 때다. 정호원 대리는 나와 같은 동네에 살았다. 당시 그는 물류업무를 담당하고 있었는데, 직배제도(자사의 물류 창고에서 주문 고객에게로 직접 배송하는 것)를 업계 최초로 도입하기 위해 준비를 하고 있었다. 그 누구도 경험한바가 없었던 만큼, 모든 것이 다 처음이었다.

업체 선정이나 주문부터 출하 프로세스, 배송원의 복장에 이르기까지 철저한 준비가 필요했다. 정호원 대리는 일이 막히거나 중요한 의사결정이 필요할 때마다, 업무가 끝난 이후 시간을 활용해 자연스럽게 상사나 동료로부터 조언을 이끌어내고 미리 힌트를 얻어가며 일을 진행하는 스타일이었다. 술을 한 잔 사달라거나 퇴근길에 내 차에 합승

하는 등 나름대로 여러 가지 방법을 동원했다.

나는 정 대리가 퇴근 후에 술 한잔 사달라고 하면, 그게 무엇을 의미하는지 알았다. 틈만 나면 술 사달라고 졸랐지만, 얄밉지가 않았다. 오히려 상사로서 기쁘기 짝이 없었다. 내 일이 바빠서 야근을 해야 할 일이 있어도, 집에 돌아가 일을 더 할망정 그의 제안을 거절하지 않았다. 정호원 대리는 그만큼 일에 대한 욕심이 많고 한 가지라도 더 의견을 교환해가며 일을 처리해서 완성도도 높았다.

나중에 안 일이지만 물류를 전담하는 현장에도 저녁마다 자주 찾아가서 식사를 대접하면서 대화를 나눴다고 한다. 그 덕분에 처음 시도한 삼성전자의 소비자 직배제도는 어렵지 않게 시작될 수 있었다.

상사는 대략적인 업무지침 방향을 가지고 업무지시를 한다. 시시콜콜 구체적으로 '이건 이렇게 하고 저건 저렇게 하고' 어린애 가르치듯 지시할 수는 없다. 그렇게 지시하느니 차라리 상사가 대신 해버리는 게 낫다. 어차피 세부적인 것은 담당자의 몫이다. 상사를 잘 부리는 것도 능력이다. 잘못해서 '이 친구는 죄다 나한테 물어봐서 해결하려고 하네. 지는 손도 안 대고 코 풀겠단 말이지?' 하는 오해를 살 수도 있다. 그러나 자연스럽게 부담 없는 시간을 활용해 대화를 이끌어내고 상사의 마음속에 숨겨져 있는 지식을 빼낼 수 있다면 최대한 그렇게 하는 것이 좋다. 대부분의 상사들은 가르치기를 좋아한다. 상사를 무서워하지 말고 가까이하라. 그 속에 답이 있고 좋은 인간관계를 유지할 수도 있다.

모든 것을 철저히 준비하고 또 준비하라

현장도 스태프도 상당 부분은 '회의'라는 방법을 통해서 공감대도 형성하고 일을 처리하는 방법도 결정한다. 그러니 아무 생각 없이 회의에 참석하는 것은 '나의 무능'을 드러내는 지름길이다. 언제든 회의를 주도하는 사람이 되어야 한다. 간단한 팀 미팅 정도야 주제도 무거울 리 없고, 엄청난 토론이나 의사결정이 이루어지지도 않는다.

하지만 비중이 높은 회의의 경우는 사전에 주제도 선정되고 참석자도 지정된다. 사안이 무엇인지도 사전에 공개된다. 참석자들 역시 대충 어떤 이야기가 나올지 예상한다. 그러면 준비할 수 있다. 신제품 개발 회의라면 상품기획 프로세스에 관련된 전문서적 정도는 미리 읽어두어야 한다. 광고 회의라면, 당신이 아무리 생산 담당자라고 하더라도 광고와 관련된 전문서적 한두 권은 읽어보고 탐색하는 것이 좋다.

광고 담당자는 다른 사람들은 광고에 관한 한 문외한인줄 알고 자기 편한 대로 이야기할 것이다. 그때 정곡을 찔러라. 적어도 공중파 광고에 있어서 소비자가 제품을 인지하려면 주당 몇 회의 노출이 필요한지 정도는 알고 있어야 한다. 선입견을 갖는 것은 좋지 않는 습관이지만, 현실세계에서는 많은 영역이 이 선입견이라는 필터를 통해 판단된다. 깔끔한 외모와 또렷또렷한 음성으로 전혀 생각하지도 못했던 이야기를 하는 당신을 상사들은 새삼 다른 표정으로 주시하게 될 것이다. 매번 한마디도 하지 않거나 어쩔 수 없이 하나마나 한 이야기를 하는데도, 사람들이 당신을 겸손하다고 여길 거라고 생각하지 마라.

삼성전자에서 지펠Zipel을 도입할 때 이야기다. 실무 과장과 부장들의 회의에 갑자기 해당 제조 사업부장이 예고도 없이 참석했다. 당시에 사이드 바이 사이드(SBS, 양문형) 방식의 냉장고는 외산 제품만 백화점 중심으로 판매되고 있을 뿐, 시장이 그리 크지 않았다. 투자 여력도 그리 많지 않아 도입을 두고 고민을 거듭할 수밖에 없었다.

당시 제품개발 부서의 인사 과장이었던 최 과장은 예우차 제조 사업부장을 모시고 회의에 참석했다. 당연히 인사 과장이니 제품과 관련된 상세한 지식이 있을 리 없었다. 하지만 최 과장은 상대편 인사부로부터 사업부장이 참석한다는 소식을 이틀 전에 통보받았다. 그래서 그는 그저 예전(禮奠)을 위해 동석하는 것 이상으로 회의를 준비했다.

여러 부서에 연락해 사전조사를 했고, SBS 냉장고 도입의 필요성을 일목요연하게 머릿속에 그려 넣었다. 그리고 마치 제3자의 입장인 것처럼 도입 타당성에 대해 훈수를 두었고, 결국 제품개발 부서가 원하는 방향으로 회의의 흐름을 유도했다. 결국 도입이 전격적으로 결정된 데다, 그는 얼마 안 있어 전략기획실의 요직으로 자리를 옮겼다. 그는 지금 핵심부서의 임원이 되어 있다.

숫자는 신뢰다, 데이터 뱅크가 되어라

상사는 당신보다 뛰어나다. 큰 그림을 그릴 줄도 안다. 경험도 많으며 업무에 대한 직관도 당신보다는 한 수 위다. 그러나 직접적으로 세부 업무와 관련된 데이터는 부족할 수 있다. 그럴 때일수록, 세부 업무에 대한 지식을 자랑하는 듯 장황한 설명을 한다면 믿음이 안 간다. 구체적인 숫자와 정보로 상사 역시 올바른 의사결정을 할 수 있도록 뒷받침해주어야 한다.

M사의 서울지점에서 근무하는 A과장은 판매 대책회의를 하면 항상 하는 고정멘트가 있다. 들어보면 틀린 말은 아니다. 상사가 묻는다.

"최근 판매가 부진한 이유가 무엇인가?"

"실 판매가 줄어서 그렇습니다."

"???!!!???"

그 다음부터 상사는 A과장에게 절대 질문을 하지 않는다. 나오는 답은 항상 정해져 있고 괜히 물었다가는 짜증만 난다. 질문을 당하지 않으니 A과장 입장에선 편한지도 모르겠다. 그러나 진급은 요원해질 뿐이다.

방문판매를 맡고 있는 M대리는 정반대의 스타일이다. 'OO지역은 전년보다 몇 퍼센트 역신장을 하고 있는 반면, OO지역은 선방을 하고 있다. OO지역에는 어떤 문제가 있으며, 특정 모델은 신장하고 있는 반면 대형용량의 판매가 부진하므로 여기에 초점을 맞춰 정책을 편성한다면 전체가 성장할 수 있다.' 문제의 핵심을 짚어내면서도 해결방안까지 도출한다.

얼마나 명쾌한가? M대리가 분석한 수치만 보면 집중해야 할 활동과 정책의 답이 나온다. 적어도 자기 영역에서만큼은 M대리처럼 말할 수 있어야 한다. 당장 최고의 실적을 보여주진 못한다 하더라도, 의사결정자가 판단할 수 있도록 풍부한 정보를 준다.

가끔 어떤 직원들이 일하는 모습을 보면, 미련하다 싶을 만큼 모든 프로세스를 보자기에 싸서 자기 혼자만 알고 있는 경우가 있다. 결과가 얼마나 엄청나게 대단한 것일지는 모르지만, 주변 사람이나 상사 입장에서는 복장이 터진다. 고충도 말하고 걱정거리도 내비쳐야 한다. 잘되고 있는 것은 무엇인지 은근히 자기자랑도 할 줄 알아야 한다. 그래야 상사는 장차 일어날 일을 대비할 수 있다.

TV 버라이어티 프로그램을 보면, 묻는 질문에 단답형으로 대답하는 게스트가 제일 밉단다.

"그때 참 좋으셨겠습니다." "네."

"향후 계획은 어떻습니까?" "잘해야죠."

비단 TV 프로그램에 국한된 이야기가 아니다.

나쁜 일일수록 하루라도 빨리 보고하라

대부분의 사람들은 자신의 성과만 내세우려 할 뿐, 과실은 숨기거나 남의 탓으로 돌리려는 경향이 강하다. 자신을 제대로 PR하는 것은 당연히 필요하다. 그러나 너무 과장하는 것도 독이 된다. 대부분 상사는 부하직원의 능력을 잘 알고 있으며, 윗선에 공정하게 전달하려고 노력하고 있다.

실무자가 판단을 잘못해서 문제가 생기면 상사에게도 책임이 돌아간다. 모든 업무의 최종 결과에 대한 책임은 결국 리더가 지기 때문이다. 그러니 문제가 생기면 피해선 안 된다. 즉각 보고해야 한다. 문제를 덮어두었다가 시간이 지나서 주체할 수 없이 커져버리면, 회사 전체가 다 나서도 해결할 방법이 없다. 그러면 문책은 당신뿐 아니라 당신 상사에게도 돌아온다.

제품에 하자가 발생돼서 고객 클레임이 생기면, 그와 동시에 고객은 적(敵)이 된다. 그러나 고객이 클레임을 제기했을 때 오히려 즉각 그 문제를 해결하고 감동을 준다면 그 고객은 오히려 더할 수 없는 충성 고객이 된다. 상사도 마찬가지다. '문제를 일으키지 않는 부하'보다 '문제가 생겼을 때 정확히 공개하고 재빨리 해결하는 부하' 쪽에 더 신뢰가 간다.

앞서 소개한 물류업무 분야의 정 대리는 배송 효율을 올리기 위해 많은 고민을 했다. 당시 저층아파트의 경우는 엘리베이터가 없거나, 있어도 소형이었다. 냉장고 용량은 갈수록 커져서 600ℓ급 투도어(two-door)로까지 대형화되다 보니까, 배달이 여간 까다로운 게 아니고 문제가 여럿 생기기 시작했다. 고민 끝에 그는 계단을 통해서 제품을 옮길 수 있는 이동식 기계를 구입하겠다고 품의를 올리고는 우선 시범적으로 10대를 구입했다. 전체 물류를 커버하기 위해서는 50대 정도가 필요한 상황이었다. 그런데 기계를 구입한 후 현장에서 사용하는 모습을 보러간 정 대리는 그만 깜짝 놀라고 말았다. 한 층을 올라가는 이동시간이 터무니없이 많이 걸렸던 것이다.

결국 값이 비싸긴 했지만 인건비 등 효율을 따져보면 사다리차를 이용하는 편이 훨씬 나았다. 그는 곧바로 상사에게 이 사실을 보고했다.

자신의 실수를 인정하고 추가 매입을 취소한 것이다. 10대밖에 사지 않았으니 망정이지, 실수를 숨기고 나머지 40대를 더 샀더라면 어떻게 됐을까? 정 대리는 결코 문제사원이 아니다. 누구나 실수는 할 수 있다. 결국 실수에 대응하는 속도가 더 중요하다. 아무도 정 대리 탓을 하지 않았다. 문제는 빨리 보고하고 해결하라. 아무것도 아니다. 호미로 막을 일을 가래로 막지 마라. 혼자 끙끙 앓으면 결국 고칠 수 없는 병이 된다는 것을 명심하라.

요행을 바라지 마라, 제대로 된 준비가 우선이다

미국발(發) 금융위기 이후 우후죽순처럼 생겨난 개인 창업자들이 연신 파산하고 있다고 한다. 왜 그럴까? 준비도 없이 시작했고, 큰 자본 없이 할 수 있는 일을 찾다보니 모두들 비슷한 업종, 손쉬운 업종에 도전한다.

자영업자들이 많이 뛰어든 치킨집이나 제과점은 경쟁만 심해졌을 뿐, 현상유지만 겨우 하는 매장들이 대부분이라고 한다. 경쟁자에게 이기려고 더 일찍 열고 더 늦게 닫고, 판매가를 앞다퉈 낮추다 보니 결국 출혈경쟁으로 치달을 수밖에 없다.

하지만 여러 창업자 중에서도 차별화 포인트를 갖고 철저히 상권 분석을 하고 시작한 사람들은 지금도 잘 유지된다고 한다. 가전업계에 종사하다가 자의든 타의든 그만둔 많은 사람들 중에서도, 자기가 근무했던 인적 네트워크만 믿고 유관 업체를 차린 사람들이 많다. 그냥 될 것 같으니까 시작하는 것인데 성공하는 사람을 본 적이 없다.

무슨 일이든 시작할 때는 '실제 시장은 예상보다 훨씬 나쁘고 힘들다'고 전제하는 것이 좋다. 회사에서 일을 할 때 잘하던 것만 생각해선 곤란하다. 사원 때부터 '최악의 시나리오를 상정해 준비하는' 습관을 몸에 익힌다면, 어딜 가서든 유능한 당신의 모습을 그려도 좋다.

주위에 보면 하는 일마다 잘된다는 사람도 있고, 하는 일마다 안된다고 평가받는 사람도 있다. 그 차이는 하나다. 준비를 철저히 하는 것. 리스크를 예상하고 대비하는 것이다.

위대한 직원의 조건

1. 위대한 직원은 스스로가 허드렛일을 하는 사람이라고 생각하지 않는다.

2. 위대한 직원은 상사가 문제에 부딪힐 때 발 벗고 나선다. 굳이 도움을 청하지 않아도 자신이 그 일을 해야 한다는 것을 알고 있다.

3. 위대한 직원은 스스로에 대해 누구보다 객관적으로 파악하고 있다. 상사가 나서서 잘못을 지적해줄 필요가 없다.

4. 위대한 직원은 상사의 도움을 받기보다 상사에게 늘 도움을 준다.

5. 위대한 직원은 상사가 포문을 열어주면 나머지는 자신이 알아서 한다.

6. 위대한 직원은 일이 주어지기 전에 먼저 자원한다.

7. 위대한 직원은 자신이나 조직에 관한 필요한 정보를 상사가 묻지 않아도 알려준다.

8. 위대한 직원은 팀 전체를 고무시킨다. 자랑스러운 동료가 되고 싶다는 헌신의 마음을 끌어낸다.

9. 위대한 직원은 진심으로 고객을 대하고 고객과 공감한다.

10. 위대한 직원은 위기에 더 강하다. 동료들이 흔들리지 않도록 모범을 보이고 강한 확신을 심어준다.

11. 위대한 직원은 자신의 능력보다 조금 더 힘든 과제에 도전하기를 즐긴다.

12. 위대한 직원은 정당한 성과에 대한 대가에 과도하게 굽실대거나 불평하지 않는다.

13. 위대한 직원은 그 스스로 또 한 명의 CEO다. 그들은 회사가 번창하는 것에 누구보다 관심을 둔다.

– 데일 도튼*Dale Dauten*, 《*The Gifted Boss*》 중에서

성공과 좌절의
매너리즘을 경계하라

내 성공의 비결?
그것은 남들이 잘 때 공부하고, 남들이 빈둥거릴 때 일하고,
남들이 놀 때 준비하고, 남들이 그저 바라기만 할 때
꿈을 향해 뛰어든 것이다.
– 윌리엄 A. 워드 William A. Ward

스티븐 킹Stephen King은 전 세계적으로 유명한 대중소설가다. 그의 책 한 권 읽어보지 않는 사람은 드물 것이다. 《쇼생크 탈출》, 《미저리》, 《캐리》 등 그의 소설은 동명의 영화로도 유명하다.

그런 그에 관해서 비교적 알려지지 않은 사실은, 그가 엄청난 노력가라는 점이다. 그는 매일 거의 똑같은 일과를 반복한다. 새벽 동이 트면, 책상 위에 앉기 시작해 어김없이 정해둔 분량을 반드시 마치는 습관이 있다. 그는 일 년에 단 3일만 글을 쓰지 않는다. 자신의 생일, 성탄절, 그리고 미국 독립기념일이 그날이다. 나머지 362일 동안은 매일 아침부터 저녁까지 식사시간을 제외하고는 꼬박 책상에서 글을 쓰는 것으로 보낸다. 그는 '쓰는 것'이 곧 창작의 원천이라 말한다. 인세수입만으로도 이미 갑부가 되었지만, 그는 쓰기를 멈추지 않는다.

《태백산맥》, 《아리랑》 등으로 유명한 소설가 조정래 역시 회사원처럼 하루 일과를 정해두고 글쓰기를 하는 것으로 유명하다. 소설가 이외수는 마음이 흐트러질까 봐 아내에게 부탁해 특별 주문한 '감옥문' 안에

자신을 가둬두고, 꼬박 4년 동안이나 소설 쓰기에 매진했다고 한다. 예상보다 더 큰 성공을 거두는 것, 생각만큼 결과가 나오지 않는다고 초조해하며 의기소침해지는 것 모두 초심을 잃게 하는 원인이 된다. 조직이든 개인이든, 시장과의 장기전에서 스스로 나태해지거나 매너리즘에 빠지는 것을 막을 수 있는 나름의 방법론이 필요하다. 하루 반짝 이기는 것보다 마지막까지 이기는 것이 더 중요하기 때문이다.

뚜렷한 목적을 가진 전략을 세우고 그것을 실행한다 해도, 그 결과를 보게 되기까지는 상당한 시간이 필요하다. 프로젝트의 기간이 길어지면 도중에 의욕이 떨어지기도 하고, 생각지 않은 곳에서 장애물이 나타날 수도 있다. 게다가 조직은 각각의 역할과 규모에 따라 조금씩 다른 개성과 특질을 가지고 있다. 합심하여 길을 떠났다가도 언제든 흐트러질 수 있는 것이 조직이다.

그러므로 조직 구성원이든 리더든, 끊임없이 '우리가 왜 이 일을 하고 있는가?', '우리는 무엇을 향하고 있는가?'를 점검하고 자신을 다잡을 필요가 있다. 문장에는 단말마 같은 감탄사도 필요하고, 때론 쉼표나 말줄임표도 필요하다. 그래야 맛깔나는 글이 된다. 마찬가지로 조직 역시 몰아치고 풀어주고 경축하고 반성하는 나름의 사이클이 있어야 잘 돌아가게 마련이다.

좋은 사례가 델DELL이다. 델이 승승장구하는 비결은 '5초간 기뻐하고 5시간 반성하는' 압력솥 기업문화 덕분이라고 한다. 그들은 자기만족이 경영의 최대 적이라고 생각한다. 엄청난 판매실적을 거둔 직원들에게도 칭찬을 짧게 하는 대신, 더 나은 판매법을 찾으라고 독려한다. 한 명의 스타보다 단결력을 중시하는 문화도 경쟁력이다. 델의 CEO 는 지나간 실적에 대해서는 시시콜콜 따지지 않는다. 대신 문제점을 지적하고 곧바로 대안을 제시할 줄 아는 직원에게 더 후한 점수를 준다. 이런 철학을 가진 델은 2001년 매출이 310억 달러였던 것이 2006 년에는 그 두 배인 620억 달러로 늘어나게 된다. 앞을 향해 돌진할 때 리더는 뒤를 되돌아보는 세심함을 갖출 필요가 있다. 문제가 생기면 또 다른 방향을 제시하고 수정할 줄도 알아야 한다.

조직은 구성원을 무조건 '수익 창출을 위한 방편'으로 이용하기만 한다는 발상을 버려야 한다. 마찬가지로 구성원은 '나는 월급만 받으면 그만'이라는 식의 회사원 사고에 빠지지 않도록 스스로에게 채찍질을 해야 한다. 서로 밥을 떠먹여주는 조직이 행복한 조직이다. 감시하고 윽박지르고 통제하는 조직이 싫다면, 그렇게 하지 않아도 될 자발성과 창의성을 갖춰야 한다.

달리기를 멈춘 기차바퀴는 녹이 슨다

물론 모든 조직이 무한동력의 건전지처럼 1년 365일 쉼 없이 쌩쌩 돌아갈 수는 없다. 사람에 따라서 슬럼프도 있고, 정점을 찍는 순간이 있다면 곤두박질칠 때도 있다.

그러나 필자의 경험으로 보면, '나는 슬럼프가 자주 오는 편이야.', '나는 이상하게 봄만 되면 나른해져.' 하고 스스로에게 주문을 걸면 정말 그렇게 된다. '왠지 몸살이 올 것 같은데, 몸이 으슬으슬하고 컨디션이 안 좋아.' 하고 생각하면 그 다음부터 정말 부쩍 아파지는 느낌이다.

조직 역시 그렇다. '우리는 달릴 만큼 달렸어.', '이제 좀 쉬었다 갈 타이밍이야.' 하고 선언하는 순간, 뭔가 모르게 진짜로 의욕이 상실된다. 이상하게도 그런 나른한 에너지는 더 빨리 더 멀리 퍼져나간다. 필자는 스스로 '일을 열심히 하기보다, 즐겁게 하는 사람'이라고 생각하는 편이지만, 일이 즐거워지려면 역시 조금은 빡빡하게 조여주는 느낌이 있어야 제 맛인 것 같다.

좋아하는 사람들과 주말여행을 떠났던 주말과 집에서 소파에 들러붙어 TV를 보며 시간을 죽였던 주말을 떠올려보라. 보람이 없는 것은 차치하고, 후자의 시간은 왠지 더 빨리 그리고 허무하게 지나가지 않던가?

아침 일찍부터 서둘러 차로 이동하고 짧은 시간을 아껴 명승지를 돌아보고, 아이들과 즐겁게 놀아주고 나면 왠지 마음 저 밑바닥부터 뿌듯함이 밀려온다. 반면 전날 늦게까지 과음이라도 하고 다음날 느지막하게 일어나 겨우 밥을 먹고, TV나 보며 낄낄거리고 난 주말은 휴일의 반토막이 '잃어버린 세계'로라도 날아가 없어져버린 느낌이다.

효율과 스피드, 적당한 경쟁이 있고 협동과 신뢰, 팽팽한 긴장감이 있는 조직은 '아프지' 않는다. 일 잘하는 조직을 찾아가보라. 놀 때는 정말 열정적으로, 일할 때는 눈에서 레이저 빔이 나올 것처럼 치열하게 일한다. 그렇지 않은 조직은, 아무리 책상에 오래 엉덩이를 붙이고 앉아 있더라도 뭔지 모르게 나른하고 일의 진척도 없다. 패기나 새로운 것을 제안하고자 하는 창의력도 찾아보기 힘들다. 모두들 '제발 나를 지목하지 말아줘.' 하는 표정으로 투명인간 노릇을 하고 있다.

비단 못하는 조직만의 이야기가 아니다. 초기엔 의욕이 넘치고 협동적이던 사람이나 부서도, 조금만 긴장이 느슨해지면 일하는 '척'하는데 급급하기 쉬워진다. 원했던 것만큼 성과가 나오지 않았을 때도 그렇고, 의외로 원하는 것보다 더 큰 성과를 얻었을 때도 똑같은 현상이 벌어진다. 물론 그 양상은 조금 다르다. 전자의 경우, 직원들은 자주 아프고 일의 진척이 늦고 이탈자가 생겨난다. 그러나 후자의 경우는 묘하다. 왠지 먹지 않아도 배부른 것 같고 몽롱한 듯하며 공중에 붕 뜬 듯 현실감을 상실한다. 뭐든 해도 잘될 것 같고, 한 번 성공의 경험이 영원히 지속될 것 같은 느낌말이다. 사회경험이 많은 사람들은 이런 상태를 일명 '뽕' 맞은 느낌이라고들 한다. 이때야말로 경계하지 않으면 안 되는 시기다.

경영자들은 성공을 경하(?)하며 찾아드는 온갖 대내외 귀빈들을 만나느라 여념이 없다. 조직에는 오히려 강한 백신이 필요한 단계인데, 고삐 풀린 망아지마냥 방치되는 순간이다. 심지어 성공의 경험에 도취되어 생판 경험도 없는 분야에 덜컥 뛰어드는 경영상의 우를 범하기도 한다.

찬란한 성공에도, 처절한 실패에도 슬럼프는 따라오게 마련이다. 문제는 그것에 어떻게 대처하느냐다.

자기 자신에게 어리광 부리지 마라

서두에 소개한 것처럼, 자잘한 슬럼프나 크고 작은 성공과 좌절의 경험을 딛고 지속적으로 성공경험을 만들어가는 사람들의 공통점은 '꾸준하다'는 것이다. 그들은 하기 싫어 미칠 것 같은 상황에도 자신이 하고자 하는 것에 대한 끈을 놓지 않는다. 아니, 애초에 슬럼프라는 것을 용인하지 않는 패턴을 가지다 보니 남들이 말하는 '지루함'을 느낄 틈이 없다.

'일'은 힘들다. 힘들지 않다면 그것은 일이 아니라 놀이다. 그러나 힘든 일을 묘안을 짜내 이리 저리 궁리 끝에 해결하면, 그것만큼 희열이 느껴지는 것이 없다. 자기 사업을 하건 회사에서 월급을 받고 일을 하건, 어떤 일을 성공적으로 해내기로 결심한 순간부터는 '마음관리' 조차 일의 연장선이다.

사원을 뽑으려고 이력서를 받아보면 유독 2년 터울로 둥지를 옮겨 다닌 사람들이 많이 눈에 띈다. 그때마다 왜 이직을 하게 되었는지 물어보면, 다들 하나같이 사연 없는 사람이 없다. 그런데 대부분의 경우 해석해보면, 결론은 '매너리즘'이다. 인체공학상 어떤 한 가지 일에서 매너리즘을 느끼게 되는 기간이 2년 정도인 모양이다.

조직 입장에서 보면 구성원이 자신의 업무에서 일종의 터닝 포인트를 맞게 되는 시기도 대략 2년에 한 번씩 온다. 책임이 더 많아지는 시기, 해당 업무에 숙련이 되어서 좀 더 난이도가 있는 업무로 옮겨가야 하는 시기, 상황에 적응이 되어서 이제 막 무언가가 보이기 시작하는 시기도 이때다. 그 시기에 오는 특징 중 하나는 '발전이 더디게 느껴지는 것'이다. 열심히 하고 있는 것 같은데 하는 것만큼 성과가 나오지 않거나, 이제 다른 단계로 슬슬 넘어갈 때가 되었는데도 아직 더 높은 단계의 일을 할 역량의 성장이 이루어지지 않는 것이다. 초조해지기도 하고 괜히 불안해지기도 한다. 그때 내심 솔솔 올라오는 생각이 '이직'이다.

새로운 곳엘 가면, 나를 모르는 곳엘 가면, 새로운 환경과 자극이 주어지면, 뭐든 잘할 수 있을 것 같다고 착각하는 것이다. 마치 모르핀을 맞던 환자가 더 이상 그것으로 고통을 잠재울 수 없어 더 강한 약물을 찾게 되는 것과 같다. 그러나 그때 필요한 것은 더 강한 약물이 아니라, 체질을 강화시키는 것이다.

프로야구의 이승엽 선수나 양준혁 선수가 슬럼프에 빠져 성적이 부진하면, 타격연습 시간을 늘려 감각을 새롭게 익히거나 웨이트 트레이닝 시간을 늘려 몸을 만든다. '비록 성적이 안 좋았어도, 난 지금 있는 그대로로도 괜찮아.' 하고 스스로를 위로했다는 말은 들어본 적이 없다. 자신이 고액의 연봉을 받고 있는 것은 인기가 좋거나 잘생겨서가 아니라, 그 몸값만큼의 플레이를 하고 있기 때문이라는 것을 너무나 잘 알고 있기 때문이다. 슬럼프에 빠진 것에 대해 강한 책임감을 느끼고, 어떻게든 빠져나오려고 기를 쓴다. 그렇게 하지 못하면 옷을 벗어야 한다는 것을 안다.

그런데 직장인들은 너무나 종종 '슬럼프'를 당연한 것으로 여긴다. 그리고 그 원인을 자기 자신이 아닌 다른 곳에서 찾으려고 애쓴다. '역시 이 일은 나한테 안 맞아', '이 조직은 내 진가를 알아주지 못해', '나는 이 정도 대접 받을 사람이 아니야'! 오히려 슬럼프에 빠진 스스로를 위로한다. 매너리즘은 그 속성상 '위로의 감정'을 먹고 더 잘 자란다. '나는 성격상 주기적으로 자주 슬럼프가 와.' 하고 믿는 사람은 그 사이클을 한번 잘 관찰해보길 바란다. 처음엔 2년 터울이었던 것이 나중에는 점점 더 잦아진다. 왜? 자기가 도망갈 구석을 마련해두고 있기 때문에.

슬럼프를 해결하는 가장 좋은 방법은 일에 몰두하는 것이다. 그 원인이 되었던 실력 부족을 극복하고, 역량 미숙을 해결하고, 정복하지 못했던 영역에 뛰어들어 샅샅이 맛보는 수밖에 없다. 문제가 있으면 반드시 답이 있게 마련이다. 문제가 생겼는데 그 답을 찾아서 극복하지 않으면, 그 문제는 언젠가 다시 부메랑이 되어 돌아온다.

자극이 될 만한 자기계발서를 읽거나, 마라톤이나 오지체험과 같은 극한의 경험을 해보는 방법도 있다. 해이해진 나의 감정을 다시 정상궤도로 데려오기 위한 장치다. 슬럼프에 이름을 붙여 종이에 쓴 다음 늦은 밤 동네 놀이터에서 화형식을 하든지, 필요하면 순환근무를 자처하는 것도 방법이다. 조직에서 상사를 가장 피곤하게 하는 사람은 때만 되면 '나 좀 어떻게 해달라'며 떼쓰고 어리광부리는 사람이다. 자기감정을 컨트롤 하는 것도 월급 값에 포함돼 있다.

립 서비스 말고
실력으로 말하라,
불황에 강한 정공법

———

이론에 밝은 마케팅 학자를 '마케팅 현업'에 투입하면 과연 성공적으로 일을 해낼까?

아마도 이 글을 읽고 있는 대부분의 독자들은 고개를 가로로 저을 것이다.

'이론을 안다'는 것이 꼭 '잘할 수 있다'는 전제가 될 수 없다는 것을 경험을 통해 알고 있기 때문이다.

하지만 그런 일은 우리 기업 안에서 비일비재하게 일어난다. '가보지 않고도' 안다고 생각하는 사람,

'해보지 않고도' 할 수 있다고 생각하는 사람, 그러면서 큰소리 떵떵 치는 사람이 얼마나 많은가?

대부분 전략이 실패하는 것은 '전문성의 부족' 때문이 아니라,

'상식선에서도 알 수 있는 아주 당연한 것을 간과'했기 때문인 경우가 많다.

PART
WINNING
HABIT **2**
03

시장과 고객에 대해
소설 쓰지 마라

항의하는 한 사람의 고객은 하찮은 것을 가지고
흠잡는 사람이 아니다.
그들은 광범위한 소비자를 대변하는 샘플이다.
– 아서 베스트 Arthor Best

우리는 하루에도 5만 번이나 되는 결정적인 순간을 경험하고 있다.
– 얀 칼슨 Jan Carlzon

삼성전자 서울 지사장이었던 이기홍 전무는 항상 현장에 있었다. 일주일에 3일 이상 매장에 나가 살피고, 공휴일에도 현장에 나가 소비자들과 만났다. 상사가 그러니 부하직원들은 자연히 그런 상사에게 지지 않기 위해서라도 더 깊숙이 현장에서 살 수밖에 없었다.

매주 월요일이면 현장의 정보를 취합하고 오후가 되면 사장실을 노크했다. 자신이 보고 들은 것을 직접 경영 전반에 반영하기 위해서였다. 이기홍 전무가 강조하는 '현장 실무책임자의 역할'은 단 한 가지다. '현장을 보고 그곳에서 어려움을 느끼는 바를 포착해 해결할 방도를 찾는 것.' 현장을 잘 알고 파악해 문제점을 가져오니, 그 해결 방법도 명료했다. 책상머리에 앉아 '이건 이럴 거야. 저건 저럴 거야.' 하고 추측하는 일반 관리자들과는 180도 달랐다.

골 때리는 관리자가 부임하면 현장은 쓸데없이 피곤해진다. 현장의 고충은 아랑곳하지 않고 일주일 걸러 한 번씩 지침을 새로 만들어 내려보내기 때문이다. 청소 점검표를 체크하라고 하고, 현업에서는 먹히지도 않을 제품안내 지침서 같은 것을 만들어 달달 외우게 한다. '문제를 해결하는 것이 아니라, 일을 하고 있는 것처럼 보이게 하는 것'이 그들의 관심사이기 때문이다.

그런 현장의 소리이니 제조 부문이나 사장도 한마디 한마디를 신뢰한다. 시장조사 담당자도 "이 전무님은 워낙 현장감이 뛰어나, 그 분석력이 큰 비용을 들여 하는 조사보다도 낫다"고 혀를 내두른다.

삼성전자가 대단한 점은 국내 어느 기업보다 많이 시장조사를 하고, 지속적으로 소비자의 트렌드를 읽어가기 위한 노력을 기울인다는 데 있다. 그리고 '뜬금없는 소설 쓰는 재주'보다는 우직하게 현장을 파악하고 조사해 현업에 반영시키는 '현장 전문가'가 많이 있기에 그 위력을 발휘하고 있다.

현장을 가본다고 하는 것의 의미

현장을 가본다는 것은 실제 시장의 움직임이나 변화를 가장 빨리 알고 대응하기 위해서다. 시장과 고객에 대해 이해한다는 것은 마케팅의 가장 기본이다. 현장의 정보를 잘 해석해야 좋은 작품이 나올 수 있다.

위니아만도가 김치냉장고를 도입한 것은 혁신적인 제품개발 사례로 꼽힌다. 그 개발 아이디어는 이미 드러난 고객의 요구(needs)가 아니라, 철저히 '고객들의 숨겨진 욕구(wants)'에 초점이 맞춰져 있었다. 오랫동안 일반 냉장고를 사용하면서 고객들은 '수분이 증발되는' 현상에 대해 지속적으로 불만을 토로해왔다. 게다가 김치를 많이 먹는 우리 문화에서, 아파트가 늘어나면서 장독을 사용할 수 없다는 불편함은 생각보다 치명적인 것이었다. 결국 냉기를 유지하는 방법, 0도에서 10도 정도로 음식물을 '시원하게 보관할 수 있는' 장독대 원리를 집요하게 파고든 결과, 딤채라는 독보적인 상품이 탄생할 수 있었다. 기존의 '냉장고'라는 제품을 가지고는 '쉬고 어는' 김치 문제를 해결할 수 없다는 데 깊이 착안한 결과다.

스팀청소기나 음식물처리기도 마찬가지다. 진공청소기로 청소하고 나서도 엎드려서 물걸레질해야 하는 고충, 아침이면 엘리베이터에 탄 사람들 눈치 보면서 쉰내 나는 음식물 쓰레기봉지를 내다버려야 하는 소비자의 고충에 귀를 기울인 결과다.

반면 위니아만도에 황토 김치통을 납품해서 많은 수익을 올린 모 중소기업은 시장과 고객에 대한 제대로 된 이해와 해석이 없이 타 시장 진입을 시도했다가 그만 실패를 경험했다. 쌀 냉장고가 그것이다. '김치를 보관하는 것처럼 쌀도 보관하고 싶을 것이다'라는 막연한 상상으로 시작한 일이었지만, 결국 시장의 반응은 냉랭했다. 벌레만 생기지 않으면 그만이지, 쌀을 맛있게 만들기 위해서 고가의 냉장고에 보관할 사람은 없었던 것이다.

가끔씩 기업이 고객과 정반대의 생각을 하고 있음을 발견하고 깜짝 놀라게 될 때가 많다. 세일즈라는 관점, 그리고 제품 개발이라는 관점에서 시장을 잘 주시해보면, 흥미로운 시사점들을 많이 얻게 될 것이다. 고객은 분명 북쪽으로 가고 싶어 하는데, 남쪽으로 가자고 자꾸만 우기는 회사들이 얼마나 많은가?

나는 틈날 때마다 TV 홈쇼핑을 유심히 보곤 한다. 시장과 고객에 대해 고민하는 사람이라면, 반드시 홈쇼핑 채널의 홍보 방식을 관심 있게 보길 권한다. 쇼핑 호스트들은 고객을 구워삶는 일에 능수능란하다. 어떤 때는 저잣거리의 상점 아주머니 같기도 하고 어떤 때는 백화점 명품관의 퍼스널 쇼퍼(personal shopper) 같다. 중저가의 주부용 외투를 마치 첨단 유행의 고급제품이나 되는 양 떠벌리면, 효과는 오히려 반감된다는 것을 잘 안다. "이만한 가격에 누구든 하나쯤 집에 있는 코트를…" 하는 식으로 현실적으로 유혹한다. 2~3만 원짜리 프라이팬을 팔면서 엄청난 기능을 내세우지 않는다. 볶음요리, 부침, 지단까지 연달아 해도 '눌러 붙지 않는다'는 것만 연신 강조한다.

'어디에 포지셔닝 해서 팔 것인가'가 아니라, '고객은 무엇을 원하는가'에 집중한 이유다. 기업, 그리고 그 내부의 종사자들은 어느 부서에 몸담든, 쇼핑 호스트처럼만 한다면 못할 일이 없다고 감히 생각한다. 머릿속으로 이론으로만 번듯한 것을 생각해내는 것이 아니라, 정말 팔릴 만한 꺼리를 찾아내는 것 말이다.

판매 현장에서도 고객의 욕구를 잘못 해석하거나, 지레짐작으로 덤벼들어 실패를 보는 사례가 많다. 현장에서 많이 벌어지고 있는 일 중 하나가 판매사원이 고객을 몰아붙이는 것이다. 그들은 그게 제대로 된 판매라고 생각한다. '정보를 잘 모르고 있는 고객'을 계도해야 한다고 착각하는 것이다.

필자가 판매 현장에서 직접 목도한 일이다. 고객은 타 모델을 구입하고 싶어 하는데 판매사원은 계속 자기가 팔고 싶은 제품만 강요하고 있었다. 그러나 그가 착각한 것이 있다. 당장에 내 제품을 파는 것보다, 고객이 다시 찾게 하는 것이 훨씬 더 중요하다는 점이다. 윽박지르면 고객은 지레 움츠린다. 현장에서는 군말 없이 그 이야기를 다 들어주는 착한 고객은 다시는 그곳을 찾지 않는다. 소극적인 거부인 셈이다. 제대로 응대한 고객은 단돈 몇십 만 원짜리가 아니라, 장기적으로 몇백 만원, 몇 천만 원을 팔아줄 잠재 충성고객이 되어준다. 지금 이 자리에서 일단 팔고 보자는 생각은 고객을 내쫓을 뿐, 다시 불러들이기 힘들다.

이런 차원에서 보면 유통 전문회사인 하이마트의 전략은 프로다운 것이다. 기본적으로 소비자가 원하지 않는 강요는 절대 하지 않는다. 객관적인 입장에서 상품을 비교설명 함으로써, 고객 스스로 자신이 원하는 제품을 편하게 고를 수 있도록 도와주는 역할만 할 뿐이다.

어느 날 하이마트 봉천점을 방문한 필자는 깜짝 놀랐다. 우리 회사에서 파견한 판매사원이 보이질 않는 것이었다. 점장에게 물어보았더니 주차요원으로 내려 보냈다고 한다. 그의 대답은 똑 부러졌다.

"L사원은 우리 매장을 찾은 고객이 사고 싶은 제품을 안내하는 것이 아니라, 자사 제품만 강요하고 있었습니다. 그래서 징계 차원으로 내려 보낸 겁니다. 우리의 경쟁사는 우리 매장 내부의 타사 판매사원이 아닙니다. 밖에 있는 백화점이나 할인점 같은 다른 회사의 매장입니다."

결국 나는 아무 말도 못하고 돌아섰다.

타깃 시장을 제대로 정의한다는 것

한 중소기업 이야기다. 정수기의 일종인 이온수기를 생산하는 이 회사는 관련 서적들, 그리고 연구결과가 적시하는 대로 '이온수기가 아토피에 탁월한 효과가 있다'는 점을 부각하면서 유아를 둔 부모들을 공략하는 전략을 세웠다.

우선 아토피로 고생하는 아이들을 데리고 부모가 출입하는 유아병원을 대상으로 마케팅 활동을 벌였다. 그러나 현장의 사정이나 부모들의 정서를 면밀히 검토하지 않은 상태에서 접근해 결국 시장진입에 실패하고 말았다.

우선 '병원이 흔쾌히 공동마케팅에 응할 것이다' 하는 예상은 철저히 틀렸다. 자신들이 직접 치료해야 수익이 생기는 일인데, 가정에 이온수기를 설치하라고 친절히 안내해줄 병원은 없었던 것이다. 또 한 가지, 처음 이온수기를 사용하면 단기적으로는 증세가 더 심해진다는 사실을 간과했다. 한의학에서는 이를 '명현반응'이라고 한다. 독소가 빠져나가는 동안, 일시적으로 증상이 심해지는 것이다. 하지만 아무리 일시적인 현상이라 해도, 아토피로 고생하는 아이를 둔 부모의 입장에서는 답답하고 놀랄 수밖에 없다. 결국 사전에 충분히 정보를 알리지 않은 탓에, 얼마 팔리지 않은 제품조차 전량 반품을 해주지 않을 수 없었다.

S사는 제품을 구매한 지 3년 정도가 경과해, 애프터서비스를 받은 적이 있는 고객들을 대상으로 기존 제품을 신제품으로 교체해주는 판촉을 한 적이 있었다. 기존 상품에 대해 보상을 해주고 할인된 가격으로 새로운 상품을 구매할 수 있는 기회를 D/M을 통해 알린 것이다. 물론 고객 개개인에게는 이 판촉이 '장기간 자사 제품을 사용해주신 데 대한 감사의 보답이며, 1대1 마케팅이기에 발생하는 추가 유통마진을 소비자에게 돌려드리는 것'임을 분명히 했다.

타깃을 정확히 선정한 덕에 판촉은 대단한 성과를 거두었다. 보상판매로 새 상품을 구매한 고객들의 만족도도 높았다. 하지만 일부 고객들 사이에서 불만이 포착됐다. '한 번 A/S를 받았다는 데이터가 남아 있기 때문에, 앞으로도 계속 판촉행사의 대상이 될까봐' 불쾌하게 여겼던 것이다. 그저 옥에 티라고 여기고 지나칠 수도 있었다. 하지만 당장에 해당 판촉행사를 중지했다.

비용 대비 높은 효과를 볼 수 있는 마케팅 방법이었지만, 아무리 소수라 해도 한 번 등 돌린 고객은 다시는 돌아오지 않는 법이다. 고객을 한 번 보고 말 대상으로 여긴다면, 비즈니스를 오래 할 수 없다. 그 사람이 곧 소문의 메신저이자 로열 고객일 수도 있다. '한결같다, 나의 기분을 헤아려준다, 예의 바르다, 자신의 업에 자부심을 가지고 있다'는 이미지는 그 어떤 비용으로도 바꿀 수 없는 브랜드 가치다.

고급 브랜드를 지향한다면 매장을 화려하게 꾸미고 직원들에게 좋은 정장을 입히는 것에 그쳐서는 안 된다. 기업, 그리고 제품이나 서비스의 품격이 그만큼 올라가야 한다. 제품이나 서비스를 고객에게 전달하는 방식, 포장, 그리고 언어적 · 비언어적 커뮤니케이션까지 일관되게 고급스러워야 한다. 고급 브랜드를 팔면서 저가제품들이나 하는 마케팅 커뮤니케이션을 해서는 곤란하다.

S사는 한때 전기밥솥 분야에 진출하기 위해 여러 각도로 시장을 모색해본 끝에, 제품 프로토타입(prototype)까지 만들고 나서도 결국 시장 진입을 포기하고 말았다. 경쟁력이 없어서가 아니었다. 그 이유는 밥솥의 경우 폭발사고가 너무 빈번하게 일어난다는 점이었다. 특정 제품에 더 결함이 많기 때문이 아니다. 밥솥에 쌀과 잡곡들을 섞어 밥을 하고 때때로 다른 음식물까지 찌거나 삶는 우리 음식문화 특성상 증기가 빠져나가야 할 노즐이 막히는 일은 다반사고, 고객이 조금이라도 청결을 소홀히 하면 언제든 폭발사고가 날 수 있는 것이다. 폭발사고 자체로 인한 클레임보다 더 중요한 것은 '브랜드 이미지'다. 폭발사고나 나는 밥솥을 만드는 회사가 수백만 원짜리 LCD 텔레비전을 판다는 것은 격이 떨어지지 않겠는가? 잘 팔리는 것과 고객에게 좋은 상품, 좋은 브랜드로 인식되는 것이 언제나 일치하는 것은 아니다.

소비자가 찾을 때 집중하라

신문을 구독해보는 분이라면 잘 알겠지만, 매주 주말이 되면 어김없이 신문에는 신문 자체보다 더 두꺼운 양의 전단이 끼워져서 배달된다. 얇은 할인점 전단지부터 고급 종이에 인쇄한 백화점 전단지, 학원 광고에 음식점 개업 전단까지 전단 러시다. 관찰력이 있는 분이라면 그중 어떤 것을 주로 보게 되는지 한번 떠올려보길 바란다.

제일 먼저 집게 되는 것은 백화점 세일 전단이다. 아무래도 고급스러운 디자인과 확 띄는 모델 사진이 먼저 눈길을 사로잡는다. 그 다음이 할인점 전단이다. 왜일까? 할인점 전단은 얇다. 대개 여러 번 펴보지 않아도 좋을 만큼 함축적인 정보만을 제공한다. 거의 실물처럼 보이는 핵심 상품들을 '얼마나 싼 값에 파는지' 하는 정보가 전부다.

전략적인 사업가라면 이런 전단의 홍수 속에 무작정 뛰어들기보다 작전을 먼저 짤 것이다. 전단을 뿌려서 판촉행사를 한다면, 3개월에 한 번 꼴로 있는 백화점 세일 시즌은 절대로 피해야 한다. 그들은 고급스러운 전단 외에도 화려한 전면광고로 소비자의 눈길을 끌어당긴다. 기타 광고지가 많은 주말도 피할 것이다. 가정에 배달되는 신문이니 주말에 쇼핑하러 갈 때 여유롭게 들여다볼 것 같지만, 눈에 띄지 않는 전단은 뭉치째 재활용 행이다.

아주 쉬운 말이지만, 때를 잘 타야 출세하고 돈도 번다. '기회를 잘 잡아야 성공한다'는 책이 얼마나 많던가? 하지만 정작 그 기회가 얼마나 많은 곳에 상존하고 있는지, 많은 사람들은 유심히 관찰하지 않는다.

하이마트 TV 광고를 유심히 보라. 혹자는 '철마다 바꿔가며 가요 가사 개사해 나오는 광고가 좀 유치하다'고 폄하할지 모른다. 크리에이티브의 관점에서 보지 말고 그냥 아무 선입견 없이 한번 보라. 그들은 한발 앞선 광고나 철 지난 광고는 하지 않는다. CM도 음악성보다는 귀에 붙는 멜로디가 우선이다. 배우가 등장해 연신 같은 메시지를 내보낸다. 입학과 졸업시즌인 2, 3월에는 컴퓨터, 더울 때는 에어컨, 올림픽이나 월드컵 기간 중에는 LCD TV, 겨울에는 김치냉장고를 사러 오란다. 마지막은 꼭 '하이마트로 가요~!'로 결론을 짓는다. 애인의 마음이 식었는데 아무리 편지 공세를 해도 감동시킬 수 없는 노릇이다.

한때 위니아만도는 김치냉장고 판매량의 60%가 10월부터 약 3개월 안에 다 팔리기 때문에, 연중 내내 안정적인 매출을 올릴 수 있는 방법이 없을까를 두고 고민에 빠진 적이 있었다. 필자가 그 고민의 주인공이었다. 일반 냉장고는 연중 내내 잘 팔리는데, 왜 유독 김치냉장고만 특정 계절에 팔릴까?

답은 간단하다. 고객들이 김치냉장고를 간절히 원하는 시즌이 그때이기 때문이다. 그뿐인가? 다른 시즌에는 김치냉장고의 기능과 다른 기능을 결합한 타사 경쟁상품들이 판촉과 홍보에 집중한다. 어차피 겨울 시즌에는 위니아만도의 딤채가 팔릴 것을 알기 때문이다.

하지만 현장 실무자로서는 고민할 수밖에 없다. 매출이 한 시즌에 몰리면 인력과 생산도 그만큼 확충해야 한다. 팔리지 않는 시즌에는 남는 인력이 공장 마당의 풀이나 뜯고 있어야 한다. 그 약점을 극복하려고 1월부터 9월까지 각종 마케팅 전략을 다채롭게 실행해보았다. 결과는 뻔했다. 아무리 돈과 시간을 들여도 매출 신장 효과는 미비했던 것이다. 아무리 나 혼자 소설을 쓰고 고객에게 대고 꽹과리를 쳐대도 도도한 흐름으로 흘러가는 고객들의 관심을 돌릴 수 없었다. 그해 비수기에 시행했던 판촉은 결국 재미없는 한 편의 소설이었던 것이다.

안 팔릴 때 팔 방법을 고민하기보다 잘 팔릴 때 더 팔 방법을 고민하는 편이 훨씬 더 전략적이다. 그러기 위해서는 데이터가 필수적이다. 앞서 말한 가전 전문 유통회사인 하이마트는 수 년 동안의 제품별, 기념일별, 계층별 판매정보를 차곡차곡 쌓아두고 있다. 그러니 언제 어떤 마케팅 전략을 쓰면 얼마나 효과가 나타나는지 정확히 예측이 가능하다. 결국 그들이 하는 판촉은 백발백중일 수밖에 없다. 그들이 삼성이나 LG 같은 대기업의 판매 부문이 돈을 주고 배우고 싶어 하는 대단한 회사인 이유다.

소설을 쓰지 말고 시나리오를 써라

시장에 대해 어설픈 소설을 쓰지 않으려면 어떻게 해야 할까?

많은 기업들이 스스로가 정확한 전략에 기반을 둔 시나리오를 쓰고 있다고 착각하고 있다. 그러나 심한 경우, 고객들은 우리가 팔려고 하는 상품이나 서비스에 대해 눈곱만큼도 관심이 없을 수도 있다.

요즈음 기업들이 흔히 마케팅 도구로 사용해오던 설문조사 기법, FGI(Focused Group Interview) 등을 폐지하고 있는 이유가 여기 있다. '고급스러운 플로랄 향의 샴푸가 새로 나오는데, 아카시아 향이 좋을까요? 라일락 향이 좋을까요?' 이미 다 써놓은 소설을 가지고 주인공에게는 어떤 옷을 입히는 게 좋을지, 결말은 어느 쪽으로 하는 게 좋을지 고르게 하는 것은 의미 없다. 그것은 절대 소비자 주권도 고객 의견수렴도 아니다. 나쁘게 말하면 '우리가 생각하는 것이 맞다는 것을 증명하기 위한 타당한 근거'를 만드는 장치일 뿐이다. 더군다나 '평균적 대중주의'의 함정에 빠져, 이도 저도 아닌 무난한 결론이 도출되는 경우도 많다.

소설적 사고가 아니라 시나리오적 사고를 하기 위해서는, 제로베이스에서 출발해야 한다. 내가 만들거나 판매하려고 하는 상품이나 서비스의 관점에서 아전인수 격으로 고객을 이해하려 하지 말고, 고객의 입장에서 그들이 무엇에 관심을 두는지 심도 깊게 통찰해야 한다.

필자는 상품이나 서비스 환경을 설계하거나 판매 시나리오를 쓸 때, 구체적인 단 한 사람의 고객을 떠올릴 것을 권한다. 타깃과 가장 가까운, 아주 구체적인 형상을 머릿속으로 그리면 더 좋다. 예를 들어 '대졸 학력에 40대 후반, 목동의 30평대 아파트 거주, 아들 하나 딸 하나 두 아이를 둔 주부, 아이들을 학원에 보낸 다음 백화점 문화센터에서 강좌를 듣고 동창들과 점심을 먹고 수다를 떤 다음, H마트에서 장을 보고…', 하는 식으로 정확한 대상을 설정하라는 말이다. 내가 기획한 상품이나 판매하려는 제품 혹은 서비스, 하다못해 판촉방법을 설계할 때, 그 고객의 입장에서 모든 일련의 과정을 추적해본다. 현장의 실무자나 경험자의 이야기를 충분히 참고하면서 말이다.

통찰 1. 정말 이 고객이 원하는 것인가?

통찰 2. 고객이 왜 그것을 원하는가? 그것이 이분에게 어떤 혜택을 주는가?

통찰 3. 3년 후, 5년 후, 10년 후에도 그것을 원할 것인가?

통찰 4. 고객은 어떤 과정을 거쳐 그것에 접근하고 활용하게 될 것인가?

통찰 5. 고객이 가진 욕구를 해결하기 위해 완전히 다른 접근방법은 없는가?

이 통찰의 주체는 어느 누구든 될 수 있다. 여기서 고객을 '상사'나 '동료'로 대체하면 조직 내부의 구성원, 이른바 내부고객에게 만족을 줄 방법도 도출할 수 있다. 결국 현실에서 활용할 수 있는 시나리오를 쓰는 능력은 '상대방과 공감하는 능력'과도 같다. 고객이 무엇에 쓰려고 제품이나 서비스를 구매하는지를 유심히 들여다보아야 한다. 고객들이 움직이는 '과정' 전체를 통합하는 것이 중요하다. 즉 제품을 보고 탐색하며 선별하고 선택하는 과정을 면밀히 투시하면 대안이 보일 수 있다.

고객이 자신의 니즈(needs)와 숨겨진 욕망(wants)를 충족시키기 위해 어떻게 행동하는지에 대해 제대로 된 감각을 얻기 위해서는 이 과정을 지속적으로 반복해야 한다. 거기서 소비자가 느끼는 '부담감'에 대해 경보를 발령하면 된다. 그러면 제대로 된 처방전이 나올 수 있다.

피터 슈워츠^{Peter Schwartz}의 《미래를 읽는 기술》이라는 책을 보면 '제대로 된 시나리오야말로 대안'이라는 구절이 나온다. 시나리오는 보통 두 개의 세계를 다룬다. '사실'로 이루어진 세계와 '인식'으로 이루어진 세계가 그것이다. 시나리오는 사실을 탐구해야 하지만 사람이 구성하는 것이라는 특성상 그것을 쓰는 주체의 의식세계를 그대로 반영할 수밖에 없다.

결국 지속적으로 시나리오를 써본다는 것은, 대중적으로 먹히는 것, 즉 전략적으로 유의미한 것과 자신의 의식세계 사이의 갭(gab)을 점점 더 좁혀가는 과정과도 같다. 물론 그런 변화가 쉽게 일어나지는 않을 것이다. 하지만 시나리오로 인해 전혀 새로운 사실을 인식하게 되면, 이제껏 한 번도 느끼지 못한 새로운 통찰력을 얻는 창조적인 경험을 할 수 있게 될 것이다.

고객이 원하는 것에 대한 착각

미국에서 쥐덫을 가장 많이 제조·판매하던 '올워스'라는 회사는 기존의 나무로 된 쥐덫을 플라스틱으로 바꾸어 만들었다. 이 새로운 쥐덫은 모양도 더 좋았고, 쥐도 잘 잡히며, 아주 위생적이었다. 값도 종래의 나무 제품보다 약간 더 비싼 정도였다.

나무로 된 쥐덫은 잡힌 쥐와 쥐덫을 함께 버려 그 쥐덫을 다시 사용하지 않았다. 그러나 플라스틱 쥐덫은 종래의 나무 쥐덫보다 약간 비싸지만 모양도 좋고 위생적이라 어쩐지 한 번 쓰고 버리기가 아깝다는 생각이 들게 하였다. 하지만 정작 소비자에게는 잡힌 쥐만 버리고 쥐덫은 다시 깨끗이 세척해야 하는 즐겁지 않은 일이 생기게 되었다.

그러자 고객들은 점점 이 귀찮은 일을 하지 않기 위해 종래의 나무쥐덫을 더 선호하게 되었다. 새롭고 우수한 쥐덫은 팔리지 않게 되었다.

- 《마케팅 에센스》, 라선아

경제연구소 직원이 현장에서
유능할 수 없는 이유

논리와 이론만 따져 고민한다면 아무것도 해결되지 않는다.
살아 있는 정보가 흘러넘치는 현장으로 발을 옮겨 눈으로 직접 보고 손으로 만지며
피부로 느껴야만 답을 얻을 수 있다. 하고 있는 일이 괴롭고 곤혹스럽다면,
언제나 현장으로 돌아가면 된다. '현장'에서 퍼 올리는 물은 절대로 마르지 않는다.
－다카하라 게이치로慶一朗

메리케이 에시Mary Kay Ash는 한 방문판매 회사에 영업사원으로 입사한
후 2주쯤 지났을 때, 연례회의에 참석했다. 회의 막바지에 한 여자사
원이 박수갈채를 받으며 단상으로 올라왔다. 최우수 판매사원이 되어
그 자리에 올라 CEO로부터 명품 핸드백을 선물 받고, 왕관을 쓰고 박
수갈채를 만끽하고 있었던 것이다. 바로 그 순간, 메리케이 에시는 '나
도 저 자리에 오르고 싶다'는 강력한 꿈을 갖게 되었다.
그리고 그 회사 CEO에게 선언했다.
"사장님, 내년에는 어떤 일이 있어도 제가 저 자리에 오르겠습니다."
그녀는 입사한 지 얼마 되지 않은 사원, 그것도 아직 제품 하나도 팔
아본 적이 없는 사람이었다. 그녀는 그 해의 세일즈 퀸을 열성적으로
쫓아다니면서 판매에 관한 모든 것을 배웠다. 머뭇거리는 고객을 뜨
겁게 설득하고, 거절하는 고객을 친구로 만들었으며, 어떤 고객이든
받들고 사랑해서 자신의 고객으로 만들었다. 그녀는 1년 후 세일즈 퀸
이 되었으며, 후에 회사를 설립해 CEO가 됐다.

세일즈 퀸이 되기 위해 메리케이 에시가 한 것은 이론적인 접근도 아니었고 다시 대학에 들어가 마케팅을 전공한 것도 아니었다. 오로지 현장에서 해야 되는 일과 할 수 있는 일에 집중했다. 현장에서 이기는 사람은 유능한 논평가도 아니고 박식한 사교가도 아니다. 오로지 현장! 현장! 현장! 그것만을 탐구하고 행동하는 사람이다. 그녀는 현장에서 이기는 습관을 배웠고 그것을 직접 실천했다.

"무엇이든 시작부터 강한 열의를 가지지 않으면 끝까지 해낼 수 없다. 상사가 아무리 면밀하고 논리적인 계획을 제시하더라도 직원이 그저 명령으로 받아들이면 그것은 아무런 위력을 발휘하지 못한다. 처음부터 당신의 열정으로 기여하라. 회사원이라는 타이틀 뒤에 숨는 대신 '나의 사명'이라고 믿고 뛰어든다면 어떤 일이든 당신에게 기회를 열어줄 것이다."

메리케이 에시의 말이다.

'잘 안다'고 생각하는 사람이 가장 위험하다

이론에 밝은 마케팅 학자를 '마케팅 현업'에 투입하면 과연 성공적으로 일을 해낼까? 아마도 이 글을 읽고 있는 대부분의 독자들은 고개를 가로로 저을 것이다. '이론을 안다'는 것이 꼭 '잘할 수 있다'는 전제가 될 수 없다는 것을 경험을 통해 알고 있기 때문이다.

하지만 그런 일은 우리 기업 안에서 비일비재하게 일어난다. '가보지 않고도' 안다고 생각하는 사람, '해보지 않고도' 할 수 있다고 생각하는 사람, 그러면서 큰소리 펑펑 치는 사람이 얼마나 많은가? 대부분 전략이 실패하는 것은 '전문성의 부족' 때문이 아니라, '상식선에서도 알 수 있는 아주 당연한 것을 간과'했기 때문인 경우가 많다. '우리는 그 분야에 대해 잘 알고 있다', '우리가 전문가다', '이 정도는 당연한 상식이다' 하고 넘어가버린 부분에서 '실수'가 발생한다는 것도 너무나 공감하는 사실이다.

S사가 가스오븐레인지를 도입하던 시절의 이야기다. 시장조사를 해보니 주부들이 가장 갖고 싶어 하는 품목 1위였다. 당시만 해도 지금처럼 컨벡션 오븐 같은 저가상품이 없던 시절이라, 가스오븐레인지는 잘사는 집의 상징과도 같았다. 당시 시장점유율 1위 브랜드는 동양매직이었다. S사는 후발주자로서 브랜드 인지도를 높여야 하는 상황이었던 것이다. 궁리 끝에 내놓은 카드는 '가격 인하'.

'매직(Magic)'의 위세가 워낙 강하니, 그보다 '싼 가격'으로 팔면 이길 것이라고 '잘못된 상식'을 발동시켰던 것이다. 상대 브랜드 제품은 100만 원대였음에도 불구하고, 70만 원대 수준으로 전격 판매가 인하를 단행하고 대대적으로 광고를 했다. 결과가 어떻게 되었을까? 당연히 처절한 실패였다. 저가제품이니 가격경쟁력만으로 압도적으로 팔릴 것이라는 기대는 정작 '상식 이하'의 사고였던 것이다.

가스오븐레인지를 구매하는 고객들은 대부분 여유가 있는 사람들이다. 사용 빈도가 잦지 않아도 혼수 등으로 '보여주기 위해' 사는 경우도 많다. 설령 선물을 한다 해도 저가상품을 사주었다는 말은 듣고 싶어 하지 않는 사람들인 것이다. 그들에게는 가격보다 브랜드 가치가 우선이었다. 현장에 가서 '매직' 가스오븐레인지를 구매하는 고객들을 10명만 관찰했어도 바로 나올 결론이었다.

S사는 참 오래도록 미련을 버리지 못했다. 전문 요리강사를 고용해서 무료 요리교실을 열고, 가스오븐레인지로 할 수 있는 요리를 담은 무료책자도 나눠주었다. 지금 생각해보면 결국 타사 좋은 일만 시킨 것이니 모골이 송연할 지경이다. 결국 상식의 착오에서 비롯된 엄청난 실패작으로 끝맺게 되었다. 착각은 자유다. 하지만 업무에서의 착각은 큰 손실을 가져온다.

영업 일선을 지휘하는 헤드들은 이런 착각에 자주 빠지게 된다. 그들의 아이디어를 들어주고 고개를 끄덕여주는 사람은 고객이 아니라, 거래처이거나 직원들일 공산이 크다. 별로 좋은 아이디어가 아니더라도, 상사라서 혹은 '갑'이라서 싫은 소리를 할 수 없다. '현장에서는 씨도 안 먹힐 소리'라는 말이 턱밑까지 올라와도, 밥줄 끊길 걱정에 차마 입 밖으로 꺼낼 수가 없다.

착각의 늪에 점점 더 깊이 빠져들게 되는 이유는 서서히 '논평가'의 입장으로 전락해가기 때문이다. 경험이 많아지고 간접체험을 하거나 책에서 접한 것이 많아지면, 어느 틈엔가 내가 정말로 시장을 알고 있다고 착각하기 시작한다. 그 착각에 대해 주위 사람들이 토를 달지 않고 칭찬해주니까 정말로 자신이 대단하다고 생각한다. '이렇게',

'저렇게' 하고 지시하는 맛도 쏠쏠하다.

그런데 이런 헤드들일수록, 직접 현장에서 판매를 시켜보면 아무것도 못한다. 무늬만 화려한 이론가가 되어버렸기 때문이다. 직장생활 초창기부터 '인사팀'이나 '사업지원본부' 같은 곳에서 훈수를 두는 것으로 잔뼈가 굵은 사람들일수록 이런 함정에 잘 빠진다. 직접 할 수 있는 것은 아무것도 없는데, 머릿속에는 자신이 꽤나 유능한 사람인 것처럼 착각의 공식이 세팅되어버리는 것이다.

현대기아자동차그룹의 정몽구 회장은 전 임직원들을 1년에 한 번씩 훈련소로 보낸다. 훈련소란 다름 아닌 A/S센터다. '고객의 불만과 불평을 직접 들어야, 비로소 무엇이 문제이며 어떤 것을 어떻게 해결할 것인지 현장감각을 익히게 된다'는 게 정 회장의 지론이다. 백번 공감이 가는 말이다.

고객이 원하는 것, 고객이 원하지 않는 것, 어떤 사업이 유망하고 어떤 제품이 인기가 좋을지, 고객들이 우리 제품이나 서비스를 구매하는 이유는 무엇인지, 당신이 지금 가지고 있는 신념을 점검하라. 혹여 한때는 타당했지만, 지금은 용도폐기 되어버린 신념을 아직도 진실이라 믿고 있는 것은 아닌가?

필자가 마케팅 수장을 맡고 있을 때, 판매현장을 방문하는 직원들에게 누누이 강조했던 것이 있다. 현장에 가서 절대 아는 체하지 말라는 것이다.

"우리가 가진 정보는 현장의 그것보다 하나도 나을 게 없다. 우리가 하는 역할은 현장의 이야기를 충분히 듣고 함께 해결책을 찾아가는 것이다. 잘하고 있는 곳이 있다면 그 노하우를 배워서 다른 곳에 전파하는 일이다. 네가 잘난 체하면 현장은 입을 열어주지 않는다. '그렇게 잘 알면 네가 한번 해보시지?' 하고 콧방귀를 뀌게 마련이다. 어디서든 현장에선 머리를 조아려라. 현장에 있는 사람이 가장 위대한 사람이라는 것을 잊지 마라!"

최근 삼성의 영업전략은 이전의 그것과 획기적으로 달라지고 있다. 과거에는 거래선을 찾아가서 수주를 많이 받아오는 사원이 유능한 사람으로 평가받았다. 하지만 지금은 수주나 출하는 거래선과의 자동시스템으로 처리되고, 생산이나 재고정보도 실시간으로 제공된다. 당연히 대부분 영업사원들의 업무가 자동화된 것이다. 그렇다면 담당자 수가 줄었을까? 그렇지 않다.

이제 영업 부문의 구성원들은 진정한 의미의 딜러 헬퍼Dealer Helper가 될 것을 요구받고 있다. 소비자 접점 현장에서 어떤 일이 생기고 있는지, 어떻게 하는 것이 판매가 더 잘되는 것인지, 거래선과 머리를 맞대고 좋은 방법을 찾아내고 판매를 많이 하는 사람이 우수한 평가를 받는다. 이제 현장에 있는 모든 사람이 회사나 제품이 고객에게 정확한 언어로 전달되고 있는지, 더 좋은 발상은 없는지 찾아내는 일에 집중하고 있다는 의미다.

무늬만 이론가가 되지 말고 현장 전도사가 돼라

현장을 중요하게 여겨야 하는 이유는 또 있다. 나의 모든 업무의 근거가 바로 그 현장으로부터 나오기 때문이다. 현장을 모르고서는 현장에서 해야 할 '일의 방향'을 제시할 수가 없다. 내가 하는 의사결정이나 지시의 절반은 맞고, 절반은 틀리다면 어떨까? 끔찍하지 않은가.

잘되고 있을 때는 전략을 짜기도 수월하다. 이미 잘되고 있기 때문에, 전략 덕분에 잘되는 것인지 원래 잘되는 것인지 분간하기도 힘들다. 반면 어려울 때는 그렇지 않다. 별의별 아이디어를 총동원해봐도 백전백패인 경우가 많다. 그때 현장은 교과서고 선생님이다.

외국계 회사인 소니에 근무할 때의 일이었다. 제품력은 최고로 유지되고 있는 데 반해, 매출은 같은 일본제품이면서 경쟁력에서는 뒤지는 P사에 역전되고 있었다. 영업사원에게 그 이유를 물어보니까, 경쟁사 제품은 우리보다 10% 정도 더 싸게 팔고 있어 불리하다는 것이었다.

처음에는 그 영업사원의 말만 믿고 가격을 10% 인하했다. 그런데도 전세는 역전되지 않았다. 결국 나는 두 제품을 같이 파는 유통점을 집중해서 방문해보기로 했다. 방문 결과, 원인은 한 가지였다. 가격 문제가 아니었던 것이다. 소비자는 소니 제품을 선호하는데, 현장의 유통회사 판매사원들이 P사 제품을 권한다는 것이다. 소니는 장기간 일류 브랜드의 위상을 굳혀왔기 때문에 자부심이 강한 회사다. 워크맨을 팔던 시절에는 가격 면에서도 유통 면에서도 대적할 상대가 없어, 세계를 제패했다. 그런데 최근에 이르러서는 제품력의 탁월한 격차가 줄어든 데다 조금은 고압적인 태도 때문에 판매사들이 선호하질 않게 된 것이다.

결국 각 제품별로 실사를 해본 결과, P사 제품을 팔았을 때의 마진이 소니 제품을 팔았을 때보다 훨씬 높았다. 그런데도 10% 가격 인하를 함으로써 그만큼 비용만 더 들어가게 된 결과를 낳은 것이다. 한 번 내린 가격은 되돌릴 수 없다. 결국 용단을 내릴 수밖에 없었다. 그 모델을 빨리 단종하고 후속모델의 도입을 앞당기면서 유통 부문에 적정 마진을 제공한 것이다. 그리고 곧바로 점유율의 반전을 이루어냈다.

그 후 나는 일체의 마케팅 회의를 현장에서 했다. 혹시라도 직원이 현장과 다른 정보를 이야기하는 것 같으면, 바로 그 자리에서 확인했다. 당연히 그 다음부터는 '현장을 모르는 리더'를 얕잡아보고 그 자리에서 면피하기 위해 허위사실을 말하는 직원이 없어졌다. 마트나 백화점에서 걸어 다니면서 하는 회의는 의사결정 하는 데 상당히 도움을 주었다.

필자가 삼성에서 판촉 과장으로 있을 때를 생각하면, 부끄러워서 얼굴이 빨개진다. 판매고를 올려보려고 사무실에서 머리를 짜내서 '근사하게 보고서를 만드는 일'에 도가 텄다고 생각했던 때였다. 나중에 안 일이지만, 그렇게 만들어낸 보고서들 대부분은 영업 현장에서 별로 도움이 되지 않은 탁상공론에 불과했다.

딱딱한 문체, 장황한 설명으로 가득한 판촉 안내서는 현장에서 알아듣기 힘든 교과서였고, 현장으로 보내진 설명서는 누구도 관심을 두지 않는 종이 낭비였다. 알다시피 판촉효과는 측정하기가 어렵다. 결국 성패는 당시의 시황 덕택이었지, 머리 싸매고 고민한 나의 기획력 덕분이 아니었다. 그 이후에는 현장을 찾아다니며 매장에서 자체적으로 시행하고 있는 방법론을 배우고, 잘하고 있는 것을 그대로 확산시켰다. 그 편이 훨씬 더 효과적이었다.

삼성전자의 최지성 사장은 현장을 중시하는 것으로 유명하다. 컬러 TV 제조본부장을 맡았을 당시, 그는 제조 자체에만 급급하지 않았다. 판매 현장의 정보를 가져다 제조의 영역에서 활용했을 뿐 아니라, 더 팔 수 있는데도 그 방법을 찾지 않을 때는 영업본부에 가서 큰소리로 따졌다. 제조본부장이었지만 실제로는 현장을 총괄하는 사장의 마인드로 움직였던 것이다.

현장을 모르는 경영자나 관리자는 성공할 확률이 적다. 보고서로 올라오는 정보는 대부분 왜곡되어 있다. 그들이 필터로 걸러낸 말만 믿으면 대책이 없다. 실적의 압박을 받는 사람은 언제든 자신을 과장해 꾸미고 싶기 때문이다. 왜 부진하냐고 물으면 늘 나오는 대답은 '경기가 안 좋아서', '경쟁사가 싸게 팔아서'다. 얼마나 싸게 파느냐고 물으면 과장해서 보고한다. 현장에 나가보면 오히려 우리 회사가 더 싸게 파는 경우도 허다하다.

부진하거나 전략이 실패할 때는 그 원인을 반드시 눈으로 확인하라. 그래야 대책이 나온다. 부하사원보다 더 많이 현장을 다닐 수는 없지만, 핵심을 보는 눈을 키우되 현장에 대한 지식은 부하사원이나 필드에서 일하는 전문가와 대결할 정도로 키워라. 물론 부하사원과의 대결에서 졌다고 슬퍼할 필요는 없다. 부하사원이 이겼다는 것은 그만큼 제대로 일하고 있다는 뜻이니 기뻐할 일이다. 공부에는 왕도가 없다. 기업의 성과를 좌우하는 매출 달성에도 왕도는 없다.

당신은 어떤 종류의 사람?

세상의 사람들은 크게 네 가지 부류로 나뉜다고 한다.

첫 번째 부류의 사람들은 '세상을 혼란스럽게 하는 사람'이다. 이기적인 욕심을 충족시키기 위해서 질서를 흐트러뜨리고 다른 사람을 착취하거나 괴롭힘으로써 존재가치를 확인받는 사람들이 바로 이 부류다.

두 번째 부류의 사람들은 '대중을 추종하는 사람'이다. 독자적인 지향과 의지를 가지기보다는 다른 사람과 비교하여 자신의 가치를 평가하는 사람들로, 득이 되는 것이 있다면 어디로든 따라갈 준비가 되어 있는 부류다.

세 번째 부류는 '세상을 관찰하는 사람'이다. 어느 때나 제3자적 관점을 유지하면서 다른 사람의 실행이나 그 결과로 인한 성공과 실패를 논평하기 좋아하는 사람이다. 이들은 마치 갈림길 중간에 있는 그루터기에 앉아 쉬고 있는 나그네처럼, 어느 곳으로도 자신을 움직일 자세가 되어 있지 않은 부류다.

네 번째 부류는 '세상을 변화시키는 사람'이다. 자신이 믿는 가치를 실현하고 더 많은 사람들을 그 길에 동참시키기 위해 과감하게 새로운 길에 도전하는 사람들이다. 이들은 공통의 꿈과 이상에 대해 깊은 관심을 가지며 자신을 통해 더 큰 목표를 이루기를 열망하는 부류다.

당신은 어떤 부류의 사람인가? 당신 회사는 어떤 부류에 속하는가?

차별화는
구두 뒷굽에서 나온다

누군가는 이미 있는 것을 보고 '어떻게?'라고 묻지만,
나는 존재하지 않는 것을 꿈꾸며 '안 될 게 뭐야?'라고 묻는다.
– 조지 버나드 쇼 George Bernard Shaw

모든 일은 아주 작은 것, 즉 대부분의 사람들이 잊고, 놓치고,
흘려보내는 그런 것에서 시작된다.
– 존 맥스웰 John C. Maxwell

야쿠르트 아줌마. 노란 복장을 입고 거리를 누비는, 어디에서든 마주칠 수 있는 친근한 이웃이다. 대수롭지 않아 보이지만, 이들은 전국 구석구석을 발로 뛰며 고객을 밀착 관리하는 마케팅 전문가들이다. 1971년 5월 1일 이분들이 처음 등장했을 때, 골목길을 누비는 '노란 옷, 노란 모자, 환한 미소의 야쿠르트 아줌마'는 신선한 충격이었다.

처음 활동을 시작했던 이들은 단 47명에 불과했지만, 2008년 말 현재 그 인원은 13,000여 명에 이른다. 이들은 하루 평균 7km를 걸으며, 단 13명의 판매원이 3000평 규모 대형할인점에서 파는 매출과 맞먹는 판매고를 올리고 있다. 이들 아줌마의 힘으로 판매한 야쿠르트 수량은 2008년 7월 7일, 400억 병을 돌파했다. 코엑스 아쿠아리움 수족관을 1,100번 채울 수 있는 양이다.

하루에 최고로 많은 고객을 만나는 야쿠르트 아줌마는 여의도점에 있는 이재옥 씨. 그는 하루 평균 420명을 만난다. 42초 당 한 명꼴로 고객을 만나는 셈이다. 새벽 4시부터 시작되는 이들의 일상에는 쉼이 없

다. 친절하게 배달해준 데 대한 고마움으로 물이나 커피를 대접하는 고객들도 있지만, 사실 이분들은 근무시간에 물을 일체 마시지 않는다. 주문한 사람들의 출근 시간 전까지 배달을 모두 마치려면, 화장실 갈 시간도 없기 때문이다.

많은 독자들이 기억하고 있듯이, 초기의 삼성전자는 당시 금성사(LG의 전신)를 브랜드 이미지나 제품력 면에서나 이기기가 쉽지 않았다. 유통구조 등 모든 부문에서 한 수 밑이었다. 솔직히 말해서 금성의 아성을 깨고 우위에 선다는 것은 특별한 이변이 없는 한 불가항력으로 보였다.

하지만 그런 이유로 삼성은 금성과는 전혀 다른 발상을 할 수밖에 없었다. '노력'으로 따라잡을 수 있는 영역에서 앞서가기로 한 것이다. 연구 결과 그 영역은 '애프터서비스'로 결정됐다. 당연히 판매량이 많은 금성사에서는 A/S 건수가 많을 것이고, 많은 건수를 일일이 처리하려면 속도 면에서나 응대 면에서나 고객들 사이에 불만이 쌓일 게 뻔했다. 결국 초점을 '빠른 서비스'로 맞추고 승부를 시작했다. 하지만 아무리 '스피드'를 강조한다 해도, 사람이 하는 일이니 때에 따라 늦을 수 있다. 서비스로 승부한다고 해서, 무작정 서비스 인력을 늘릴 수도 없는 노릇이다. 그때 삼성이 활용했던 방법이 있었다.

A/S 대기건수가 많아지면, 우선 견습생을 차가 아닌 오토바이로 먼저 고객에게 보낸 것이다. 견습생이라 직접 수리를 할 능력이 없으니, 옮길 짐은 없는지 도와드릴 건 없는지 집안 허드렛일을 해드리면서 정식 수리기사가 올 때까지 기다린다. 하지만 소비자 입장에서는 A/S를

신청했는데, 기사가 둘씩이나 와서 이것저것 불편한 것을 해결해주니 반가운 노릇이었다. 고객은 수리기사가 온 시간이 아니라 견습생이 도착한 시간을 서비스 개시타임으로 보는 것이다. 결국 빠른 서비스는 소문이 났고, '삼성' 하면 '확실한 애프터 서비스'를 떠올리는 고객들의 수요는 늘어났다. 오늘의 삼성이 성공한 것은 막강한 실력을 갖춘 금성과 싸움의 장을 바꾸어가며 경쟁력을 키우고 성장해온 결과가 아닌가 생각한다.

평균까지는 누구나 비슷하다, 거기부터가 승부다

'농업적 근면성'은 필자가 제일 싫어하는 덕목 중 하나다. 무조건 오래, 무조건 열심히 한다는 발상은 성공의 필요충분요소가 될 수 없다. 하지만 성공의 필요요소인 것만큼은 확실하다. 이 원리는 아무리 시대가 지난다 해도 변하기 힘들 것 같다.

잘하는 세일즈맨들을 보라. 기막힌 아이디어나 남다른 접근법, 화술이나 대인관계 능력도 중요한 요인이다. 하지만 무조건 상대를 만나지 않으면 팔 수 없다. 최고의 세일즈맨으로 꼽히는 GM대우자동차의 박노진 이사의 모토는 '좌우지간 가서, 좌우지간 만나서, 좌우지간 이야기하라'다.

필자는 영업이든 마케팅이든 전략기획이든 디자인이든 제품개발이든, 주어진 것보다 한 발 더 나아가야 가치를 인정받는 업(業)일수록,

어느 정도 궤도에 오르기 전까지는 남보다 배(倍)로 시간을 들이는 과정이 필수적이라고 생각한다. 그래서 경력자가 칼퇴근하는 것이야 자기 재량이지만, 신입사원이 칼퇴근하는 것은 눈 뜨고 못 봐준다.

처음 일을 시작하면 못하는 것투성이다. 기술도 모르지만 사회적 관계에도 미숙하고, 남들이 10분이면 할 것을 하루 종일 낑낑 대야 겨우 할 만큼 숙련도 면에서나 일에 대한 감(感) 면에서나 부족하다. 그런데 9시에 출근해서 6시에 퇴근하는 패턴으로 성공하길 바란다면 언감생심이다. 사실 학교생활에서 배우는 것이라고 해봐야, 인생 전체에서 활용할 수 있는 많은 것 중 아주 작은 지식과 경험에 불과하다. 사회생활을 해보면 정말 뼈저리게 느끼게 된다. 직장에 들어오면 배워야 할 것 천지다. 요즘에는 심지어 예의범절까지도 회사에서 가르쳐야 할 지경이라고 혀를 끌끌 찬다.

비즈니스 매너 책도 한두 권 읽어야 하고, 커뮤니케이션 스킬에 관계기술에 일하는 방법론까지 줄줄이 다룬 책을 수십 권 읽고, 그걸 직접 현업에 적용해서 직접 익히고 배우면서 2~3년 뺑뺑이를 돌아야, 비로소 '일의 첫머리'를 조금 맛보는 정도다. 그런데 신입사원이 칼퇴근이라니. 칼퇴근 하고 친구들이랑 영화 보러 다닌다니. 그러면서도 출세하고 싶고 연봉은 많이 받고 싶고, 판단력과 일처리가 능숙한 선배처럼 되고 싶다니….

어른들은 입버릇처럼 '공부에도 때가 있다'고 말한다. 일을 할 때도 때가 있다. 일종의 체질을 만들어놓는 단계다. 처음 시작했을 때, 새로운 일에 도전할 때, 전혀 다른 분야에 뛰어들 때, 그때는 물불을 안 가리고 밤을 새워서라도 이기는 체질을 만들어야 할 때다. 그때 실수하고 시행착오 한 것에 대해서는 아무도 뭐라고 하지 않는다. 나중에 정작 전문가가 되어야 할 때 실수하고 시행착오 한다면, 영원히 다시는 두 번째나 세 번째의 기회가 안 돌아올 수도 있다.

획기적인 아이디어는
모두 '집중'과 '노력'의 선물이다

'아는 만큼 보인다'고 한다. 똑같은 힌트가 눈앞에 버젓이 있는데도 그것을 포착하는 사람이 있고, 그저 스쳐 지나가버리는 사람이 있다. 결과만 보면 다 '나도 할 수 있는 일' 같다. 별 차이도 없고 별로 대수로울 것도 없다. 하지만 도움닫기를 해야 담 너머의 세상이 보이고, 힘껏 달음질을 쳐야 더 넓은 지평에 도달하는 법이다.

직장생활에서 가장 먼저 버려야 할 3가지 태도가 있다. 그것은 '있겠지~', '되겠지~', '누가 하겠지~'다. 결국 행동은 태도에 의해서, 결과는 마음가짐에 의해서 그 첫 단추가 채워지니, 직장생활을 하는 사람이라면 꼭 경계했으면 하는 바람이다.

첫째, '있겠지!'란 무엇일까?

업무와 관련된 중요한 정보를 포착하거나 새로운 상품이나 서비스 기획으로 연결시킬 수 있는 착안을 접해도, 지레 포기하고 마는 습관

168

이다. '괜히 고민하면 뭘 해? 이미 비슷한 게 있겠지.' 하고 지나쳐버리는 것이다. 머릿속으로 대략 그려본 다음에, 정작 실행에 옮겼을 때 해야 할 숱한 일들이 걱정스럽고 귀찮아서 그냥 접어버리고 만다. 혹은 눈앞에 분명 기회가 존재하고 있는데도, 상상만 할 뿐 실행으로 옮기지 않는다. 생각과 실행 사이의 간격이 태평양 바다만큼이나 벌어져 있어, '어이쿠, 그런 엄청난 일을 벌였다가는 골치 아파지고 말 거야.' 하고 자기방어 기제를 작동시킨다.

둘째, '되겠지!'란 또 무엇일까?

모든 일의 결과는 다 '투입'한 만큼 나온다. 생산을 하든 설계를 하든, 집어넣지 않는 것이 짠! 하고 저절로 나오는 법은 없다. 그래서 잘게 잘라진 하루하루는 결국 목표를 채우는 한 술이자, 목표까지 도달하기 위한 한 번의 페달이다. 그러니 '오늘'은 그저 그렇게 보내놓고, 하루는 허투루 보내놓고, 어느 날 목표가 이루어지기를 바라는 것은 '1+1=2'라는 산수조차 부인하는 꼴이다. 그런데 우리는 그런 몰상식을 업무에서 너무나 자주 저지르곤 한다. 하루하루가 쌓이지 못하면 벼락치기를 할 수밖에 없고, 벼락치기를 밥 먹듯이 해서는 성과가 나올 리 없다.

우스갯소리로 영업 담당자들을 가장 잘 만날 수 있는 곳이 '사우나'와 '다리 밑'이라고 한다. 영업자는 영업현장에 있어야 하고, 연구원은 연구실에 있어야 한다. 좌우지간 가서 좌우지간 만나고 좌우지간 이야기하고, 좌우지간 들여다보고 좌우지간 고민하고 좌우지간 몰입해야 한다.

셋째, '누가 하겠지!' 이것은 또 무엇일까?

이것은 조직을 해치는 가장 강력한 사고방식이다. '내가 잘 못해도 과장님이 해주시겠지', '우리 팀이 좀 못해도 옆 팀이 해주겠지', '직원들이 잘 못해도 사장님이 어떻게든 성사시키시겠지' 이런 생각이 조직을 갉아먹고 의욕을 해치고 성공을 도망치게 한다.

거대 석유기업 브리티시 페트론(British Petrolum, BP)에서는 각기 서로 다른 지역에 있는 지사들조차 서로 협력해서 문제해결을 하는 상생의 습관이 있다. 자신의 업무를 잘 해결하는 것도 성과 평가의 주요 척도지만, 동료나 다른 부서의 실적 향상을 위해 기여했을 때에도 회사가 적극적으로 보상을 해주기 때문이다. 사업부 하나가 실패하면 해당 사업부만 징계를 받고 끝나지 않는다. 결국 사업부가 실패한 것은 회사 전체의 실패라고 생각하기 때문이다. 이들은 솔선하고 협력하는 독특한 기업문화로 인해서, 세계 그 어떤 일류조직도 따라잡기 힘든 강력한 조직으로 발전할 수 있었다.

기업의 최대 고민은 치열한 경쟁 속에서 끊임없이 새로운 제품과 서비스를 만들어내야 하는 데 있다. 그리고 그 고민의 주인공은 언제나 유능한 상사나 옆 팀이 아니라, 나 자신이어야 한다. 아무리 불황이 오고 경기가 어려워져도 성공하는 기업은 성공한다. 그들은 평범한 많은 다수의 실패자들과는 전혀 다른 방식으로 노력하고 있다.

10년 뒤에 그림을 준 까닭은?

모리스 장드롱Maurice Gendron은 20세기가 낳은 최고의 첼리스트다. 그는 한 인터뷰에서 '첼로를 잘 다루는 비법'에 대해 말하면서, 단연코 연습이라고 강조했다. 그는 날마다 바흐의 '무반주 첼로 모음곡' 전곡을 연습했다. 그런 그가 더더욱 연습에 몰두하게 된 사건이 있었다. 바로 천재 화가로 알려진 피카소와의 만남이었다. 그는 피카소에게 신선한 충격을 받았다.

어느 날, 장드롱은 피카소를 만났다. 평소 존경하는 화가이기에 피카소의 그림 한 장을 갖고 싶었던 장드롱은 용기를 내서 부탁을 했다.

"선생님, 제가 선생님께 그림 한 장을 부탁해도 될까요?"

"물론이죠. 어떤 그림을 원하십니까?"

"이왕이면 첼로 그림을 그려주셨으면 합니다. 첼로는 제 인생의 전부니까요."

"그러죠."

피카소는 미소를 지으며 흔쾌히 허락했다. 그 뒤로 둘은 몇 번을 더 만났다. 그러나 장드롱은 피카소에게 그림에 관해 물어보지 못했다. 괜히 실례가 될 것 같기도 하고, 피카소가 그냥 지나가는 말로 그림을 그려주겠다고 한 것은 아닌가 하는 생각이 들었기 때문이다.

그 뒤로 10년이라는 세월이 흘렀다. 둘은 다시 만날 기회가 있었다.

피카소가 불쑥, 그림 한 장을 장드롱에게 내밀었다.

"이게 뭐죠?"

"10년 전에 저에게 첼로를 그려달라고 부탁하지 않으셨습니까?"

그림은 참으로 아름다웠다. 장드롱은 의아해하며 물었다.

"저는 잊고 계신 줄 알았습니다. 이제야 주시다니."

"첼로를 그려달라는 말씀을 듣고, 틈나는 대로 첼로 그리는 연습을 했습니다. 십 년이 지난 후에야 비로소 제 마음에 드는 첼로를 그릴 수 있었습니다. 그래서 이제야 그림을 드리는 겁니다."

장드롱은 그의 장인정신에 다시금 감탄을 금치 못했다.

- 《서른 즈음, 다시 태어나는 나》, 김현태

공짜보다
진심이 이긴다,
아날로그식 고객경영

창의적인 사고라고 해서 반드시 무(無)로부터 출발해야 한다고 여기는 것은
초보자의 한계다. 오히려 주어진 상황이나 문제 혹은 기회에 대해,
상식의 선에서 신중하게 생각하면 답이 나오는 경우가 많다.
시장에서 실패하는 아이디어는 대체로 너무 독창적이어서 예술로는
성공할지 모르나 당면한 문제와는 별로 상관이 없는 경우가 많다.
그래서 비즈니스 아이디어로는 실패하게 되는 것이다.
고객에 대해서도 마찬가지다. 고객을 끌어들이고 만족시키는 아이디어는
기발하고 대단한 것이 아닐 수 있다. 단지 고객의 입장에서
'받아들이고 싶도록' 만들면 된다.

PART

WINNING
HABIT 2

04

살 수밖에 없는
제품을 만들어라

당신이 가지고 있는 것을,
그것을 필요로 하는 사람에게 파는 것은 장사가 아니다.
당신이 가지지 않은 것을,
그것을 필요로 하지 않았던 사람에게 파는 것이 진짜 장사다.
- 유태 격언

언제부터인지 나는 똑같은 헤드앤숄더만을 고집해왔다.

우습지 않은가?

헤드앤숄더는 비듬용 샴푸고, 실제 효과가 뛰어나다.

그렇지만 난 비듬은 고사하고 머리카락도 없는데!

그래도 나는 헤드앤숄더 샴푸가 좋다. 앞으로도 다른 샴푸로 바꾸는

일은 없을 것이다.

이것이 나의 러브 마크다.

— 《lovemarks, 브랜드의 미래》, 케빈 로버츠 Kevin Roberts

사람들이 갖고 싶은 것은 '사고 싶은 제품'이다. 그러니 살 수밖에
없도록 만드는 것이 가장 중요하다. 사고 싶게 만든다는 것은 소비자
의 마음을 사로잡는 가장 강력한 유혹이다. 이 유혹은 강제적이어서는
안 되고, 고혹적이면서도 미묘하고 교묘하게 이루어져야 한다.

유혹이 가능하려면 두 가지 전제조건이 필요하다. 첫째는 자기 제품이 가진 '매력'을 찾아 부각시키는 것이다. 즉 자사의 어떤 점이 소비자를 유혹할 수 있는지를 알아야 하는 것이다. 쇄골 라인이 매력적인 미녀가 매일 터틀넥을 입고 다녀선 곤란하다.

둘째는 목표물을 제대로 잘 알아야 한다. 고객의 방어적 태도를 무너뜨리고 구매라는 항복을 얻어 내려면, 어떤 전략과 행동이 필요한지 아는 것을 말한다. 일반적인 의미에서 '사고 싶다'는 정도의 감정상태는 의미가 없다. '사고 싶어 미칠 지경'이 되어야 한다. 구전 마케팅이나 VIP 마케팅 따위는 마케팅 기법의 기본 중의 기본이 되었다. 그러니 사고 싶어 미치게 만들 수 있는 것만이 기업 생존의 제1도구가 아닐까?

천편일률적인 상식의 눈을 벗겨내라

보통 수준의 마케팅은 누구나 생각할 수 있는 '수단'으로 소비자를 끌어들이려 한다. 공무원식 사고방식이다. 그런 방법으로 상사는 설득할 수는 있다. 하지만 고객은 설득할 수 없다. 마케팅에서 상식은 아무런 쓸모가 없다. '상식이 통하는 마케팅'이란 없다. 그것은 그냥 그만큼 팔고 안주하는 마케팅이며, 매년 그럭저럭 팔아서 월급이나 축내는 사람들이나 할 일이다.

오죽 답답하면 1mm를 생각했는가? 모 치약회사는 판매량을 늘리는 방법으로, 치약 입구의 구멍을 1mm 늘리는 것을 선택했다. 구멍이 커졌으니 한 번 쓸 때 짜는 양도 많아질 것 아닌가? 그러면 더 자주 더 많은 제품을 구입해야 하는 건 자명한 이치다. 물론 독점적인 시장에서는 그런 발상이 가능하다. 그러나 소비자를 우습게 보는 그런 마케팅은 해서는 안 된다. 무식한 제조본부나 상품기획 파트가 굉장한 아이디어라고 격찬하면서 만들어낸 졸작이다. 마케팅이 얼마나 제 구실을 못했으면, 그런 궁색한 아이디어를 냈을까? 살 수밖에 없게 만드는 것이 우리 모두가 할 일이다. 결국 상식을 뛰어넘는 그 무언가를 찾아내는 것은 우리에게 달렸다.

지방에 내려갈 일이 있을 때마다 국도변에 있는 식당들을 보며 답답함을 느끼곤 한다. 모두가 토종닭에 잡어매운탕이다. 경쟁이 안 되니까 '욕쟁이 할머니'나 '원조집'을 내세운다. 관광객 모두가 토종닭이나 잡어매운탕만 먹고 싶을 리는 없는데, 후미진 산이나 강가마다 모두들 같은 메뉴 일색이다.

TV를 보면 고향 마을의 이색 메뉴를 소개하는 프로그램이 많다. 쑥을 쌀가루와 버무려 만든 쑥버무리, 들에서 난 채소를 된장에 쓱쓱 비벼 먹는 보리 비빔밥, 제사가 끝나면 온 가족이 둘러앉아 먹던 탕국에 김치지짐이…. 고향의 정서와 감흥을 찾아가는 여행길에서 그런 메뉴를 먹고 싶은 게 당연지사인데, 눈을 씻고 찾아봐도 없다. 왜 회사 앞 식당의 메뉴는 모두 김치찌개 아니면 된장찌개인가? 그마저도 탁월하게 잘하는 것도 아니다. 금쪽같은 퇴직금 모아 차린 식당이 아닌가? 그러면 목숨 걸고 할 만한 저마다의 장기(talent)가 있어야 할 것 아닌가?

통영에서는 지자체 단위에서 이른바 '이순신 밥상'을 부활시키기 위한 프로젝트를 본격적으로 시작했다고 한다. 통영과 여수의 향토음식, 충남 아산의 '덕수 이 씨' 종갓집 음식을 기초로 식단과 요리법을 개발하고, 이순신 장군이 평소 훈련할 때, 출전 전후에, 전쟁에서 승리한 다음, 혹은 병중에 드셨던 음식을 재연해 선보일 예정이라고 한다. 지자체가 운영하게 될 식당은 거북선 등 향토의 흥취가 흠뻑 느껴지도록 인테리어도 구성할 계획이라고 한다. 이런 프로젝트는 진작 시작되었어야 했다.

나만의 강점 테마로 승부하라

상식을 벗어난다는 것은 '별난 것'을 만들어내는 것이다. 남들은 생각하지 못했던 것, 그러나 고객들은 간절히 원하던 것을 포착해야 한다. 별나다고 해서, 정말 별나기만 해도 곤란하다. 별난 테마로 고객을 불러 모은 몇몇 사례를 보자.

일본 아카기AKAGI유업이 만든 아이스 바, '가리가리 군'. 입이 큰 욕심쟁이 남자아이 캐릭터로 포장된 아이스 바는 이미 일본인들 사이에서 잘 알려진 제품이다. 하지만 아카기유업은 창립 25주년을 맞아, 더욱 대대적인 홍보 프로모션을 하기로 결정한다. 캐릭터와 제품이 갖고 있는 '즐거움'과 '행복함'의 이미지를 기업이미지로 연결시키면서, 상품 자체만이 아니라 캐릭터를 부각시켜 향수를 자극하기로 한 것이다.

그들은 '모바일 팬클럽'을 구성했다. 25년 전 광고 캠페인을 활용해서 길거리 홍보도 했다. '한겨울 삿뽀로에 가리가리 군이 나타났다. 아이스 바를 나눠주며 너무 추워요.' 이런 가사로 된 로고송을 제작하고 캐릭터 티셔츠를 만들어서 팬클럽에 나눠주었다. 가리가리 군의 누나를 캐릭터화한 '가리코짱'도 만들어 남성 소비자도 끌어들였다. 그들은 2006년에만 1억 5,800만 개, 2007년에는 2억 2,300만 개를 팔았다.

출시 전부터 '아이포니악(iPhoniac, 아이폰에 열광하는 사람들)'이라는 신조어까지 만들어내며 뜨거운 관심을 불러일으켰던 첨단 휴대용 통신단말기 '아이폰'. 애플은 구매자들이 한꺼번에 몰려들어 극심한 혼란이 빚어질 것을 우려해서, 전국 164개 직영점의 영업시간을 연장하고 1인당 살 수 있는 수량을 두 개로 제한해야 할 정도였다. 블룸버그 통신은 "아이폰은 마케팅 신화로 자주 언급되는 포드 머스탱이나 1995년 마이크로소프트(MS)의 윈도우95를 뛰어넘는 '역사상 가장 성공적인 마케팅'으로 기록될 것"이라고 했다.

판매 전부터 많은 소비자들이 이 제품에 열을 올렸던 데는 신비주의 전략도 한몫했다. 애플은 특히 티저광고(teaser advertising, 의도를 숨긴 채 관심을 끄는 광고)만을 활용할 뿐, 미디어에 자주 노출되는 것조차 삼갔다. 마케팅전략 회사인 라이즈&라이즈의 앨 라이즈 회장은 "애플은 모두의 머리 꼭대기에 앉아 있다."며 "신비주의 전략 때문에 오히려 언론사들은 엄청난 양의 추측성 보도를 할 수밖에 없었다."고 감탄했다.

애플은 아이폰 출시 6개월 전부터 철저한 계획 아래 시장을 공략하기 시작했다. CEO인 스티브 잡스가 맥월드 엑스포에서 아이폰을 처음으로 손에 들고 나왔을 때, 대중들은 열광의 정도를 넘어서 미쳐 날뛰었다. 다음 해 2월엔 아카데미상 시상식에서 제품에 대한 설명은 일절 없이 마릴린 먼로와 로버트 드니로가 '헬로우(hello)'라고 말하는 각종 영화 장면들을 편집해 보여준 뒤, 마지막에 아이폰 사진과 함께 '6월 출시(Coming in June)'라는 자막이 담긴 광고를 선보여 화제를 낳았다.

가격이 500달러 수준인 이 비싼 제품을 사기 위해, 소비자들은 출시 전날부터 매장 앞에서 장사진을 치고 줄을 서 기다리는 진풍경을 연출했다. 아이폰을 사지 못하면 모든 일이 허사일 것 같은 마음을 만드는 이 아이디어, 배우고 또 배워야 할 따름이다.

제품만 좋으면 고객이 무조건 사고 본다면, 기업은 이런 저런 고민을 할 필요가 없다. 하지만 문제는 그렇게 원하고 원하던 제품이라고 수다스럽게 외치던 사람들도 결정적인 순간에 구매를 포기하는 경우가 더 많다는 것이다. 좋긴 한데 너무 비싸다든지, 혹시라도 주변에서 잘 샀다는 소리를 못 들을까 고민한다든지, 조금 기다려보면 더 좋은 조건이 생길지 모른다고 망설인다. 그렇듯 구매와 연결되기까지는 숱한 장애물들이 기다리고 있다.

가스오븐레인지의 경우 주부들이 가장 갖고 싶은 가전제품 1위로 꼽혔지만, 정작 시장규모는 그리 커지지 않았다. 비싸서, 우리 집은 주방이 좁아서 가스오븐레인지를 싱크대 사이에 넣을 수 없어서, 사용방법이 어려워서 등등이 그 이유였다. 우리가 지금 팔고 있는 제품 중에서도, 고객이 사고 싶기는 하나 망설이게 만드는 요소를 가지고 있는 것은 없는지 숙고해보아야 한다. 고객을 열광하게 하고 당장 매장으로 달려 나가게 만들 요소가 무엇인지 찾는다면, 바로 거기에 시장 확대의 힌트가 있다.

삼성이 반도체로 엄청난 수익을 구가하던 초창기의 일이다. 우리나라 경제규모에서 조 단위의 매출조차 익숙하지 않을 때, 삼성은 반도체만으로 6조 원이라는 어마어마한 이익을 실현했다. 그 막대한 규모 덕분에라도 모르는 사람이 없을 정도의 성공사례였다. 지금도 그렇지만 당시에는 삼성에 다닌다는 것만으로도 주위의 부러움을 샀으며, '삼성 직원은 다 부자'라는 착각을 할 정도로 반도체 신화는 이슈였다.

그때 삼성은 그 이미지를 전폭 활용했다. '반도체를 잘 만드는 회사가, TV도 잘 만듭니다!' 이런 광고를 본 고객이 어찌 신뢰를 주지 않을 수 있을까? 당시의 광고 캠페인은 고객에게 신뢰를 주었을뿐더러, 시장점유율을 엄청나게 올리는 계기가 되었다.

하지만 정작 뚜껑을 열어보고 들여다보면, 모두가 진실을 알고 있다. 반도체는 거의 모든 전자제품에 들어간다. 삼성의 반도체가 삼성의 TV에만 들어가는 게 아니다. LG에도 대우에도 모두 삼성의 반도체가 들어간다. 솔직히 말하면 선의의 속임수다. 하지만 경쟁사가 '우리도 똑같은 반도체를 씁니다'라고 광고할 수는 없는 노릇이다. 현장에서는 그렇게 이야기할 수는 있겠지만, 오히려 옹색한 변명으로 들려 신뢰도가 떨어진다.

사지 않으면 불안하게 만들어라

아는 것도 많고 야무지기로 소문난 김은경 씨는 사이비 살 빼는 약을 샀다가 돈 잃고 건강 잃는 허무한 거래를 했다. 유치하기 그지없는 '비포&애프터' 사진을 계속 들여다보고 있다 보면, 정말 저 약만 있으면 모델처럼 슬림한 몸매가 될 수 있을 것 같은 유혹에 사로잡히게 된다고 한다. 영국의 유명한 요리사 제이미 올리버Jamie Oliver가 사용하는 용기나 조리도구를 파는 전용 쇼핑몰은 인산인해를 이룬다. 그곳에서는 그가 만든 요리들과 함께 각종 조리도구를 어떻게 사용하는지 동영상과 이미지를 통해 상세히 보여준다. 그걸 보고 나면, 왠지 저 조리도구를 사야만 멋진 요리를 할 수 있을 것 같은 상상에 빠지게 된다. 사행성이라고 손가락질만 할 것이 아니라, 그들의 유혹이 왜 치명적인지 연구해야 한다.

통상 광고전문가들은 '이것의 성능은 어떻고', '품질 대비 값이 싸고' 하는 식의 광고 커뮤니케이션보다, '100만 명이 구매한 제품', '유명인 ○○○이 추천한 상품', '누적판매액 500억' 하는 식의 커뮤니케이션이 훨씬 더 잘 먹힌다고 한다. 안 사면 나만 뒤처지는 것 같은 불안감을 느끼게 한다는 것이다.

샤프Sharp의 공기청정기는 '서울대가 인정한 제품'이라는 점을 강조한다. 거꾸로 보면 다른 제품은 믿지 말라는 것과 같다. 국내에서도 부동의 1위 브랜드다. 공기청정기 자체가 오존을 발생시킨다는 믿음이 퍼지고 난 다음부터, 사람들은 기능보다 안전성을 더 따진다.

데뷔 3년 만에 우승한 KLPGA의 서희경이 하이트^{Hite}의 모델이라는 것은 알았지만, 투어 스테이지 아이언 세트를 사용하는 줄은 몰랐다. 투어 스테이지의 광고는 제품 자체의 성능에 대해서는 일절 언급도 안 하고, 서희경 프로가 드라이버는 어떤 모델을 쓰며 아이언은 어느 모델을 쓰는지만 상세히 소개한다.

어느 날 갑자기 아내가 투어 스테이지 아이언 세트를 사달라고 하기 전까지는 그런 광고가 있었는지 꿈에도 몰랐다. 지금 쓰는 아이언 세트도 충분히 좋은데, 그걸로 바꾸면 더 잘 칠 수 있을 것 같아 배길 수가 없다는 것이다. 어찌 됐든 아내에게 아이언 세트를 사줘야 할 모양이다. 안 그러면 언제 곰국 끓여놓고 도망갈지 모르니까.

쌉니다! 하지만 직접 하셔야 합니다!

스웨덴의 유명 가구 브랜드 이케아IKEA. 그들의 제품은 미니멀리즘과 고객 편의의 가장 완벽한 조합이라고 할 만하다. 그들의 가구는 대부분 심플하고 유려하며 인테리어를 해놓았을 때 서로 기가 막히게 어울린다. 무엇보다 독특한 것은 그들 제품이 대부분 저렴하다는 점이다.

이케아의 매장은 슈퍼마켓의 시스템과 동일하다. 보통 가구를 산다고 하면 매장에 가서 가구를 고르고, 며칠을 기다렸다 집으로 가구가 운송되어 오기를 기다리는 일련의 과정을 연상한다. 하지만 그들의 판매 프로세스는 '캐시 앤 캐리(cash and carry)' 시스템이다. 고객은 즉석에서 계산하고 바로 물건을 가지고 집으로 갈 수 있다.

이케아의 가구가 싼 이유는 '운송, 적재, 배송이나 설치'에 들어가는 비용을 최소화했기 때문이다. 그것을 위한 가장 중요한 요건은 가구를 가능한 가장 작고 납작하게 포장하는 것이다. 고객은 매장에서 직접 원하는 가구를 찾고, 선반에서 직접 제품을 꺼내 계산대로 들고 가 계산한다. 그리고 자기 차에 실어 집으로 가져간다. 집에 도착해 포장을 풀고, 설명서대로 조립해 완성품을 만드는 것도 고객의 몫이다.

흥미롭게도 가구를 사는 사람의 욕망 중에서 가장 큰 것은 '당장 가져가고 싶다'는 것일지도 모른다. 이사를 한 새 집에서 탁자 없이 방바닥에서 밥을 먹어본 사람이라면 그 심정을 이해할 것이다.

당신의 생사여탈권은
고객이 쥐고 있다

우리의 시장은 단 하나다. 그것은 바로 고객이다.
고객은 이 세상 어딘가에서 우리가 만들어낼 상품을 구매해줄 사람들이다.
그들의 힘은 막강해서 최고경영자를 비롯한 기업 구성원 전원을 해고할 수도 있다.
— 샘 월튼Samuel Moore Walton

"Just Do it!"

고객의 마음을 들여다보는 나이키의 마케팅. 주말에만 잠깐 운동하는 나는 두 가지 회의가 드는데 내가 선천적으로 게으른 게 아닌가 혹은 실제로 운동신경이 없는 게 아닌가 하는 것이다. 신발에 대해서는 전혀 생각하지 않았다. 하지만 나이키 사람들이 "Just Do it!"이라고 말하면서 내 마음을 들여다보고 있었다. 나는 그들이 나를 그렇게 잘 이해하고 있다면, 그들이 만드는 신발은 아마도 꽤 괜찮을 것이라고 느끼기 시작했고, 기꺼이 나이키족에 합류할 의사를 갖게 됐다.

— 《브랜드 갭》, 마티 뉴마이어Marty Neumeier

최근의 마케팅 트렌드에서는 넘쳐나는 정보와 인터넷과 같은 커뮤니케이션 도구의 확장 등 제품과 서비스에 대한 접근 가능한 대안이 증가하면서, 고객이 엄청난 파워를 갖게 되었다. 이제 전통적인 마케팅 기법이나 단순한 CRM만 가지고는 이기는 전략이 될 수 없다. 고객의 마음을 움직여서 구매로 연결시키는 일은 만만치 않다. 고객이 현재 당신의 제품이나 서비스에 만족하더라도, 언제든 떠날 수 있음을 명심하라. 과거보다 막강해진 고객이 당신의 제품을 선택할 대안을 제시하지 않으면 안 된다. 이기는 습관의 답은 '모든 것이 고객에게 있다'는 것이다. 결국은 고객이다.

무시하지 마라, 그들은 고객을 보호하고 있다

내 친구의 어머니는 곱게 늙으셨다. 오피스텔에 사시면서 노인대학에 다니고 헬스클럽도 나가시면서, 주변에서 건강한 멋쟁이 할머니로 통한다. 정신도 말짱하시다. 그런데 집에 가면 온갖 잡동사니를 사들여 미치겠단다. 자꾸 사들이는데 핀잔을 드리면 '가서 공짜로 받은 거다', '그 약 잘만 듣는다더라, 홈쇼핑에서 파는 거라서.' 등등 옹색한 변명을 하신단다. 그러나 이제 친구는 포기했다. 이렇게 생각하기로 했단다.

'지금 어머니는 반가워하고 알아봐주는 그 약장수가 고마운 거다. 우스갯소리도 잘하고, 나이가 들면 어디가 아픈지 어디가 쑤시는지 알아주는 약장수가 고마운 거다. 약장수는 우리 어머니를 보호하고 있다.'

고객이 이 어머니처럼 생각하게 만들 수만 있다면 우리의 비즈니스는 어떻게 될까?

이제까지 전통적인 CRM 기법은 고객관계관리를 강화한다는 측면에서 유용한 도구로 활용되어왔다. 이 비대해진 프로그램은 고객들을 한 창고에 몰아넣고 데이터를 식별해서, 이메일이나 전화, D/M 등을 통해 공격적인 마케팅 활동을 펼친다. 고객의 동의 없이 이루어지기도 하는 CRM을 당한(?) 고객은 불쾌해한다. 심지어는 특정 회사나 제품을 싫어하게 만들기도 한다.

설립 당시부터 무한한 신뢰를 보내던 S은행을 통해 신규카드를 발급받은 필자는 몇 달이 채 되지 않아 카드를 파기해버리고 말았다. 가입할 때 기입한 내 휴대전화로 끊임없이 안내전화가 걸려오는 통에 짜증이 나서 참을 수가 없었던 것이다. 안내의 요지인즉슨 이랬다. '이 달 안에 당행 카드로 30만 원을 결제하면 3천 원을 돌려드린다'는 것이다. 내가 3천 원 돌려받으려고 몇 분 동안 안내원의 전화를 받아주어야 하는가? 고객을 싸구려 취급해도 분수가 있지. 깔끔한 서비스와 이미지로 좋은 인상을 가지고 있던 S은행에 대한 생각이 180도 바뀐 것은 물론이다.

CRM의 50퍼센트 이상이 성공하지 못했다는 사실은 무엇을 의미하는가? 고객 권한이 확대된 작금의 세상에서 더 이상 단기적인 푸시(push)성 행사가 먹히지 않는다는 뜻이다. 그보다는 장기적인 신뢰관계 구축을 위한 노력을 해야 한다는 의미가 아닐까?

CRM을 백지에서부터 다시 정의하라

이제 CRM을 활용하여 충성고객에게 프로모션을 진행하고, 제품이나 서비스를 구매하도록 일방적으로 전달하려 하지 말고, 제대로 된 파트너 관계를 형성하도록 CRM 활동을 정비해야 할 때다. CRM시스템의 정보를 활용하되 고객과의 진정한 파트너십을 구축해야 한다. 고객이 정확하고 적절한 정보를 제공받아 스스로 최선의 의사결정을 하도록 도와줘야 한다.

현대백화점 단골고객인 필자는 그들의 VIP 접대방식이 마음에 든다. 때때로 한 달에 몇 백만 원씩 매출을 올려주지만, 나는 단 한 번도 그들로부터 무작위로 걸려오는 전화를 받아본 적이 없다. 세일을 한다, 사은행사를 한다는 식의 쪼가리 리플렛도 받은 적이 없다. '제휴 보험회사인데 공짜 보험을 들어준다'는 식의 '자매부대찌개' 식 안내도 받은 적이 없다.

대신 규격봉투 사이즈의 고급스러운 포장에 행사품목 별로 발행된 쿠폰 북이 잊을 만하면 한 번씩 집으로 배달된다. 쿠폰 북의 필요한 페이지를 뜯어 지갑에 쏙 넣으면 그만이다. 나중에 혹시 백화점을 들르게 되면, 사용하면 된다. 사용하지 않고 쓰레기통에 버릴 때도 많지만, 그 경우에도 대접받고 있다는 마음에 기분이 흡족해진다.

고객이 어떤 문제로 고민하고 있는지, 경쟁자들이 놓치고 있는 것이 무엇인지 알아야 한다. '판매자'가 아니라 '후원자'가 되어준다면, 고객은 그 기업을 판매에만 급급한 상술집단으로 보지 않고, 어떻게든 나를 도와주려고 애쓰는 존재로 기억하게 될 것이다.

그런 의미에서 위니아만도의 CRM은 매출 효과와 고객의 신뢰도를 올린 사례로 평가해도 될 듯하다. 평소 고객과의 쌍방향 커뮤니케이션으로 축적된 정보를 활용해서, 저렴하게 구매할 기회를 제공하는 정보지를 보냈다. 대신 구모델이기에 싸게 판다는 것을 정확히 알리고 해당 모델의 특성도 정확히 알려주었다. 또한 신모델이 언제 출시될 예정이라는 것 등 필요한 정보와 특징을 동시에 제공해서, 고객이 스스로 구매의사를 결정하도록 선택권을 주었다. 소비자들은 최저가격만 찾지 않는다. 최대의 편익을 구한다. 고객이 무엇을 찾는지 안다면, 경쟁력 있는 회사가 될 것이다.

고객은 공짜보다 감동을 원한다

우리 가전 기업들보다 훨씬 후발주자인 데다, 저가상품이라는 이미지를 아직도 가지고 있는 중국의 가전 브랜드 하이얼Haier, 海爾은 '고객을 얼마나 중요하게 생각하는지' 관심을 두고 지켜보아야 할 중요 기업이다.

윈난성 쿤밍의 한 하이얼 A/S센터 직원은 고객에게서 방문 서비스 요청을 받고는 버스를 타고 길을 재촉했지만, 억수 같은 비로 산사태가 나 길이 끊기고 말았다. 당시 시간은 밤 11시였다. 그는 밤새 걷기 시작했다. 목적지인 고객의 집 앞에 도착한 시간은 새벽 4시. 그는 고객의 단잠을 깨울까 봐 네 시간을 문밖에서 기다렸다가 아침에 돼서야 비로소 대문을 두드렸다.

고객을 그저 서류상의 데이터로 여기는 기업은 절대 성공할 수 없다. 말로만 고객중심이 아니라, 정말 고객을 사랑하고 존경해야 한다. 지방의 모 군청에서 민원인에 대한 호칭을 'ㅇㅇㅇ 고객님', '선생님'으로 통일하기로 했다며 언론에 보도자료를 배포했다. 그간 공무원들이 민원인을 '아주머니', '할아버지' 혹은 '저기요'라고 불렀다는 것이다. 배꼽을 잡고 웃을 일이다. 하지만 비웃을 일만도 아니다. 여전히 고객은 돈 주고 우리 상품을 사주는 사람이라고, 일회성 관계로 여기는 기업이 얼마나 많은가?

단골고객이라면 ㅇㅇㅇ님, 아니면 고객님이라고 부르는 것이 좋다. 무조건 '사장님'이라고 부르는 것도 곤란하다. 매장에는 무조건 사장님만 오는 것은 아니다. 아무나 사장님이라고 부르면, 진짜 사장은 뻘 난다. 골프장에 가보면 '캐디'라고 하지 말고 이름을 불러 달라는 안내문이 붙어 있는 곳이 많다. 조직 내에서도 마찬가지다. 미스 김이라고 하는 것보다 김은복 씨라고 불리는 것을 좋아한다. 사람은 자신을 인정해주고 알아봐주는 사람에게 끌리게 마련이다. 낯간지럽고 어색해도, 대놓고 아부도 할 줄 알아야 한다. "역시 고객님 센스는 알아줘야 한다니까요, 옷차림이 정말 멋있으세요!" 대놓고 하는 아부인 줄 알아도 뒤돌아서서 씩 웃게 된다.

어느 날 두 번째 들른 목욕탕 이발소에 이발을 하러 갔다. 솔직히 전에 이 사람에게 머리를 맡겼었는지 기억이 가물가물했다. 머리 깎을 준비가 끝나자 "지난번처럼 짧게 깎아드릴까요?"하고 묻는다. 얼마나 대단한가? 다시 말을 하지 않아도 되는 기쁨 때문에, 그 다음부터는 다른 데서는 절대 이발을 하지 않는다.

한 번 만나고 말 것처럼, 한 번 팔아치우고 말 것처럼 행동하지 마라. 절대 오늘 사라고 강요하지 마라. '한 벌밖에 재고가 남지 않았어요!' 하는 식으로 고객을 협박하지 마라. 고객은 짜증난다. 특히 단골고객일수록 주의해야 한다. 할인이나 사은품 행사에 대해 대문짝만하게 광고해놓고 '대단한 혜택이라도 주는 것'처럼 천편일률적인 내용으로 메일을 보내선 안 된다. 누가 봐도 철 지난 재고나 싸구려 중국산을 끼워주면서, 공짜로 퍼주듯 생색 내선 곤란하다. 단골고객이라면 일반고객과는 다른 특전을 드려야 한다. 고객은 우리 회사를 사랑한다고 생각하는데, 그것이 짝사랑이라는 것을 알게 돼서는 절대 곤란하다.

7년 전에 작은 제품을 하나 샀다. 이제 슬슬 싫증도 나고, 형편도 좋아졌다. 그때 "커다란 게 나왔으니까 바꾸실래요?" 하고 고객 서비스 차원으로 접근하라. 제품만 팔고 끝이 아니라는 것을 보여주라. 수시로 질문하고 관심을 갖는 것도 좋은 방법이다. 요즘처럼 경기가 엉망이고 은행금리는 올라서 상환하기조차 힘들 때, '냉장고는 이렇게 사용하면 전기세가 덜 듭니다' 하는 정보나, '먹다 남은 사과를 오래 보관하는 방법'을 알려줘도 좋다. 필요할 때 가장 먼저 떠오르는 회사로 ·만들어라.

무상 보증기간은 1년이다. 구입 후 1년 6개월쯤 지나서 다정한 목소리로 고객에게 전화하라. 혹시 고장 난 데는 없는지, 사용하면서 불편함은 없는지 물어보라. 불편하다고 하면 서비스 기사를 보내라. 그리고 출장비 받지 말고 해결하라. 전면광고에 팡팡 돈을 쓰느니, 그 광고비를 아껴서 서비스 하나 더 하는 게 낫다.

배송이나 설치 후에 잘 설치되었는지 전화하지 않는 회사는 없다. 고객도 다른 회사도 다 그렇게 하고 있다는 것을 안다. 고객이 아쉬울 때와 잊어버릴 만할 때 서비스하라. 그러면 누구도 당신의 고객을 빼앗아가지 못한다. 이기는 불변의 법칙이다.

이 죽일 놈의 고객 데이터!

고객 정보 중에서 가장 중요한 것은 '이름'이다. 전화번호가 잘못 기재되거나 틀려서 전화를 못하는 것이나, 주소가 누락돼 우편물을 못 보내는 것은 작은 손실이다. 하지만 고객 성함이 '홍선기'인데 '홍성기'라고 보내는 것은 정말 큰 손실이다.

실제 모 홈쇼핑에서 있었던 일이다. 콜센터 직원이 상사 때문에 열이 받아서, '너도 당해봐라' 하는 심정으로 로열고객의 이름을 '××놈'으로 바꿔놓았다. 그리고 다음날로 사직해버렸다. 아무도 몰랐다. 등록된 고객이 콜센터로 전화를 하면, 자동응답 서비스가 "○○○님 반갑습니다. ○○홈쇼핑입니다."라고 안내멘트를 하게 돼 있었다.

어느 날 그 고객이 구입한 제품에 대한 문의사항이 있어 콜센터로 전화를 했다. 당연한 수순이었다. '××놈님 반갑습니다.……' 대형사고가 터진 것이다.

고객의 돈을 뺏지 말고,
마음을 얻어라

비즈니스에서의 성공은 엄청난 요소로 결정되지 않는 경우가 많다.
거의 대부분의 경우, 다른 사람의 생각을 얼마나 잘 짐작하느냐,
그 능력에 달려 있다. 결국 사소한 것이 큰 차이를 만든다.
― 디어도어 루빈Theodore Isaac Rubin

요즘 직원들은 밥만 먹고는 못 사는 모양이다. 식사를 마치고 나면
저마다 플라스틱 테이크아웃 잔에 담긴 커피를 쭉쭉대며 들어온다. 얼
마 전까지만 해도 사무실 바로 옆의 커피전문점을 드나드는 것 같더
니, 최근에는 조금 멀리 떨어져 있는 곳으로 바꾸었단다. 직원들이 하
나의 카드를 만들어놓고 스탬프를 10개 찍으면 공짜 커피도 마시고 하
는 통에, 몇몇이 커피숍을 바꾸니까 다른 직원들도 모두 그곳으로 옮
겼다는 것이다. '커피 맛이 어쩌고…' 하기에, '왜 가까운 곳 놔두고
그렇게 멀리까지 가느냐'고 물었다.

그랬더니 여직원 하나가 비하인드 스토리를 들려준다.

사무실 바로 옆에 있는 L커피숍에 세 명의 직원이 커피를 사러갔단
다. 스탬프를 10개 다 찍은 카드를 한 장 내밀고 스탬프를 9개 찍은

카드가 한 장 더 있기에, 커피 한 잔만 현금으로 사고 나머지 두 잔은 공짜로 달라고 했단다. 조금 민망하긴 하지만 어차피 써야 할 카드니까. 그랬더니 카운터의 직원이 퉁명스럽게 말하더란다.

"한 번에 두 장은 안 됩니다."

그런 법이 어디 있담? 오기가 난 우리 직원이 물었단다.

"그럼 한 장은 지금 쓰고, 다른 한 장은 5분 이따 와서 쓰면 되나요?"(똘똘하기도 하지….)

그랬더니 카운터 직원이 무표정한 얼굴로, 그럼 상관없다고 했다는 것이다.

여직원은 신랄하게 말을 이어갔다.

"사실 그 집은 우리가 쥐구멍에 쥐 드나들듯이 그렇게 많이 팔아줘도, 이제까지 아는 체 한번 한 적이 없어요. 어쩌다 아침에 샌드위치라도 사먹으려고 들르면, 문도 안 열고요. 그러면서 왜 샌드위치는 취급하는지 모르겠어요."

그러다가 새 커피전문점을 개척했는데, 그곳은 매장에 들어설 때 분위기부터가 달랐다고 한다. 생글생글 종업원의 입가에 미소가 떠날 줄을 모르고, 입구까지 들리게 큰 소리로 인사를 한단다. 커피숍 구석구석까지 세심한 아이디어로 아기자기하게 꾸며놓은 것은 물론, 한 번 찾아온 고객은 무슨 커피를 주로 시키는지까지 다 기억해준다고 한다. 하루에 한 종씩 '오늘의 커피'를 정해 파격세일을 하기도 하고, '오늘은 주인장 생일이니까 1,000원 할인' 하는 식으로 재미있는 이벤트도 한단다.

"커피 맛은 사실 큰 차이 없어요. 그런데 대접이 다르니까 커피 맛도 저절로 더 좋게 느껴진다니까요? 내 돈 들여 커피 마시면서 굳이 오만상 찡그리고 있는 곳에 갈 이유가 있나요? 남들도 다 하니까 억지로 하는 공짜 서비스, 그런 건 눈곱만큼도 고맙질 않아요."

장황한 업무 매뉴얼보다 마음씀씀이

최근의 경쟁 상황에서 기본기는 다 비슷하다. 제품력, 가격, 마케팅, 영업 등 모두가 비슷비슷해졌다. 인터넷의 발전과 통신기술의 편리함 덕택에 누가, 언제, 무엇을 하는지 적나라하게 드러나고, 잘하고 있는 선두주자를 따라 하는 일도 이전보다 훨씬 쉬워졌다. 결국 거꾸로 말하면 '이기는 것'이 더 힘들어졌다는 의미다.

창의력 운운하지만 결국 밑바닥까지 들어가 보면, 그것은 감성이나 집요함, 끈기, 열정 같은 점액질처럼 끈끈한 무언가로 귀결된다. 굳어져 있는 3차원의 딱딱한 제품만 가지고는 어필할 수 없을 때, 결국 감동을 끌어내는 무기를 누가 가졌느냐가 경쟁의 사활을 좌우할 것이다.

우연히 라디오를 듣다가, 한 청취자가 보낸 사연을 접하고 무릎을 친 적이 있었다. 각박한 세상이라고는 하지만, 그래도 살맛이 나는 이유를 찾았다고 말문을 연 청취자의 사연은 이런 내용이었다.

얼마 전, 지금 살고 있는 아파트로 이사를 왔습니다. 직장 때문에 어쩔 수 없이 옮기기는 했지만, 동네도 낯설고 사람들과도 아직 친해지지 못해서 조금은 우울해 있었지요. 그런데 아파트 관리소에서 건네준 종이봉투 하나를 받고 그런 우울함이 한 번에 날아가고 말았습니다.

종이봉투에는 여분의 현관 열쇠, 방 열쇠, 자잘한 영수증 같은 것이 들어 있고, 이전에 살던 분이 남긴 장문의 편지 한 통이 들어 있었습니다. 그 편지에는 '새로운 곳에 오신 걸 환영한다'는 인사와 함께 재활용 쓰레기를 내놓는 날짜, 계량기 검침을 해야 하는 시기, 그리고 반상회나 입주자회의 같은 일상에 대한 안내, 주변의 은행, 관공서, 슈퍼마켓 하다못해 좋은 고기를 파는 정육점 안내까지 꼼꼼히 적혀 있었습니다. 그리고 마지막엔 이런 글귀가 씌어 있었습니다. '도움이 되셨길 바랍니다. 행복하세요!'

그 '행복하세요'라는 글귀에 그만 눈물이 울컥하고 쏟아졌습니다. 세상살이, 그게 뭐 그리 대단히 어렵고 까다로운 게 아닌 것 같아요. 그 편지를 남기신 얼굴도 알 수 없는 분에게서 정말 많이 배웠습니다.

일도 다르지 않다. 전화 한 통, 이메일 하나, 고객이나 카운터 파트너의 요구 하나를 '열린 따뜻한 마음'으로 받는 것이 기업의 경쟁력이다. 딱딱한 업무 매뉴얼대로 기계음처럼 응대하는 곳이 얼마나 많은가? '어이쿠, 고객님 그러셨어요?', '어쩌지요, 정말 죄송합니다', '마음에 드셨다니 정말 저도 기쁩니다'…. 이렇게 나를 살아있는 인격체로 받아주는 회사는 새삼 다시 보이게 마련이다.

딤채를 제대로 파는 '통영대리점'은 고객을 감동시키는 스토리텔링에 능하다. 통영대리점 여종림 사장은 김치냉장고마다 각기 다른 음식들을 보관해두었다가, 손님이 들르면 그 자리에서 시식하게 한다. 제품을 사는 고객이든 그냥 지나가다 들른 고객이든 열외는 없다. 내놓는 음식은 김치만이 아니다. 한 제품에는 식혜를 가득 넣어두고, 다른 제품에는 맥주를 넣어두고, 다른 제품에는 안주를 보관해놓고, 부부 손님이 오면 맥주도 식혜도 서비스다.

김치냉장고는 김치만 보관하는 것이라고 믿었던 소비자들에게 다른 음식도 김치냉장고에 보관하면 훨씬 더 맛있다는 것을 직접 증명해 보이는 것이다. 고객에게 '제품을 사라'는 이야기도 꺼내지 않는다. 그런데도 더 싸게 파는 옆집 양판점을 놓아두고 고객들은 이 대리점에서 제품을 산다.

통영대리점의 전단지에는 '제품 이야기'가 없다. '오늘은 우리 집에 소주 드시러 오이소! 공짜로예!' 하는 식으로 전단 문구를 쓴다. 고객은 재밌어 하며 들른다. 파는 사람도 신바람이 난다. 장사꾼과 손님의 관계가 아니라 매일 친구들을 만나는 기분으로 장사를 하니까, 사장은 언제나 싱글벙글이다.

하이마트나 전자랜드의 광고를 보면 위트가 있다. 재미있는 멘트로 고객을 집중시킨다. '쇼를 하라' 혹은 '생각대로 T'의 광고 캠페인은 그 자체로 재미있으면서도, 고객으로 하여금 기분 좋은 연상을 하게 만드는 어린이, 호감형 스타, 동물들을 모델로 등장시킨다. 여행하는 동안 고객에게 색다른 즐거움을 제공하는 KTX의 영화 칸은 요금을 더 부담하더라도 선호하는 여행객이 많다. 이제는 고객을 신나고 재미있게 해주고 감동 받게 해주지 못하는 제품이나 서비스는 인기가 없는 듯하다.

고객의 입장에서 생각하라, 제발!

창의적인 사고라고 해서 반드시 무(無)로부터 출발해야 한다고 여기는 것은 초보자의 한계다. 오히려 주어진 상황이나 문제 혹은 기회에 대해, 상식의 선에서 신중하게 생각하면 답이 나오는 경우가 많다. 시장에서 실패하는 아이디어는 대체로 너무 독창적이어서 예술로는 성공할지 모르나 당면한 문제와는 별로 상관이 없는 경우가 많다. 그래서 비즈니스 아이디어로는 실패하게 되는 것이다.

고객에 대해서도 마찬가지다. 고객을 끌어들이고 만족시키는 아이디어는 기발하고 대단한 것이 아닐 수 있다. 단지 고객의 입장에서 '받아들이고 싶도록' 만들면 된다. 모진 바람으로는 나그네의 옷을 벗길 수 없지만, 따뜻한 햇볕으로는 할 수 있다고 하지 않는가? 이 세상에 순도 100%의 새로운 아이디어는 별로 없다. 하지만 새로운 컨셉은 만들 수 있다. 나는 컨셉이야말로 아이디어 시스템이라고 생각한다. 컨셉을 이루는 개별적인 요소들이 비록 새로운 것이 아닐지라도, 여러 아이디어를 합리적으로 조합하면 결과적으로 새로운 모델이 만들어진다.

필자는 2004년부터 위니아만도의 경쟁력 강화를 위한 프로그램의 일환으로 전속점 확대라는 전략을 추진했다. 그 기획은 성과를 거두어 2006년도 초에는 전속점 수가 200점을 넘었다. 하지만 에어컨과 김치냉장고 두 가지 라인업밖에 없다는 한계 때문에, 1년 중 절반은 비수기다. 결국 확장한 전속점들에게 효과적인 홍보의 무기와 안정적인 매출이라는 두 마리 토끼를 잡아주어야만 했다.

뻔한 소리로 고객에게 윽박지르는 것은 효과가 없다. 아무리 '우리 매장에 오라', '우리 상품을 사라'고 목이 쉬도록 외쳐도, 발길을 옮길 곳을 선택하는 것은 고객이다. 그들이 자연스레 마음이 동해 움직이게 하는 것이 필요하다.

관건은 비수기에 고객들을 어떻게 매장으로 끌어들일까 하는 것이었다. 업계에서 그간 통용되던 프로모션으로는 문제해결을 할 수 없는 상황이었다. 그러던 중 플라스틱 그릇을 생산하던 모 회사와 미팅을 하다가 문득 아이디어가 떠올랐다. 그 업체 담당자 말이 새로운 용기가 나올 때 주부들을 대상으로 설명회를 하면, 그 효과가 좋다는 것이다. 마트만 가면 그릇 구경에 열을 올리는 아내 생각이 떠올랐다. 반찬통에 관심이 많다면, 김치통에도 관심이 많을 것 아닌가?

기존의 한 가지 색깔의 김치통 대신, 다양한 재질과 컬러로 된 김치통을 만들었다. 그리고 '김치통 교환 캠페인'을 시작했다. 다른 판매 매장에서는 진행하지 않고, 전속점에서만 이 행사를 열었다. 결과는 놀라웠다. 약 200여 개의 매장에 겨우 보름 사이에 35,000명의 고객이 방문한 것이다. 김치통을 교환하러 왔던 고객은 새로 나온 김치냉장고 모델을 자연스레 구경하게 되고, 견물생심이라고 한 대 더 구매하고 싶은 욕망이 표출되었다.

당신이 경영자가 아니라 해도, 다양한 제품의 컨셉과 마케팅 수단을 유심히 관찰하는 습관을 가지길 바란다. 소비자들이 무엇을 좋아하고 무엇을 싫어하는지, 어떤 것에 기쁨을 느끼고 흥미를 느끼는지 '인류학자'의 호기심을 가지고 관찰해보라. 전혀 다른 영역에서 성과를 거둔 좋은 전략을 당신의 제품에 접목한다면, 먹혀들 확률이 높다.

고객의 이야기는 참고사항이 아니다

이기기 위한 새롭고 창의적인 아이디어를 찾았다고 해서, 반드시 성공이 보장되지 않는다. 그것이 고객 속에서 찾은 답이 아닐 경우다. 최근에는 어느 기업이든 고객을 중요하게 생각하지 않는 곳이 없다. 단지 고객과 제대로 대화하고 그 속에서 문제를 찾고 한 발 더 나아가는 전략적 실행력의 차이만 있을 뿐이다.

이제 고객과의 대화 장벽은 완전히 무너졌다. 필요하면 여러 수단을 통해 고객을 만날 수 있다. 진부한 이야기로 들리겠지만, 프로슈머(prosumer)들을 창의적인 과정 속에 얼마나 적극적으로 끌어들이느냐가 '고객의 이야기를 제대로 듣는' 첩경이 될 것이다. 아직 기업 현장에서 프로슈머의 활약은 초보적인 수준에 머물러 있다. 그것은 기업이 여전히 '소비자는 어디까지나 소비자일 뿐'이라는 선입견을 버리지 못하고 있기 때문이다. 결정은 기업이 다 하고, 소비자에게는 의견만 묻는데 소비자가 제대로 된 아이디어를 내고 싶을 리가 없다. 쥐꼬리만한 아르바이트비 주면서 아이디어만 뽑아먹으려 운영하는 '주부고객단'에서 제대로 된 발상이 나올 리 없다. 그러니 소비자를 활용하려면 제대로 활용해야 한다.

미디어는 프로슈머들의 행보가 가장 빨리 적극화되고 있는 분야 중 하나다. 실제 기존의 언론이나 방송사는 자신들보다 '빠르고 정확하고 정교한' 아마추어 미디어들 때문에 적잖이 당황하고 있다. 소비자들은 참여하는 소비자 수준을 넘어서, 창조하는 주체, 그것도 경쟁력 있는 주체가 되어가고 있는 것이다.

극단적인 질문을 스스로에게 던져보라. '우리 회사보다 많은 정보를 알고 있는 유능한 소비자가 있다면, 그들의 필요와 욕구를 있는 그대로 듣고 그들이 제안하는 설계사양이나 제품 아이디어를 그대로 채용할 준비가 되어 있는가?' 여전히 '나는 전문가'라고 경계를 짓고 아마추어인 소비자를 그저 수동적인 사용자로 취급하는 버릇이 있지는 않은가? 소비자에게 필요한 것은 회사가 모두 직접 결정하고 만들어 갈 수 있다고 옹고집을 부리는 회사는 아닌가?

입으로는 소비자가 중요하다고 말하면서, 그들이 제기하는 클레임을 '까탈스러운 한두 사람의 항의' 정도로 무시하고 있는 것은 아닌가? 그런 자세로는 고객과 진실한 대화를 나눌 수도 없고, 제대로 된 문제해결은 더더욱 할 수 없다는 것이 오늘의 현실이다.

입소문 마케팅으로 블루오션을 창조했던 M사는 2002년에 60만 대 이상을 판매하면서 엄청난 매출과 이익을 거두었다. 그러나 그때 싹튼 자만심과 방심 때문에, 더 이상 소비자의 소리를 듣지 않고 클레임이 와도 근본적인 문제해결을 하는 데 관심을 두지 않았다. 짧은 성공 경험이 자아도취가 되어, 제품이 안고 있는 문제는 경시한 채 '무엇이든 도입하면 성공할 수 있다'는 잘못된 확신으로 변질되었다. 결국 소비자의 요구와는 전혀 관련이 없는 두 개의 신규사업을 시작했지만, 얼마 안 가 두 사업은 모두 폐기처분되고 말았다. 하지만 여전히 판매에 실패한 제품에 대한 관리에 지속적으로 비용이 투입되고 있다.

그들의 창의성은 어디서?

1993년 무렵의 일이었다. 자전거를 이용해 통학을 하던 한 초등학교 3학년생이 교통사고를 당해 병원에 입원을 하게 되었다. 다행히 큰 사고는 아니어서 소년은 곧 퇴원을 했다. 그런데 문제는 소년이 가지고 있던 게임기.

사고 당시 자전거 바구니에 놓여 있던 '게임보이'가 아스팔트 위에 보기 좋게 구르는 바람에 외관이 거의 파손된 것이다. 전원을 넣으면 사용할 수는 있었지만, 모처럼 선물 받은 게임기가 엉망이 되자 소년은 울상을 지었다. 소년의 어머니는 아이를 달래며, 제조사인 닌텐도에 수리를 의뢰했다. 며칠 후, 닌텐도에서 어머니에게로 전화가 걸려왔다.

"어머님, 게임기 파손 정도가 너무 심하네요. 도대체 무슨 일이 있었던 겁니까?" 소년의 어머니는 교통사고 때문이라며 사고 경위를 상세히 알려주었다. A/S 센터의 직원은 크게 안타까워하면서 '수리비는 필요 없으니 무상으로 고쳐주겠다'고 약속했다.

며칠 후 소년 앞으로 소포가 하나 도착했다. 거기에는 새로운 게임보이 한 대와 함께 담당 스태프의 편지가 들어 있었다. "○○군, 앞으로는 차도를 다닐 때 더욱 조심하세요. 닌텐도 요코 상으로부터"

소비자의 마음을 정확히 꿰뚫어본 '닌텐도 DS'라는 탁월한 제품 기획력은 바로 고객을 소홀히 하지 않는 이런 세심함으로부터 나온 것은 아닐까? 고객에게 싸구려 사은품 따위를 안기며 아부하려 하지 마라. 고객은 이미 그것이 당신 회사로 끌어들이려는 미끼라는 것을 알고 있다. 고객에게 진심으로 대하라. 그래야 고객의 마음에 도달할 수 있다.

포화상태의 시장에
아날로그 감성으로 어필하라

인간은 욕망하는 존재다. 그리고 그 욕망은 어떤 형태로든 소비에 닿는다.
소비하려는 욕망은 불황이라고 해서 수그러들지 않는다. 다만 그 형태를 바꿀 뿐이다.
– 김난도 교수(서울대)

머리로 하는 마케팅은 실패하지만,
가슴을 두드리면 비로소 지갑이 열린다.
– 필립 코틀러 Philip Kotler

성장 일변도의 시장과는 달리 포화상태의 시장에서는 다수의 경쟁
자가 포진하고 판매 성장세는 감소하는 경향을 보인다. 결국 저마다
고정비용을 보전하고 수익을 유지하기 위해 판매량 확대를 꾀하지만,
기업 간의 경쟁은 제로섬 게임이 되어 점점 더 심화되고 생존은 더더
욱 어려워지게 마련이다. 소비 고객도 신규 고객보다 재구매 고객이
중심이 되기 때문에, 기존보다 더욱 창의적인 마케팅 전략을 개발하고
실행해야만 고객을 창출하고 유지하는 것이 가능해진다.

성장기 시장의 사례를 보자. 컬러TV는 지속적으로 매출이 증가하
는 상품이었다. 라인업을 지속적으로 확장하고 점차 대형화하는 제품
전략을 추구하면 시장을 리드할 수 있고, 메이커 주도의 상품기획과
전략 수립이 가능했다. 시장을 빨리 정복하기 위한 기업 간의 경쟁은

광고나 프로모션 등 물량공세로 대변되었고, 비록 경쟁을 하기는 해도 기업마다 어느 정도 이익이 보장되었다. 14인치에서 시작된 TV의 대형화 싸움은 36인치를 끝으로 그 성장세가 둔화됐다. 성숙기 시장으로 진입한 것이다.

성장기에는 특별한 마케팅 전략이 없어도, 특출난 상품만 있으면 큰 문제가 없다. 매출은 큰 노력 없이도 달성되는 경우가 많고, 단지 시장점유율을 놓고 벌이는 미묘한 신경전이 피로를 유발할 뿐이다.

하지만 포화시장으로 가면 어떻게 되는가? 마케팅 전략이 제대로 기능하지 않으면 절대 이길 수 없다. 싸움은 점점 더 격화되며, 이기는 대안을 찾는 것도 만만치 않아진다. 포화시장에서 해당 제품을 사고 싶어 미치게 만들 수 있는 것은 탁월한 전략밖에 없다.

고객과 눈높이를 맞추고 게임을 하라

성장 일변도의 시장에서는 '신제품이 나왔습니다! 정말 달라요!' 하는 정도의 정보 고지만을 가지고도 고객을 움직이게 할 수 있다. 하지만 포화시장에서는 고객이 다른 제품보다 이 제품을 더 사고 싶은 '이유'를 제시할 수 있어야 한다. 기능도 비슷하고 디자인까지 빼닮은 경쟁사 제품과 달라보이게 하기 위해서, 무엇을 어떻게 해야 하는지 끊임없이 고민해야 하는 것이다.

스타일과 디자인을 차별화하는 것도 좋은 수단으로 활용된다. 최근에는 소비자가 기능보다 느낌, 가격보다는 감성으로 '포화된 시장'을 공략하는 경우가 많아졌다. 기능이나 가격의 차별화는 쉽지 않기 때문이다. 아이리버의 히트상품인 M플레이어는 누구에게나 친숙한 미키마우스 형태의 제품을 그대로 되살려 단일기종으로 50만 대 이상의 판매고를 올렸다. 이 회사의 MP3 플레이어인 '스핀spin'도 휠을 돌릴 때의 독특한 촉각과 '딸깍' 하는 소리로 아날로그적인 감성을 자극한다.

삼성은 2005년, 수원사업장에 '다르게 보고 다르게 생각하기' 전담팀을 꾸렸다. 이들에게는 '가장 크고 가장 선명한 TV'를 고안하는 것이 아니라 'TV 자체를 새롭게 규정하는' 과제가 주어졌다. 이들은 '대체 앞으로 TV란 어떤 존재가 될 것인가'를 주제로 난상토론을 거듭했다. 그리고 자유로운 발상을 지속한 끝에 'TV는 인테리어'라는 결론에 도달했다. 방송을 보는 도구로서가 아니라, 거실을 꾸며줄 디자인용품 중 하나로 규정한 것이다. 그렇게 선언하고 나자, 제품 개발에 관한 기발한 아이디어들이 쏟아졌다. 모니터는 거대한 와인 잔, 그리고 우아한 목선을 자랑하는 받침을 구상했다. TV의 이름은 세계적으로 유명한 와인 산지 보르도를 따서 '보르도 TV'라고 붙였다.

델 컴퓨터가 2008년 8월부터 판매를 시작한 초미니 PC '스튜디오 하이브리드'는 표면을 아예 대나무로 만들었다. 친환경 이미지와 함께 아날로그 감성에 호소한 것이다.

위에서 언급한 제품들은 사고 싶은 품목 중 우리 제품을 꼭 사게 만들기 위한 장치를 구상한 사례다. 제품력의 우위 외에도 기업의 모든 자원이 고객을 향해 최적화되어 전진 배치되어야 한다. 고객이 움직이는 동선에서 자사의 제품과 만나게 하는 것도 좋은 전략이다. 서울 시내 지하철 역사에서 풀HD의 고화질 광고들은 '삼성의 TV'를 통해 흘러나온다. 멍하니 서서 광고를 보는 중에도 무의식적으로 '삼성 TV는 화질이 좋다, 어딜 가든 삼성이군.' 하는 인상을 심어주는 것이다. 견물생심이다. 모든 기업들이 자사 제품의 판매처를 늘리기 위해 혈안이 되어 있다. 길목을 차단하고 예쁘게 화장을 한 당신의 제품을 자주 보이게 하면 사게 되어 있다.

고객이 어느 곳을 바라보는지 그 방향을 읽어라

고객이 가는 방향을 찾는 아주 간단한 방법은 현재의 히트상품과 소비 트렌드를 읽는 것이다. 히트상품은 시대의 가치와 문화를 대변하며, 소비자의 일상과 세상 흐름을 판단하는 퍼즐이다. 당신의 상품이 성장하는 곡선에 있든, 포화상태의 곡선에 있든, 트렌드를 창조한다면 히트상품이 될 수 있다.

경기가 어려워지면, 뇌를 더 많이 써야 이긴다. 불황이라고, 경기가 안 좋다고 해서, 손 놓고 마냥 쉴 수만은 없는 노릇이다. 경기가 좋을 때 전략과 기획으로 열심히 잘 파는 것도 즐겁지만, 소비자들의 소비 심리가 꽝꽝 얼어붙어 있을 때 기발한 아이디어와 남다른 접근방식으로 팔 수 있다면 더 큰 희열이 느껴질 것이다.

포화시장의 특징은 양극화로 요약된다. 경쟁이 심해짐에 따라 마케팅 비용이 증가하고 시장 리더가 가지던 차별성도 줄어드는 경향을 보인다. 양극화 시대에는 '주머니 걱정 때문에 저가 제품을 선호하게 된다'는 데이터가 기업을 고민에 빠뜨린다. 그러나 그런 고민 때문에 잘못된 선택을 하게 되면, 오히려 기존의 시장지위조차 놓치게 된다. 그럴 때는 오히려 역발상을 해보는 것도 방법이다.

'마스터스Masters' 마케팅의 사례를 보자. 마스터스 골프대회는 세계 최고의 골퍼들이 벌이는 명승부와 함께 독특한 마케팅으로도 유명하다. 그들은 출전 자격을 엄격히 제한하는 데다 기업들의 후원 없이 자체적으로 대회를 치르면서도 최고의 골프대회라는 명성을 얻고 있다. 대회 이름 앞에 기업명이나 제품 이름을 붙이면 매년 엄청난 액수의 스폰서 비용을 챙길 수 있는데도, 72년 동안 단 한 차례도 이를 허용하지 않았다.

골프 대회장에서 흔히 볼 수 있는 광고 입간판이나 관람용 텐트도 없다. 심지어 프로암 대회(Professional and Amateur Round, 프로와 아마추어가 함께 참여하는 대회)도 열지 않는다. 얼핏 보면 멍청한 장사를 하는 것 같지만 전혀 그렇지 않다. 마스터스의 2008년 총 수입은 4,000만 달러에 이른다. 이 중 640만 달러가 고스란히 수익으로 남는다. 기업 후원 한 푼 없이도 적지 않은 돈을 남기며 대회를 치르는 비결은 뭘까?

해답은 철저하게 폐쇄적인 명품 마케팅이다. 아무나 대회에 출전할 수 없듯이 아무나 이 대회를 관람할 수 없도록 만든 것이다. 마스터스 관람객은 '갤러리'라는 말 대신 페이트런(Patron, 후원자)이라고 불린다. 오리스타 골프장으로부터 입장권을 받는 페이트런은 대략 4만 명에 이르며 이들은 평생관람권이 보장돼 있다. 관람 자체가 신분상승을 의미하는 특권이다.

포화상태일수록 싸우기보다 동침을 하라

먹고 살기 힘들면 빵 한 개를 놓고 싸운다. 성숙기의 포화시장에서는 조금이라도 더 뺏어먹기 위해서 끝도 없는 싸움을 하다가 공멸하는 경우도 많다. 많은 사람들이 알고 있듯이 녹즙기 시장이 그랬다. 그린파워녹즙기와 앤젤녹즙기 사이의 전쟁은 유명한 일화다. 서로 1위를 쟁탈하기 위해 치열한 경쟁을 벌이고 있던 두 회사는 비방 광고도 서슴지 않았다. 결국 한 회사가 전면광고를 내서 대문짝만 하게 상대 기업을 공격했다. '상대편 회사 녹즙기에서는 쇳가루가 나온다'는 것이다. 녹즙기는 모두 쇠로 된 칼날을 사용한다. 결국 소비자들은 '녹즙기에서는 쇳가루가 나오는구나' 하고 인식하게 되었다. 결국 상대 기업을 몰아내기 위한 전략이 공멸로 이어지고 만 것이다.

지치고 힘이 빠지면 적과 휴전을 하고, 휴식이 필요할 때도 적과의 동침을 통해서 아수라장이 된 시장을 회복시키는 지혜를 발휘해야 한다. 삼성과 LG는 맞수의 경쟁 상대지만, 강한 동업자 정신을 가지고 있다. 특히 양판점이나 할인점 문제를 두고는 곧잘 의기투합한다. 직영점이 문을 닫게 되면 제조사로서 얼마나 치명적일지 잘 알고 있는 것이다.

동탄 신도시에서 양사의 동침은 상생마케팅으로 시너지를 내고 있다. 삼성의 디지털프라자와 LG의 하이프라자가 처음으로 한 지붕 두 가족이 된 것이다. 2008년 6월, 경기도 화성 동탄 신도시에 두 층에 걸쳐 총 500㎡의 매장을 임대해 전자전문점을 오픈한 삼성전자와 LG 전자의 직영점은 걱정과는 달리 시너지 효과를 톡톡히 보고 있다.

고객이 찾는 품목이 없으면, 상대편 회사 제품을 소개해주기도 하고 신도시 입주민을 겨냥한 마케팅 정보도 서로 교환한다. 1회 방문으로 국내가전 대표 브랜드 두 곳을 모두 만날 수 있다는 장점과 연결되어, 고객들의 발길도 더 잦아지고 있다. 디지털프라자만 보아도 일 매출 1400여만 원 정도를 올리고 있다. 도심 내 같은 규모의 매장보다 40% 정도 더 많은 매출이다.

세상에서 혼자 할 수 있는 일은 많지 않다. 지나친 욕심은 화를 자초할 수 있다. 경쟁사가 아무리 미워도, 시장점유율을 아무리 독식하고 싶어도, 시장을 진흙탕으로 만들지 마라. 진흙탕을 만들면 당신의 옷에도 진흙을 묻혀야 한다.

공짜 복사의 비밀

일본의 '공짜' 복사가게 '타다카피(Tadacopy, 일본어로 공짜 복사라는 뜻)'. 이곳은 '자선단체'가 아니다. 오셔나이즈라는 기업이 운영하는 엄연한 영리 서비스 매장이다. 일본 게이오대 학생들의 아이디어를 모태로 2006년 탄생한 회사다.

전혀 수익이 날 것 같지 않은 이 서비스로 이 회사는 2007년 한 해 동안 2억 엔(한화 약 30억 원)의 매출을 올렸다. 2006년 매출이 2200만 엔이었던 것에 비하면 1년 만에 매출이 10배 성장한 것이다.

공짜로 복사를 해주고도 회사가 돈을 벌 수 있는 이유는 뭘까? 답은 뒷면에 숨어 있다. 타다카피의 복사지 뒷면에는 일본의 대기업이나 학교 근처 사업장의 광고가 가득하다. 백지인 뒷면을 광고 페이지로 활용한 것이다. 많은 기업들은 광고 전단지를 통해 상품이나 서비스를 알리려 한다. 과연 소비자들은 얼마나 전단지를 간직하고 기억할까? 그러나 타다카피의 복사지 뒷면을 활용하면 이런 고민은 해결된다. 필요에 의해 복사한 문서는 그냥 나눠주는 전단지에 비해 훨씬 더 오래 간직된다. 광고주 입장에선 돈도 적게 들뿐더러, 타깃 고객인 학생들이 더 오랫동안 보관하니 이보다 좋을 순 없다.

무료로 복사를 하는 학생들이야 말할 것도 없는 노릇이다. 양쪽의 니즈를 모두 충족시킨 타다카피는 2년 만에 일본 전역 46개 대학으로 사업장을 확대했다.

- *조선일보 2008년 12월 13일자, 세계경영연구원(IGM)과 함께하는 케이스 스터디 중*

22세기형 성공 비결은
소프트 스킬에 있다

이런 사람이라면 문을 두드리십시오.
진정으로 사람을 좋아하는 사람, 남을 돕는 데서 만족을 찾는 사람,
서비스를 베푸는 데 최선을 다하는 사람!
– 노드스트롬 백화점 직원채용 문구 중에서

고객에 대한 애정이 고객만족을 이끌어내는 것은 당연한 이치입니다. 사랑하는 사람에게 선물할 때를 떠올려보세요. 상대방의 입상이 되어서, 무엇을 주면 그 사람이 감동할 수 있을까를 간절한 마음으로 찾게 마련입니다. 비록 나와 생각이 달라도, 내가 좋은 것을 선물하는 것이 아니라 상대가 좋아하는 것을 찾아내기 위해 그 사람을 이해하려고 애씁니다.

사랑하는 사람에게서 관심을 끌기 위해서 갖가지 방법을 짜내기도 합니다. 그 사람이 원하는 게 뭔지 열심히 연구하고, 결국 사랑하는 사람의 얼굴에서 기쁨의 미소를 끌어냅니다. 디자인도 마찬가지입니다. 내가 디자인할 상품을 사용하게 될 소비자를 누구보다 사랑해야, 그 소비자를 감동시킬 수 있습니다.

— 이노디자인 대표, 김영세

예전에 기업들은 학교 성적, 최종 학력, 자격증 같은 요소들을 가지고 사람을 뽑았다. 그런데 요즘에는 그런 것보다 인성이나 열정, 자질 같은 요소들을 더 중요하게 생각한다. 전통적인 기술 강국인 독일에서조차 입사 조건 속에 이런 다양한 요소들을 도입해 큰 성과를 거두고 있다고 한다.

독일의 한 기업이 자사의 사이트를 통해 고지한 '인재 채용의 기준'이다. 그들이 중요하게 생각하는 유능한 인재의 조건인 것이다.

인재의 조건 1_
실무능력 | 외국어 구사 | 교육 기간 | 학업 성적 | 해외 경험
직장 경력 | IT지식 | 학력 | 졸업 성적 | 수상 경력

인재의 조건 2_
성취 동기 | 융통성 | 팀워크 | 책임감 | 기업가정신 | 대인관계
정직성 | 자신감 | 추진력 | 정서적 안정감 | 기획력 | 리더십
감수성 | 사회성

상단에 씌어 있는 조건들과 하단에 씌어 있는 조건들의 차이를 확연히 구분하겠는가? 그렇다. 위의 조건은 이른바 하드 스킬(hard skill)이라 불리는 요소들이다. 즉 객관적인 정보나 자료를 얼마나 빠른 속도로 잘 가공할 수 있느냐 하는, 주로 좌뇌와 관련된 요소들이다. 반면 아래의 조건은 소프트 스킬(soft skill), 즉 사람을 끌어당기고 애정을 쏟고 열정을 내보이며 사람들에게 영향력을 미칠 수 있는 요소들

을 말한다. 필자 생각에는 주로 우뇌의 기능과 관련이 있는 것 같다.

기술이 발달하고 커뮤니케이션과 생산을 위한 수단이 강화될수록 하드 스킬은 상당 부분 기술력으로 대체가 가능하다. 하지만 소프트 스킬은 어떤가? 기계나 시스템이 이 소프트 스킬을 대체할 수 있을까? 웬만해서는 힘들 것 같다.

"네네." … "안녕하십니까?" … "그렇습니까?" … "처리해드리겠습니다."

흔히 떠올리는 전화 응대 목소리다.

"어휴 그러셨어요?" … "어떡해요. 정말 죄송합니다, 불편하셨다니." … "바로 조치하겠습니다. 정말 다시 한 번 죄송합니다. 화 푸셔요." 앵무새처럼 정해진 말만 하는 사람과, 이렇게 마음을 담아 전화를 받는 사람, 어느 쪽이 더 소프트 스킬이 뛰어난 사람인지는 따로 설명하지 않아도 잘 알 것이다.

앞서 김영세 사장은 '뛰어난 디자인은 고객을 사랑하는 마음'에서 나온다고 했다. 세상을 살아가는 것은 대부분 그 속내를 잘 들여다보면, 모두 사랑이나 관심으로 압축된다. 세일즈맨이 세일을 잘하는 것도 '나에 대해 신경 써주고 있다'는 고객의 감동을 이끌어냈기 때문이고, 제품 개발자가 고객 편의를 위해 제품 설계를 바꾸어나가는 것 역시 '그들을 불편하게 해드리고 싶지 않다'는 간절함에서 나온다. 결국 면대면(面對面)을 하지 않더라도, 우리는 모두 '만남'이라는 관계로 연결돼 있다. 그 만남을 얼마나 감성적이고 정서적인 것으로 만드느냐에 따라서 각자의 경쟁력이 결정된다 해도 과언이 아니다.

파는 기술로 치면 일명 피라미드식 판매 회사를 따라갈 수가 없다. 하지만 그들은 '오랫동안' 지속적인 생명력을 유지하기 힘들다. '진심'을 가지고 호소한 것이 아니라, '테크닉'으로 접근하기 때문이다. 만남의 마력은 그 만남 이후로도 사랑이 지속돼야 비로소 빛을 발한다. 우리가 일하고 고객을 만나는 것도 결국 '서로 행복해지기 위한' 것이어야 한다. 극단적으로 말하면, 고객을 행복하게 해주지 못하는 기업은 돈을 벌 자격이 없다.

따뜻함이 담긴 말 한마디의 힘

굳이 세일즈에 종사하는 분이 아니더라도, 필자가 일상적으로 만나는 사람들이 있다. 아파트 관리원이 그렇고 야쿠르트 아줌마가 그렇고, 하다못해 웅진코웨이 코디도 그렇다. 나는 우리 사무실을 방문하는 웅진코웨이 코디가 좋다. 그 사람을 만나면 행복해진다. 얼굴이 예쁘고 화장을 곱게 해서가 아니다. 그분은 만날 때마다 일상의 정보를 물어다 주기도 하고, 이웃 동네의 아파트 시세라든가 요즘 뜨는 제품 정보 같은 이야기를 수시로 해준다. 무엇보다 낙천적인 성격이라 얼굴에 미소가 떠나질 않는다. 필터만 교환해주고 인사하고 가는 게 아니다. 이런 저런 얘기를 잘 해주니까 한 번 오면 오래 이야기를 하고 싶어진다. 그 사람이 권하면, 서너 개 정도는 더 그 회사 제품을 렌탈 할 수도 있을 것 같다.

탤런트나 유명인사가 자주 간다는 미용실을 사람들이 왜 찾으며, 카드가 펑크 나는 일이 있어도 백화점 VVIP룸에 왜 가는가? 즐거운 일이 있기 때문이다. 만남이 있고 기대가 생기기 때문이다. 집에서 살림하고 애들과 푸닥거리하느라 고달픈데, 거기 가면 마치 다른 사람이 된 것 같은 느낌이 들기 때문이다. 누구든 VIP로 대접받는 경험을 한번 하고 나면 그 느낌을 잊을 수가 없다.

삼성전자에서는 얼마간의 돈만 내면 정기적으로 고객을 방문해서 추가 수수료 없이 점검해주고 일정 금액 이하의 부품은 무상으로 교환해주는 서비스를 시행하고 있다. 회사 입장에서는 돈이 남지 않는 장사다. 하지만 비용을 들여서라도 한다. 고객을 만날 기회가 생기기 때문이다. 고객과 많이 만나고, 고객을 이해하고, 고객을 기쁘게 해주는 기업 혹은 그런 구성원이 성공한다.

필자는 아줌마닷컴 같은 데 들어가서, 하루 종일 아줌마들이 쓴 글을 읽으며 놀 때가 종종 있다. 그 공간은 아줌마들이 가장 솔직해지는 곳이자, 감춰져 있던 욕망과 꿈과 희망이 시소를 타며 노는 곳이다. 필자는 오십 대의 남자니, 죽었다 깨어나도 아줌마가 될 수는 없다. 하지만 그들을 이해하고 공감할 수는 있다. 공감지수가 높아져야, 마케터로서 그들을 대상으로 팔든지 꼬시든지 할 것 아닌가?

고객들의 호흡소리까지도 읽어라

이미 구매 공간의 70%가 인터넷으로 넘어갔는데도 '인터넷 쇼핑은 왠지 불안해.' 하면서 들여다 볼 생각을 안 하는 기업 경영자가 있다면 반성해야 한다. 내가 관심이 없다고 해서, 대중들 역시 그런 것은 아니다. 제품이나 서비스, 아이디어를 파는 사람은 철저히 대중들의 호흡을 이해하고 있어야 한다.

'꽃보다 남자', '궁', '환상의 커플' 등을 제작한 그룹에이트 송병준 대표는 자신이 인기 드라마를 만들 수 있는 비결로 '속물근성'을 꼽는다. 그는 "나는 대중들과 비슷한 사고를 가지고 있다, 다만 반 걸음 정도 앞서갈 뿐이다. 그게 나의 경쟁력이라고 생각한다."고 말했다.

누구나 자기 생각을 공유할 수 있고, 어떤 회사의 어떤 정보건 금세 알 수 있는 세상이 왔으니 마케팅과 전략의 고수들은 쾌재를 부를 일이다. 비용과 시간이 어마어마하게 드는 시장조사 따위도 필요 없어졌다. 직관과 통찰만 있으면, 얼마든지 널려 있는 게 데이터다. 조합과 변형의 창의력만 발휘하면 새로운 상품과 아이디어를 만들어낼 수 있는 부품들이 얼마든지 있다.

밀폐된 지하철역, 배가 고픈 시간에 후각을 솔솔 자극하는 냄새가 진동한다. 빵집 주인은 출출할 시간이 되면 냄새로 고객을 유혹한다. 매장 진열은 하나의 연출이다. 빵집 주인에게 진열대는 일종의 무대다. 자신이 감독하고 자신의 예술성을 뽐낼 수 있는 자신만의 무대. 고객이 걸어 들어오고 제품을 경험하고 드디어 지갑을 열고 그것을 사는 순간! 그 희열의 순간까지 모든 장치를 고객의 입장에서 설계하고 작동시키는 것은 또 얼마나 재미있는가?

부지런한 빵집 주인이라면 아이디어를 자주 내서 손님의 발길을 묶어둘 것이다. 이벤트 회사에 거창한 비용을 주지 않고도 얼마든지 할 수 있다. 고객이 없는 한산한 시간에 고객이 찾게 만들고, 재고가 많아지면 버리는 것보다는 싸게 파는 게 낫다. 자기 가게만의 특별한 날을 정해두고 고객에게 인지시키는 것도 좋은 방법이다.

나는 매장에 들어설 때, "고객님, 안내를 해드릴까요? 아니면 그냥 둘러보시겠어요?" 하고 선택권을 주는 곳을 좋아한다. 나는 '말을 붙이는 것을 싫어하는 부류' 중 하나기 때문이다. 반면 매장에 들어섰는데도 점원이 따라붙지 않으면 싫어하는 사람도 있다. 결국 소프트 스킬이 좋은 사람은 어떻게든 고객이 가장 편안하고 행복해하는 방법을 고안한다. 이런 기술은 아무리 매뉴얼에 적어서 숙지시켜도 가르칠 수 있는 성질의 것이 아닌 것 같다.

"잼 팩토리Jam factory에 있는 매장에서 흘러나오던 너무나도 멋진 음악에 취해 저는 그곳에서 텔레비전을 세 대나 구입했답니다. 또 작은 분수대와 다양하게 진열된 밝은 색 컬러 제품들로 가득한 매장이 더욱 유쾌한 곳으로 느껴졌던 것 같습니다. 게다가 매장 곳곳에 놓아 있던 푹신푹신한 쿠션과 화분 덕에 더없이 편안한 기분이 들었습니다. 벌떡 일어나서 춤이라도 추고 싶은 기분이었다고나 할까요?"
- 《여성은 왜 쇼핑을 하는가》, 스텔라 미나한 외

원칙이 가장 뛰어난 전략이다, 누수 없는 원칙과 기본기

다들 비슷한 원가로 생산하는데 우리 회사만 못한다면 일찌감치 회사를 접는 편이 낫다.
어떤 회사는 인력 경영을 잘못해서 툭 하면 노동유연성이 떨어져 심각한 고민에 빠진다.
비수기에는 남는 인력이 할 일이 없어 공장 마당의 잡초나 뽑으면서,
정작 성수기에는 비싼 잔업수당을 지급하면서 풀가동하는 방식으로 운용한다.
경쟁사와 비교해 원가 경쟁력이 거의 제로라 해도 과언이 아니다.
그나마 브랜드나 제품력 면에서 아직 힘을 가지고 있거나,
경쟁사들이 관망하며 몸을 사리고 적극 공세를 펴지 않는 덕에 근근이 버티고 있을 뿐이다.
사정이 그렇게 되면, 다른 기본적인 혁신도 꾀하기가 힘들다.
기본에서도 혁신이 안 되는데, 어떻게 더 상위 단위의 혁신이 가능하겠는가?
고급스런 전략 따위는 필요 없다. 그런 회사들은 아예 기본부터 깡그리 바꿔야 한다.

PART

WINNING
HABIT 2

05

빈틈을 메워라,
솔선수범이 경쟁력이다

덕(德)은 득(得)이다.
즉 체득한 것이 아니라면 그 사람의 덕이 될 수가 없다.
귀로 들은 지식만으로는 덕이 안 되는 것이다.
– 한비자 韓非子

한 주부가 하루는 집 앞 마당에 물을 주고 있다가, 도로관리업체에서 나온 인부들의 일하는 모습을 지켜보게 되었다. 한 인부가 트럭에서 내리더니 길가에 커다란 구덩이를 연달아 네다섯 개 파고는 다시 트럭을 타고 가버렸다.

몇 분이 흘렀을까? 다른 트럭이 또 한 대 오더니 이번에는 인부가 내려 각각의 구덩이를 흙으로 메우고 장화발로 흙을 다지고 있었다.

주부가 의아해하는 표정으로 다가가서 물었다.

"지금 뭘 하고 계시는 거예요?"

그러자 인부가 대답했다.

"가로수를 심고 있어요. 그런데 마침 오늘, 나무 가져오는 친구가 휴가라서."

"???!!!???"

말도 안 되는 이야기 같지만, 이 이야기에서 '우스꽝스러운 비약'을 빼고 나서 우리 주변에 이런 일이 얼마나 많이 일어나는지 생각해보라.

"그건 제 소관이 아닌데요?"

"저는 제대로 해서 넘겼는데, 옆 팀 김 대리가 협조를 안 해줘서요."

업무는 거대한 프로세스다. 그 프로세스대로만 한다면 누수가 생길 리 없다. 하지만 인간이 하는 일인 이상, 어디서든 변수는 생길 수 있다. 분명히 보냈다고 생각한 이메일이 인터넷의 미로 속에서 분실되었을 수도 있고, 마감 안에 보내주겠다고 철석같이 약속한 사람이 깜빡 잊고 휴가를 갔을 수도 있다.

그럼 그런 경우에 누가 챙겨야 하나? 일의 첫 단추를 끼운 사람이다. 처음 일을 시작한 사람은 반드시 일의 끝을 확인해야 한다. 상사의 지시를 받은 사람은 반드시 그 일을 '해낼' 뿐 아니라 그 일의 결과를 '보고'해야 한다. 그런데 많은 경우 그게 그렇게 안 된다. 철저하지 못하기 때문이다. '내 일'이라고 생각하지 않기 때문이다. 화려한 테크닉과 빠른 속도를 자랑하는 사람이 일 잘하는 사람이 아니다. 일의 끝을 확인하고 누락이 없는지 반드시 체크하는 사람이 진정으로 일을 잘하는 사람이다.

확인하고 확인하고 또 확인하라

군대에 가면 '복명복창(復命復唱)'이라는 게 있다. 상사나 고참이 무언가 지시를 하면, 그 지시를 받은 사람이 지시내용을 똑같이 다시 한

번 재확인하는 것이다. 언뜻 보면 답답한 절차에 불과하다고 생각할지 모르지만, 그 원리를 알고 보면 매우 과학적이고 타당한 장치다.

군대란 뭔가? 전시가 아니라면 전쟁연습이겠지만, 전시라면 바로 전투에 투입되는 사람들이다. 총알 한 방, 포탄 한 방에 아군의 생명이 왔다 갔다 한다. 그런 첨예한 환경이기 때문에 한 치의 오차도 없이 명령을 수행해야 한다. 장교가 다섯 발 쏘라고 했는데, 네 발만 쏘면 어떻게 되겠는가? 바로 죽음이다.

대부분 직장에서 일 잘하는 사람들은 군대의 복명복창처럼 자신이 지시 받거나 수행하고 있는 일이 제대로 되고 있는지 확인하는 것을 소홀히 하지 않는다.

중요한 상대에게 이메일을 받았다면, 본격적인 답장을 보내기 전이라도 간단한 답장 메일을 써야 한다. 잘 받았다는 것을 알려주고 해당 요청사항이나 제안사항을 언제까지 처리할 것인지 정확히 전달해준다. 상사의 지시를 받았다면, 자신이 이해한 것이 정확한 것인지 재확인하고, 업무를 진행하는 중간 중간에도 제대로 방향을 설정하고 있는 것인지 재차 확인한다. 무언가 외부로 나가야 할 자료나 정보가 있으면, 그것을 내보내도 되는지 자신의 사수나 상사에게 보고하고 검토를 받아 보낸다.

이것은 누수가 없는 업무를 위한 기본 원칙이다. 이 기본 원칙이 흔들리면, 동료나 상사들은 당신이 무슨 일을 하고 있는지 알 수 없고 도움이 필요할 때도 도와줄 수 없다.

알아서, 찾아서, 현명하게 하라

나는 개인적으로 이런 식으로 보고하는 부하직원이 좋다.

"지난번 시키신 ○○○과 관련해서인데요. 제가 이해하기론 ×××를 더 잘 수행하기 위한 것 같은데 제대로 이해한 것일까요? 시키신 건 ○○○뿐이지만, 제 생각에 ×××를 위해서는 △△△도 같이 필요할 것 같습니다. △△△은 송 대리와 협조해서 ○월 ○일까지 진행하도록 하겠습니다."

얼마나 명쾌한가? 문제를 해결하거나 주어진 과제만 해내는 것이 아니라, 상사로서도 숙원사업이었던 다른 문제까지 끄집어내서 솔선해서 방법을 고민한다. 이쯤 되면, 상사를 기쁘게 해주는 것을 넘어서, 행복하게 해주는 경지다. 성공이 빠를 것은 불을 보듯 뻔한 일이다.

적극적인 직장인들의 특징은 '자신의 성과를 위해서 회사에 필요한 사항을 제안하기도 하고, 불합리하고 비효율적인 관행이 있다면 스스로 나서서 고쳐나간다'는 점이다. 대부분 조직의 '관료주의'나 '불합리한 점'에 부딪힐 때 직장인들은 어떻게 하는가. 조금 시도해보다가 '에잇! 좋은 게 좋은 거라고, 나도 할 만큼 했다고~!' 하면서 포기한다. 하지만 뛰어난 직장인은 푸념하는 데 그치지 않는다. 회사가 안 하면 본인이 직접 나서서 한다. 회사라는 핑계 때문에 자신의 성과를 포기하고 싶지 않은 것이다. 더 나아가 회사가 바뀌지 않으면 자신도 설자리가 없어진다는 것을 잘 알고 있는 것이다.

국내 Big 4 물류회사가 된 CJ GLS의 차동호 상무는 업계에서 B2B (Business to Business, 기업 간 거래) 영업의 달인으로 불린다. 경험해 본 사람들은 알겠지만, B2B 영업은 일반 영업과 그 성격이 조금 다르다. 특히 물류 컨설팅을 하는 일은 눈에 보이는 상품을 파는 것과는 매우 다르다. 물류를 아웃소싱 하는 것은 곧, 자사의 정보나 고객들의 정보를 노출해야 하는 것이므로 신중하고도 까다롭게 굴게 마련이다. 차동호 상무는 가뜩이나 어려운 영업여건에서 경쟁력을 갖추려면 주먹구구식 영업에서 벗어나야 한다고 강하게 실감했다. 고객관리 시스템은 그 밑바탕이 될 핵심이었다. 하지만 2억여 원 정도가 들 시스템 도입 비용을 회사에 요청할 수 없는 상황이었다. 얼마나 영업 수주가 될지도 모르는 상황에서 그런 거액의 투자를 하기란 쉽지 않기 때문이다. 게다가 정확한 업무 프로세스를 잘 모르는 외부 개발 인력들에게 맡겨두면, 큰돈 들여 만들어놓고도 정작 현업에서는 쓸모없는 시스템이 만들어질 수도 있다.

답답한 마음에 차 상무는 자신이 직접 팔을 걷어 부치고 나섰다. 직원들과 함께 시스템 개발에 나선 것이다. 그의 노력으로 '포커스(FOr our CUStomers)'라는 이름의 고객관리 시스템이 개발될 수 있었다. 이 시스템은 고객사와의 거래 내역이나 손익계산서 같은 고객사의 재무제표, 산업 분석, 업종 내 고객사 위치와 장단점, 고객사와 관련된 주요 뉴스, CJ GLS가 제안할 수 있는 개선 방안 등을 집대성해놓았다. 시스템 덕분에 아무리 말단 사원이라고 해도 클릭 몇 번으로 입찰 제안서를 만들 수 있게 되었고, 정보가 방대해 그 제안서의 수준도 타사가 도저히 흉내 낼 수 없는 정도라고 한다. 그야말로 무에서 유를 창조한 셈이다.

업무의 최종 고지는 목표를 달성하는 것이다

필자가 위니아만도에서 김치냉장고 딤채를 놓고 처음으로 설정한 목표는 '경쟁사의 추격으로 인해 약화된 제품 리더십을 탈환하는 것'이었다. 제품 도입 초기에 20여 개 사가 우후죽순 경쟁에 뛰어들었지만, 4~5개로 압축되는 대기업들이 주도하는 시장으로 자리를 잡아가고 있던 시점이었다. 시장 진입 최초의 시장점유율이 50%였던 반면, 당시에는 20% 후반대로 추락하면서 경쟁사의 맹추격을 받던 때였다.

새롭게 수립한 목표 수치는 '시장점유율 40%, 영업이익률 10%'였다. 그리고 그것이 가능한 도전목표라는 것을 분명히 하기 위해 몇 가지 전략을 전사적으로 설명했다.

첫째는 노후화된 제품 라인업을 획기적으로 개선하고, 이를 바탕으로 시장우위 전략을 전개한다는 것이었다. 이제까지와는 완전히 차별화된 신제품 개발 프로세스를 운영하기 위해서 'T프로젝트'를 결성했다.

둘째는 핵심성공요인이 될 유통전략을 가지고, 목표를 달성할 수 있는 구체적인 방안을 제시한 것이었다. 유통 부문의 조직구조를 완전히 개편하고 각 조직별로 구체적인 달성 목표와 방안을 적시해주었다.

신제품 라인을 구축하면서, 부품 공용화율을 획기적으로 높이고 혼류 생산(다른 제품의 주문이 많아지면, 기존 생산을 진행하던 라인을 재빨리 멈추고 그 라인에서 다른 제품을 생산할 수 있는 생산 기법)을 도입했더니, 제조원가가 획기적으로 낮아졌다. 유통 영역에서도 들쭉날쭉한 공급률을 낮추고 거래선과의 불합리한 관계를 획기적으로 정리하는 등 대대적인 수술에 들어갔다.

경쟁사들이 너도나도 뛰어드는 저용량 시장을 과감히 포기하고, 앞으로 생활수준이 높아지면 점점 더 대용량의 고급 제품이 먹힐 것이라는 판단하에 고가 제품 위주로 제품 라인업을 정리했다. 결과적으로 잡다하게 여러 제품을 만들고 알려야 하는 낭비를 줄일 수 있었고, '딤채' 하면 떠올리는 고급스러운 이미지 연상을 지속적으로 유지할 수 있었다.

광고홍보도 획기적으로 개선했다. '디 오리지널 딤채'라는 브랜드로 이미지 쇄신을 함과 동시에, 독신의 20~30대를 겨냥해 '사온 김치도 맛있게 보관하는' 시리즈의 광고를 내보냈다. 향후 20년을 이끌어줄 잠재고객을 염두에 둔 것이다. 물론 녹록한 작업은 아니었다. 하지만 끈기 있게 설득하고 참여시키는 과정을 통해 결국 목표를 이뤄냈다.

생산하고 판매한다고 다 성과가 아니다. 원하는 '목표'를 충족시켜야 비로소 일이다. 상사가 시키는 일만 하고 있는가? 심지어 시킨 일도 제대로 하고 있지 못한가? 자신의 일을 복기해보라.

강할 수 없다면, 빠르게

물리학에 $E=MC^2$ 이라는 운동에너지 공식이 있다. 이 공식을 전쟁에 대입해보자.

에너지(E)는 군대가 가진 전투력, 질량(M)은 병력 규모나 투입된 예산, 속도(C)는 기동성쯤이 될 것이다. 전투력은 병력 규모나 투입된 예산에 정비례하지만 속도에는 제곱 비례한다.

따라서 몽골처럼 적은 병력으로 대병력을 무찌르는 지름길은 기동성을 높이는 것이다. 세계 정복에 나선 몽골 유목민들은 사람 수를 당장 늘릴 수는 없지만 속도는 늘릴 수 있다고 판단, 불필요한 것은 소유하지 않고 몸에도 꼭 필요한 것만 가지고 다녔다. 당시 유럽 기사단의 갑옷과 무기의 무게는 70킬로그램이었지만 유목민의 군장은 7킬로그램밖에 되지 않았다.

– 《*CEO 칭기스칸*》, 김종래

쓰지 않고 벌 수 없다,
그러나 제대로 써라

지혜로운 사람이라면 시간이 가장 귀중하다는 것을 잘 안다.
그래서 필요한 수단을 모두 동원해서라도 효율과 생산성에 집중한다.
크게 생각하라. 작게 생각하는 것보다 돈이 덜 든다. 그것이 곧 절약이다.
– 제인 애플게이트Jane Applegate

돈이 돈을 낳는다는 사고방식은 고대 로마 시절부터 있었던 듯하다.
고대 로마의 희극작가 플라우투스는 "돈을 벌기 위해서는 써야 한다"
고 말했다. 당연한 말이지만, 돈으로 돈을 늘린다는 것은 은행에 예금
을 해서 이자를 얻는 것만을 가리키는 것은 아니다. 다른 사람의 사업
에 투자를 하든, 스스로 사업을 해서 수익을 창출하든, 우선 돈을 써
야 돈이 벌린다는 것만은 확실하다. 단지 허황된 낭비가 아니라 '제대
로' 써야 한다는 것을 의미한다.

— 존 레이John Ray

비용은 어떻게 사용하느냐에 따라서 그 효과가 달라진다. 아주 적은
비용을 쓰고도 큰 효과를 거둘 수도 있고, 반대로 엄청난 비용을 쏟아
붓고도 제대로 된 결과를 얻지 못할 수도 있다. 기업 구성원이나 거래
회사에 대해서도 마찬가지다. 아주 약소한 선물을 하면서도 상대로 하

여금 큰 고마움을 느끼게 하는 경우도 있고, 반대로 엄청나게 선심을 쓰면서도 결국 욕만 얻어먹고 말 수도 있다.

기업들은 대개 경기가 어려워지면 무조건 안 쓰고 줄이고 본다는 식으로 사고하는 게 일반적이다. 하지만 그렇게 해서 덜 팔리면 쓸 수 있는 돈은 계속해서 줄어든다. 악순환의 고리로 들어갈 수밖에 없는 것이다. 실상 비용 절감 효과도 별로 없으면서, 구성원들의 사기를 팍 꺾어놓아 생산성을 저하시킬 수도 있다. 그러므로 호황기든 불황기든, 현명하게 돈을 쓰는 습관이 필요하다. 기업이나 개인이나, 많은 경우 '돈을 제대로 잘 쓰는 습관'이 곧 '이기는 습관'이다.

정말 써야 할 곳에 제대로 써라

언젠가 영화 소개를 하는 한 TV 프로그램에서 〈왕의 남자〉, 〈라디오 스타〉 등을 만든 이준익 감독의 경쟁력에 대해서 논하는 것을 인상 깊게 본 적이 있었다. 내레이터는 이렇게 설명해주었다. "영화감독의 역량은 예술적인 표현력보다는 '경영 능력'에 좌우되는 경우가 많습니다. 결국 한정된 자본과 한정된 시간을 어떻게 사용하느냐가 영화의 성패와 직결되는 것입니다."

예술 분야에는 문외한인 필자는 '영화 = 예술성으로 평가 받는 영역'이라는 선입견을 갖고 있었기에 의외라는 심정으로 프로그램을 유심히 시청했다.

〈왕의 남자〉는 당시 40여억 원에 불과한 적은 자본을 가지고 만들어 천만 명 이상의 관객을 동원한, 상업성 면에서나 작품성 면에서나 완성도 높은 영화라는 평가를 받은 작품이다. 필자 역시 직접 영화를 본 적이 있었는데, 의상 등에 대한 완벽한 고증이 인상에 남았다. '아무리 그래도 저 정도 사극을 찍는 데 40억밖에 안 들었다니.' 하고 의아해했는데, 그 이유가 프로그램에서 상세히 소개되었다.

첫째, 이준익 감독은 영화에서 가장 중요한 포인트였던 의상 고증에는 비교적 비용을 아끼지 않았지만, 다른 요소들의 경우에는 '그림만 잘 나올 수 있다면' 가급적 남의 세트장을 빌리고 로케이션은 삼가는 등 최대한으로 비용을 절약했다고 한다.

둘째, 시나리오의 완성도와 극적 긴장감에 대해서는 최대한 신경을 쓰되, 감독이 만족하지 못한다고 해서 같은 장면을 불필요하게 반복해서 찍지 않는다는 점 역시 이준익 감독의 경쟁력 중 하나라고 한다. 이준익 감독의 페르소나 격인 배우 정진영 씨의 말을 빌리면 그는 '가장 빨리 오케이 사인을 내는 감독 중 하나'란다. 다른 말로 하면 연기력 출중한 배우들로 하여금 사전에 충분히 준비하고 연습해 오게 하고, 정작 숏을 들어간 후에는 가장 빨리 만족스러운 장면을 뽑아낸다는 뜻이기도 하리라.

셋째, 스태프들을 잘 통솔하고 지치지 않게 현장 관리를 잘하는 리더라는 점에서 또한 이준익 감독의 역량이 빛났다고 한다. 콘티에 맞춰 촬영장소와 시간을 '조각 퍼즐'처럼 잘 맞추어서 쓸데없이 대기하는 시간, 여기 저기 끌고 다니며 이동하는 시간을 최소로 줄였다고 한다. 그래서 그는 상업적으로나 작품성으로나 인정받는 작품을 만들면서도 '빨리 찍고 빨리 편집하는' 것으로 유명하다고 한다.

반면 비슷한 시기에 개봉했던 〈청연〉이라는 영화는 〈왕의 남자〉와 완전히 상반된 특징을 보여준다. 물론 몇 가지 요소를 가지고 실패요인을 단언할 수 있을 만큼 영화 제작이라는 것이 단순한 일은 아닐 것이다. 하지만 100억 원이 넘는 제작비에, 2차 대전 당시의 구형 전투기인 복엽기를 재연하는 데만 2억 원을 들인 〈청연〉을 본 관객들의 반응은 뜨뜻미지근했다. '2억짜리 비행기? 그게 어느 장면에서 나왔는데?' 하고 고개를 갸웃거리는 사람이 많았고, 정작 스토리의 중심인 사랑 이야기의 절절함은 실종됐다는 게 대다수의 반응이었다. 결국 '집중과 선택'은 영화 제작에서도 매우 중요한 경쟁력 원천인 것이다.

여기까지 읽다 보면 '웬 뜬금없이 영화 얘기?' 하고 생각할지 모른다. 세상 모든 비즈니스에 바로 이 영화 제작의 메커니즘과 똑같은 '비용'의 논리가 존재한다는 것을 이제부터 설명하려고 한다. 결국 비즈니스란 '한정된 자본과 한정된 시간을 가지고 최선의 결과물을 만들어내 고객으로 하여금 돈을 주고 사게 만드는 일'이다. 영화가 그렇고, 음반이 그렇고, TV, 자동차, 금융상품, 하다못해 좌판의 '어묵꼬치'도 이 법칙에서 예외가 될 수 없다.

그런데 눈에 보이는 몽당연필 한 자루 아끼는 데는 수전노처럼 손을 벌벌 떨면서, 정작 중요한 비용이 적재적소에 쓰이는지를 통제하는 일에는 영 관심이 없는 경영자나 실무자들이 많이 있다. 물론 옛 어른들 말씀처럼 '10원을 모아야 100원이 된다'. 하지만 눈앞의 100원을 챙기느라 몇 백만 원의 뭉칫돈을 헛되이 낭비하거나, 하찮다고 생각한 1원짜리들이 쥐도 새도 모르게 손가락 틈새로 새어나가는 일을 묵인해서는 곤란하다.

출구를 통제하지 말고 배관을 통제하라

비용에 관한 통제는 '결제' 시점에 이루어지는 과정이 아니다. 섣부른 회사일수록 '결제일을 몇 달 늦춰서 비용을 절감하겠다'는 발상을 하기 쉽다. 과거처럼 소위 5개월짜리 문방구 어음이 판을 치던 시절에나 통하는 사고방식이다. 결국 결제라는 '출구'를 통해서 비용을 통제하겠다는 발상은 자사뿐 아니라, 거래회사나 협력업체조차도 불안정하게 만드는 '악순환'의 고리가 된다.

비용에서 가장 중요한 누수는 '출구'가 아니라 '배관' 전반을 통해 일어난다는 것을 잊어서는 안 된다. 효율적이지 못한 프로세스, 끼워주기나 퍼주기 식의 선심 유통, 부품공용화 등 근본적인 원인을 개선하지 않은 생산상의 문제, 의사결정의 지연으로 인한 인력과 시간의 낭비 등등 일상의 모든 업무와 절차가 곧 비용을 발생시키는 일이다.

평사원이 할 일을 대리가, 대리가 해야 할 일을 팀장이 하고 있다면, 그것 역시 엄청난 비용의 낭비다. 그런데 대부분 기업들을 보면 이런 핵심적이고도 치명적인 비용 낭비는 아랑곳하지 않고 지엽적이고도 사소한 것만 붙잡고 늘어진다. 윗사람이 기침 한번 하면 주눅 들어서,

절약하고 있는 척 시늉만 하고 있는 건 아닌지 반성할 필요가 있다.

하물며 생산 공정 같은 경우에는 아주 사소해 보이는 청소와 청결조차 곧바로 비용 절감과 직결된다. 혁신 사례의 선도자 격으로 꼽히는 도요타 방식의 핵심은 결국, 정확하고 명쾌하게 생산 프로세스를 규정하고 각 영역 간에는 색색의 '칠판'에 써서 공유하는 아주 작은 혁신으로부터 시작됐다는 상기해보자.

그러므로 기업의 이익과 직결이 되는 비용 절감은 경영자의 넓은 안목과 직관과도 직결되는 문제인 동시에, 현업을 담당하고 있는 실무자들의 프로세스 개선 노력이 동반될 때 비로소 가능해지는 것이다. '비용'에 관한 고민은 회계 부서만 해야 하는 것이 아니다. 비용 절감 혹은 효율적인 사용은 곧 수익률 제고라는 기업 체질과 직결되고, 그것은 곧 구성원 개개인에 대한 처우와 복지로 연결된다.

연구개발, 시간이 곧 비용이다

가끔 컨설팅을 해달라며 찾아오는 개인 사업가들이 있는데, 이제까지 사업을 전개해온 방식을 쭉 들어보면 '이분은 정말 돈이 남아도는구나.' 하고 느낄 때가 한두 번이 아니다. 가만히 들여다보면 안 써도 될 데 돈을 팡팡 쓰고, 정작 써야 될 데는 돈을 안 쓴다. 그러니 시장에서 제대로 먹힐 리가 없다.

한 개인사업자가 욕실용 음이온 발생기를 한국화해서 개발했다면서 시판 직전에 판매와 유통을 상담하기 위해 찾아왔다. 욕조 옆에 설치

해두면 물에서 음이온이 발생해서 피부 미용에 효과가 있는 제품이었다. 일본에서는 이미 100만 대 이상 팔려 히트를 친 상품이고, 기술력도 확실하니 승산이 있다는 것이다. 이제까지 제품 개발에만 5억 원이 넘는 돈을 쏟아 부었다고 한다. '개발만 해서 선두 자리를 차지하면 시장성은 얼마든지 있는 제품'이라고 판단해서, 가지고 있던 현금 자산을 모두 쏟아 부었다는 것이다.

가지고 온 시제품을 봤더니 그 크기가 어지간한 소형 냉장고만 했다. 성능만 좋으면 됐지, 모양은 상관없다는 식이었다. 제품의 틀을 만드는 금형 작업은 어디서 했느냐고 물었더니 중국에서 했다고 한다. 한국에서 하면 1억 원인데, 중국에서 하면 7천만 원이란다. 당장 3천만 원은 아낄 수 있지만, 미세한 기술력의 차이에서부터 금형 하나로 생산할 수 있는 제품 수량, 즉 수명까지 장기적으로 따져 보면 중국에서 하는 쪽이 백번 손해다. 꼬맹이 사탕 뺏어먹고 좋아하는 꼴이다. 나는 거기서부터 이 프로젝트의 성패를 알아봤다. 그리고 그 자리에서 몇 마디로 상황을 정리했다.

"지금 이 제품 가지고는 안 됩니다. 첫째, 벽에 걸든 욕조에 부착하든, 개인에게 파시려면 지금보다 1/5 정도로 제품 크기가 작아져야 합니다. 처음부터 목표를 제대로 세웠다면 좋았겠지만, 지금부터라도 이 문제를 개선하려면 앞으로 추가적인 제품 개발에만 10억 원이 더 든다고 가정하고 덤비십시오. 둘째, 유통을 한다고 바로 돈이 들어오는 게 아닙니다. 누가 사장님 얼굴 보고 현금 척척 줘가면서 거래해준답니까? 업체들은 누가 찾아가 만납니까? 제품은 어디에다 쌓아두고 파실 겁니까? 5,000대 파는 데 유통 관리부터 광고 홍보비까지 15억 원은 족히 든다고 각오하셔야 합니다. 팔리는 동안 손가락 빨고 계실 것 아니지 않습니까? 이것저것 감안해 앞으로 30억 원은 족히 더 들어갈 텐데 그래도 하시겠습니까?"

그랬더니 그 사장님은 화를 버럭 내며 호언장담했다.

"내가 이래 뵈도 굴지의 전자회사 간부 출신입니다. 그 정도 시장상황도 모르고 덤비지는 않습니다. 이런 제품력이면 너도나도 앞다퉈 취급해줄 게 분명합니다. 괜히 겁만 주시는군요."

정말이지 한강에 돌 던져놓고 개구리가 제 발로 찾아와서 헤딩을 하길 바라는 상황이나 다름없었다. 나는 그 프로젝트에서 손을 떼었고, 그 사장님은 결국 몇 개월이 되지 않아 원금만 날리고 시장 진입에 실패하고 말았다. 결국 다시 찾아온 사장님에게 나는 '마지막 히든카드'로 대기업에 기술을 팔 것을 권유할 수밖에 없었다.

기업의 소속원이 되어서 일하는 것은 훨씬 쉽다. 인프라도 구축되어 있고 유통망과 인력도 형성돼 있으니, 전략만 잘 짜면 승산이 있다. 하지만 신규 사업은 이야기가 다르다. 실제 사업을 해보면, 이전에는 하찮게 여겼던 것까지 포함해 비용구조가 천문학적으로 늘어난다. 특히 권력(?)의 중추에 있다가 자기 사업을 시작하는 사람이라면 명심할 일이다.

사람에 대한 지출을 아끼지 말되 뒤탈 없이 써라

한번 책정된 급여를 다시 낮출 수 있을까? 회사의 경영이 악화되어 자의적으로 반납하거나, 회사가 부도 직전이라 어쩔 수 없이 삭감되는 경우가 아니라면 급여는 올라갈 수밖에 없다. 급여 생활자는 자신의 급여에 맞추어 살아간다. 급여 수준에 따라 씀씀이가 달라지고 살림의 규모가 정해진다. 그런데 갑자기 급여를 낮춘다면 사기가 떨어지는 것은 뻔한 노릇이다.

지금 기분 좋게 쓰고 2~3년 후에 후환으로 돌아올 돈은 쓰지 말아야 한다. 그 전형적인 것이 바로 기업들의 인센티브다. 철저히 결과에 기반한 성과 분배(profit sharing)는 상관없지만, 기업의 실적이 좋다고 일괄적으로 전 직원에게 지급하는 인센티브는 좋지 않다.

삼성전자의 경우 실적이 비약적으로 좋았던 한 해에는 자사 제품을 취급하는 거래처 임직원을 호텔로 모셔 호화롭게 대접한 적이 있다. 직원들에게도 가족들을 데리고 특정 호텔에 가서 마음껏 먹고 마실 수 있게 해주었다. 절대 살림살이에 보태도록 현금으로 지급하지 않는다. 살림살이가 한번 늘어나고 나면 그 다음에 혹여 줄어들게 되면 서운해지는 법이다. 쓸 돈은 확실히 쓰되 뒤탈이 없도록 쓰는 것. 그것이 오래 인심을 잃지 않는 비결인지도 모른다.

가랑비에 옷 젖는다,
효과 없는 선심성 지출은 줄여라

주변의 낭비요인, 즉 버는 데 도움이 되지 않으면서 비용이 나가는 곳이 없는지 철저히 관리하라. '가랑비에 옷 젖는다'는 말은 새겨들어야 할 명언이다. 가령 현장에서 판매의 무기가 되는 판촉비가 제대로 집행되고 있는지, 효과적인지 한번 들여다보길 바란다. 매번 올라오는 판촉 보고서는 영수증일 뿐이다. 왜 그런 판촉이 필요한지, 정말 효과가 증명되었는지 검증하지 않으면, 습관적 지출로 굳어지고 만다.

필자는 삼성전자 이상현 전(前) 사장을 보고 느낀 바가 많았다. 당시만 해도 삼성전자에도 물량 에누리, 즉 많은 양을 주문하면 추가로 공급률 할인을 해주는 정책이 있었다. 그런데 매번 그렇게 출고를 시킬 때마다, 이상현 사장은 불같이 화를 냈다. "왜 팔리는 전략을 고민하지 않고 편하게만 하려고 하느냐. 정책을 한 번이라도 바꾸려고 고민해본 적 있느냐!" 그때마다 실무자들은 속으로 콧방귀를 뀌었다. '그런 방법이 있으면 사장님이 한번 해보시죠, 흥!' 질책의 핵심이 어디에 있는지 읽지 못한 탓이다.

나중에 삼성을 떠나 소니와 위니아만도에서 일하면서, 나는 비로소 그분의 뜻을 절절히 이해할 수 있었다. 그리고 물량 에누리 정책을 완전히 폐지한 것은 물론, 설령 공급률을 두고 줄다리기를 하느라 한두 달 출고를 안 시키는 한이 있어도 절대 슬금슬금 양보를 하지 않았다.

물량 에누리라는 것은 결국 무엇을 의미하는가? 일주일에 1천 대씩 주문해 차근차근 판매해야 할 것을, 5천 대를 한꺼번에 주문해서 재고를 쌓아두고 파는 대신 공급률을 5~10% 더 낮추어 가져가는 것이다.

거래선이 한꺼번에 물건을 가져가건 혹은 차근차근 가져가건, 결국 제품을 사는 것은 소비자다. 재고 확보를 많이 해두었다고 해서, 어디서 갑자기 고객들이 몰려들어 제품을 살 리 없다. 물론 특별 사은행사나 판촉행사가 있는 불가피한 경우는 예외다. 그런데 그런 원칙도 없이 영업 담당자는 무조건 '출고를 많이 했다'는 위안을 받으려고 거래선과 짜고 치기를 한다.

물량 에누리 정책을 사용하면, 어떻게 될까? 거래선은 월말까지 주문을 미룬다. 월말이 가까워지게 되면, 목표물량을 채우지 못한 영업 담당자가 발을 동동 구르고 초조해질 것을 알기 때문이다. 결국 거래선의 버티기에 승복한 영업 담당자는 '공급률을 추가로 할인해줄 테니, 제발 목표량을 채워달라'고 애원을 한다. 결국 한 달 내내 고르게 주문해도 됐을 상품을 월말에 한꺼번에 주문해놓고, 앉아서 5%, 10% 추가마진을 챙긴다.

어느 날 판촉비가 어떻게 사용되는지 점검을 해보니 가관이었다. '몇 대를 더 받아주면, 판촉비 명목으로 얼마를 더 주겠다'고 노골적으로 홍보하고 다녔다. '사은품 영수증도 내가 구하고 윗선에 올릴 보고서도 내가 대신 써줄 테니, 제품만 받아달라'고 애걸하고 있었다. 결국 고객에게 돌아가야 할 판촉비가 밀어내기의 수단으로 사용되고 있었으니, 헛돈만 쓰고 있었던 것이다. 그런 무모한 비용은 확실히 잘라야 한다. 항상 어떻게 돈이 쓰이고 있는지 체크하는 습관이 필요하다. 엉터리로 비용을 쓰면서까지 수주를 잘 받아오는 사람을 칭찬만 한다면, 당신의 체통이 말이 아니다. 숨어 있는 것을 못 보고 엉뚱한 놈을 칭찬하는 주책바가지가 되어서는 안 된다.

• *Insight in Story* •

직원 자르는 게 절약이라고?

경기불황을 맞아 세계적으로 유명한 한 휴대폰 제조회사는 궁여지책을 냈다.

사내 카페테리아에서 직원들이 즐겨 먹는 메뉴인 '팬케이크'에 곁들이는 휘핑크림을 없애버린 것이다. 비용을 줄이자는 명목하에 청소용역을 줄이고, 대신 직원들이 나서서 청소를 하자는 제안을 하기도 했다. 직원들은 코웃음을 쳤다.

"세계적인 기업답지 않다. 우리가 시간당 인건비가 얼마인데, 그 시간에 차라리 연구개발을 해서 부가이익을 창출하는 게 낫다!"

눈에 보이는 비용 요소를 없앤다고 진짜 절약이 아니다. 여러 조사에 의하면 비용 절감 차원의 감원이나 연봉 동결은 장기적인 사기 저하와 실적 부진을 낳을 뿐, 경쟁력 강화에 전혀 도움이 되지 않는다. 1년 반짝 절약해서, 얼마나 잘 먹고 잘살려고 그러는가?

의사결정 하나로 수십 억 원을 날릴 수도 있는 중차대한 프로젝트에 대해 신중하게 판단하고, 잘못된 마케팅 정책 하나 때문에 제품 하나 팔 때마다 술술 새어나가는 진짜 돈을 막아라.

잘되고 있을 때
더 경계하라

디테일에 관한 부등식에서는 100-1은 99가 아니고 0이다.
공들여 쌓은 탑도 벽돌 한 장이 부족해서 무너지고,
1%의 실수가 100% 실패를 부를 수도 있다.
— 왕중추 汪中求

고기가 썩으면 벌레가 생긴다. 근본이 부서지면 화근이 되는 것이다.
— 순자 荀子

전쟁이 나자 병사는 말에게 밀을 먹여 힘을 내게 하였다. 그러나 전쟁이 끝난 뒤로는 말에게 무거운 짐을 지우고 밭갈이를 시키면서도 마른 풀만 먹였다. 그러던 와중에 다시 전쟁이 일어났다. 주인이 무장을 하고 말 등에 올라탔으나, 말은 힘없이 그 자리에 주저앉고 말았다. 그 이유를 생각해보지 않고 주인은 채찍을 휘둘러 때렸다. 그랬더니 말이 푸념하듯 말했다.

"그동안 나는 말이 아니라 나귀가 되어 있었습니다. 그런데 지금 당신은 다시 나를 말로 쓰려고 하시니 당장 그게 가능하겠습니까?"

— 이솝우화 중에서

LG경제연구원은 2008년 11월, 〈역풍에도 순응하는 돛단배 경영〉이라는 제하의 보고서를 발표해 화제를 모았다. 돛단배 경영을 하려면 역풍에 민감해야 하며, 새로운 보조 돛을 활용하고, 선장과 선원의 의

사소통이 잘 돼야 한다. 마지막으로 킬(Keel)을 확보해야 한다는 것이 요지다.

돛단배는 주(主) 돛뿐 아니라 보조 돛을 적극 활용하는데, 이른바 보조 돛은 '관성에 빠져 기업의 활력이 떨어지는 폐단'을 방지해주는 효과를 가져다줄 수 있다고 한다. 폭풍우가 불 때는 돛단배 자체의 성능도 중요하지만, 선장과 선원의 원활한 의사소통이 무엇보다 핵심이다. 더더군다나 돛단배 밑에 수직날개처럼 부착되어 있는 '킬'은 배가 뒤집히는 것을 방지하는 기업의 핵심역량인 셈이다.

돛단배로 항해하듯 기업 경영을 하면, 최소한 배가 전복되지는 않을 것이다. 경기상황은 항상 좋을 수만도 없고, 늘 나쁘기만 한 것도 아니다. 경기와 상관없이, 기업이라면 성장기도 있으며 쇠퇴기도 반드시 있게 마련이다. 그러므로 불황이든 호황이든 무관하게 일관된 기업경쟁력을 유지하는 것이 중요하며, 그중에서도 특히 '잘 되고 있을 때' 더욱 긴장해야 한다. 언제든 닥쳐올 미래를 대비하지 않는다면, 지금의 호황이 미래의 재앙이 될 수도 있기 때문이다. 거꾸로 지금의 불황이 미래의 자산이 될 수도 있다. 기업은 결국 어떤 환경이 오더라도 견딜 수 있고 이길 수 있어야 한다.

혁신목표를 나노 식으로 쪼개라

2008년 11월 한국경제신문에 보도된 일진다이아몬드 이윤영 대표의 이야기는 이른바 '돛단배 경영'의 단면을 보여준다. 기업들은 대부분 경기가 안 좋아지면 인력을 구조조정하거나 원시적인 허리띠 졸라매기에 의존한다. 하지만 이런 방법은 정작 원가 절감 효과도 극미하거니와, 결국엔 기업의 원천적 경쟁력의 싹을 잘라내는 것이나 다름없다. 경기가 안 좋아졌다고 해서 전 직원을 모아놓고, 무작정 원가 절감 아이디어를 내라고 쥐어짜는 것 역시 무모한 일이다. 괜한 공포정치에 불과하다.

이 대표는 그런 원시적인 혁신 방법 대신, 경영자 스스로가 나서서 혁신 대상 업무와 책임자를 나노(10억분의 1) 미터 수준이라 할 만큼 잘게 나누는 방법을 선택했다. 'A제품 99개 생산 공정 중 47번째 공정에서 15% 생산성 혁신이 가능하다'라는 식으로 각각의 모듈마다 프로세스 개선점을 규정한 것이다. 그런 일을 하는 데는 전체 경영을 통째로 관찰하고 있는 경영자가 가장 적격이다. 이 대표는, 자기 자신은 전혀 혁신에 관여하지 않으면서 아래 단위의 혁신만을 요구하는 경영자와는 사뭇 다르다. 그는 회사 전체 매출의 1/3에 달하는 원가를 줄이는 데 성공한 뒤, 자타가 공인하는 혁신 전문가가 되었다.

필자는 지면에서 '원가를 몇 퍼센트 줄이는 법'에 대해 시시콜콜 이야기하려는 것이 아니다. '원가 절감' 하면 왠지 원시적인 발상 같지만, 사실 경쟁에서 살아남고 시장의 유동성에 대처할 수 있는 가장 기본기는 바로 원가 경쟁력이다. 원가 경쟁력을 평상시에 기본으로 챙기고 흥청망청하지 않는 회사들이, 갑자기 닥친 위기에 쓰러졌다는 이야기는 들어본 적이 없다. R&D에 투자 안 하고 이자 따먹기나 부동산

투기 같은 데 열을 올리고, 기본에 충실하기보다 로비나 연줄에 연연하니까 기업이 무너지는 것이다.

물론 부품 공용화, 구매 혁신, 제조공정 합리화 등등의 원가 절감 노력을 안 하는 곳은 없다. 하지만 그 수준이 공정 프로세스를 나노 수준으로 나누는 집요함의 경지에 이르러야 비로소 경쟁력이 있다. 많은 기업들이 이윤영 대표와 같은 사람에게서 비싼 값을 치르더라도 반드시 배워야 한다. 플러스알파를 더 하는 것에서 뒤지는 것은 조금 뒤지는 것이다. 하지만 기업이 본연의 임무로 반드시 해야 할 일에서 뒤지는 것은 많이 뒤지는 것이다. 게다가 두고두고 문제의 불씨가 된다.

다들 비슷한 원가로 생산하는데 우리 회사만 못한다면 일찌감치 회사를 접는 편이 낫다. 어떤 회사는 인력 경영을 잘못해서 툭 하면 노동유연성이 떨어져 심각한 고민에 빠진다. 비수기에는 남는 인력이 할 일이 없어 팽팽 놀면서, 정작 성수기에는 비싼 잔업수당을 지급하면서 풀가동하는 방식으로 운용한다. 경쟁사와 비교해 원가 경쟁력이 거의 제로라 해도 과언이 아니다. 그나마 브랜드나 제품력 면에서 아직 힘을 가지고 있거나, 경쟁사들이 관망하며 몸을 사리고 적극 공세를 펴지 않는 덕에 근근이 버티고 있을 뿐이다. 사정이 그렇게 되면, 다른 기본적인 혁신도 꾀하기가 힘들다. 기본에서도 혁신이 안 되는데, 어떻게 더 상위 단위의 혁신이 가능하겠는가? 고급스런 전략 따위는 필요 없다. 그런 회사들은 아예 기본부터 깡그리 바꿔야 한다.

문제가 될 수 있는 소지는 미리 없애라

기업에서 거래는 여러 형태로 존재한다. 회사를 대신해서 제품을 팔아주는 유통회사와 거래할 수도 있고, 자사에 제품이나 부품을 납품하는 협력업체도 있고, 기업의 미래를 함께 만들어가는 구성원들도 있다. 이른바 '갑'과 '을'이라는 전통적인 관점에서 보면, 거래 대상은 모두 자사의 이익을 위해 존재하는 계약 상대자다.

회사가 떼돈을 벌면서 유통업체는 어렵다면, 혹은 종업원들은 입에 풀칠하며 살기도 힘들다면 관계가 지속될 수 없다. 반대의 경우도 마찬가지다. 다른 거래관계와는 사뭇 다르게 '을'에게 과도한 혜택을 주고 있거나 오히려 주도권을 빼앗기고 있다면, 그것도 문제다.

아무리 계약관계라 하더라도 사회적 관례 수준에서 공생을 하는 것이다. 그래야 믿고 아끼며 오랫동안 관계가 유지될 것이다. 사람들은 성공의 이면에서 초심을 잃는 경우가 많다. 어려울 때 같이 고생했던 관계도 성공하고 나면 서로 자기 덕으로만 보인다. 그래서 더 요구하게 되고, 관계가 악화되기도 하는 것이다.

위니아만도에서는 김치통을 납품하는 회사를 단 한 곳만 거래하고 있었다. 당연히 납품회사는 모기업의 성공과 같은 속도로 성장했고, 그 방면에서 중견업체가 되었다. 납품처가 하나뿐이니 가격협의 면에서나 납기 면에서나 회사는 주도권을 뺏길 수밖에 없다. 가장 많이 팔리는 성수기 직전에 가격을 올려달라고 떼를 쓴다. 다음 해 납품업체를 추가해서 그런 일이 다시는 일어나지 않도록 했지만, 이것은 기본을 지키지 않은 생각 없는 사람들이 자초한 일이다. 거꾸로 매출이 급감하고 경제상황이 나빠지면 반드시 생길 수 있는 이런 일들 역시 사전에 방지해야 한다. 사람관계가 항상 좋을 수만은 없다. 잘될 때, 관계가 좋을 때일수록 대비해놓아야 할 일이다.

유통 부문도 마찬가지다. 단일 제품을 생산하는 전문회사일수록 특히 주의할 일이다. 특성상 다양한 유통채널을 운영할 수 없으며, 몇 개의 소수 거래선을 중심으로 유통을 진행할 수밖에 없다. 이 경우도 힘의 균형을 유지하지 않으면 반드시 그중 1인자가 나타나고, 그때부터 주객이 전도된다. 나는 이렇게 유통하는 메이커가 성공하는 경우를 한 번도 보지 못했다. 제조업체는 망하고 유통은 재벌이 된다.

기업의 경영자라면 특히 눈여겨보아야 한다. 대부분의 최강 유통은 '내 사람'을 만드는 특별한 재주를 가지고 있는 경우가 많다. 어느새 우리 회사의 영업사원이 그 유통업체의 직원처럼 되어버린 경우가 많다. 윤종용 삼성전자 상임고문은 대한상공회의소 조찬모임에서 '부하 직원이 갖고 오는 데이터는 5%만 믿고, 나머지는 직관에 따라서 숫자의 의미를 파악하고 현장을 장악하라'고 했다. 불황이 오면 유통이 가장 먼저 도망간다. 도망가지 못하게 사전에 대비하라. 방심하다 뒤통수를 맞으면 당신도 쓰러질 수 있다.

건전한 스와핑을 즐겨라

전략 수립이나 마케팅 활동에는 반드시 비용이 수반된다. 이익이 날 때 유통 부문을 강화시키겠다는 판단이 든다면, 장기적으로 이익이 생겨나고 회사 성장의 바탕이 된다는 전제하에 과감하게 써도 좋다. 하지만, 지속적으로 비용이 드는 일이라면 잘 생각해야 한다.

유통은 제품이나 서비스를 팔아 회사의 이익에 기여하지만, 그 자체의 유지비용도 만만치 않다. 경기가 나빠지면 매출은 감소하고, 손익분기점 아래로까지 떨어지게 되면 유통이 붕괴되거나 그나마도 유지하려면 운영비용을 지원해야 한다. 현재의 상황에서 모든 걸 판단해서는 안 된다. 최악의 시나리오에서도 버틸 수 있는 구조를 만들 수 있는지 고민하라.

위니아만도에서 300개로 확대된 직영점의 자생력을 키우기 위해, 필자는 여러 가지 시도를 해봤다. 헨켈 칼을 입점시켰고, 일본의 산요전기에도 갔다 왔으며 전기밥솥 브랜드 쿠쿠와도 만났다. 판매하는 제품의 종류가 많아지면 그만큼 이익을 올릴 수 있는 기회도 많아진다. 이런 사례는 모든 업계에서 확산되는 추세다. 도자기업체가 갈비찜도 팔고, 통닭가게에서 커피도 판다.

규모가 많이 줄어들어 사양 시장처럼 보이는 집단 상가에서는 최근 많은 상인들이 이탈하고 있다. 테크노마트에서 삼성전자 대리점을 하는 박효순 사장은 스와핑의 대가다. 과거 활황기 시절에서 삼성 제품만으로도 월 50억 원씩은 팔았다. 하지만 시대가 변하니까 그도 변했다. 중복되지만 않는다면 여러 가지 제품을 취급한다. 특히 소모품 위주로 고마진만 추구하는 알짜배기 스와핑이다.

적당한 체중 조절이 건강의 보약이다

외상채권! '받으면 되지, 담보 내인데 안 떼이면 된다'고 생각하지 마라. 현금은 기업에 있어 물과도 같다. 우리 몸에 수분은 규칙적이고 정기적으로 공급해야 한다. 몸 전체의 70퍼센트가 물인데 4일 후에 4일치를 먹는다고 되겠는가? 물 먹다가 체하면 약도 없다.

필자가 위니아만도에 부임했을 때 최악의 과제가 채권 문제였다. 기업은 자금 회전이 생명이고, 유통의 실력 역시 현금회전율에서 판가름 난다. 몇 개 거래선은 담보 대비 몇 백 퍼센트의 채무를 가지고 있었다. 떼이고 안 떼이고의 문제가 아니다. 상대에게는 채권이 무기다. 오히려 빚을 진 놈이 더 큰소리칠 수도 있다. 지금도 몇 개 부도가 난 거래선에서는 담보물건 처분이 안 되고, 회수가 완벽하게 안 된다. 자기들도 현금이 들어오면 일단 쓰고 볼 확률이 높기 때문이다. 기업이 자금 회수를 하기도 전에 유통이 부실해지는 경우는 더 큰 문제다.

오래 전에 아픈 경험을 많이 한 삼성전자는 지금 완벽한 현금결제 시스템이다. 필자 역시 여신제도를 확실히 바꾸었고, 회사의 자금유동성은 좋아졌으며, 그것보다 중요한 것은 예측이 가능해졌다.

자금 회수! 경기가 나빠지면 제일 먼저 봉착하는 중요한 문제다. 외상거래는 하지 마라. 절대 하지 마라. 채권은 왜 필요한가? 자기가 팔 수 있는 능력 이상을 제품을 가져갈 때 필요한 것이다. 푸시(push)성 판매를 하는 엉터리 회사나 하는 일이다. 잠깐의 달성에 만족해서는 안 된다. 스스로 엉터리로 전락하고 싶으면 밀어내기를 하고 채권 비율을 올려도 좋다. 단, 6개월 후 길바닥에 나앉아 무엇으로 먹고 살 것인지 대책을 세운 후에 그렇게 하라.

기업의 재고가 많아지는 데에도 몇 가지 중요한 문제가 있다. 당신 제품이 생각대로 안 팔리는 비인기 품목이거나, 시장의 반응을 예측하지 못해 생산하는 속도를 맞추지 못한 경우다. 회사 내부의 재고는 눈에 당장 띄기 때문에, 대부분 회사들이 적정하게 유지한다. 그러나 이미 밖으로 나가서 유통 영역에서 머물고 있는 재고에 대해서는 별 관심을 갖지 않는 경우가 많다.

재고를 오래 묵힌다고 골동품이 되는 것이 아니다. 특히 요즘처럼 유행의 패턴이 빨리 변하는 때에는 채 몇 개월이 지나지 않아서 쓰레기가 되어버리는 게 재고다. 신제품을 내놓을 작정이라면, 출시 이전에 구모델을 다 팔아치워야 한다. 신제품이 나오고 나면, 구제품을 고물 값으로도 팔기 힘들어질 수도 있기 때문이다. 이제까지 팔아서 이익이 났으니, 남은 몇 개는 손해를 보고라도 팔아치워야 한다.

필자가 영업사원으로 근무하던 때, 모 대리점에는 제품에 대한 애정이 남다른 한 분이 계셨다. 재무 구조는 항상 플러스 상태다. 하지만 그분은 제품을 너무 아낀 나머지, 절대로 손해 보고는 안 파셨다. 그 대리점은 전자제품 박물관이다. 없는 게 없다. 그러니 실제로는 적자다. 재고 자산으로는 잡혀 있지만, 영원히 안 팔릴 제품이 수두룩하니까. 혹시 나중에 전자제품 회사들이 역사박물관 만들 때 비싸게 되팔려는 속셈인지는 모르겠다. 하지만 절대 그런 일은 없다. 과감히 처분하는 것이 돈을 버는 일이다.

위니아만도에서도 그런 일이 있었다. 몇 개 전속점에서 밀어내기 영업을 하면서도 당연히 고율의 D/C 정책은 필연적이다. 그런데 내가 부임하고 나서 한 대리점을 방문했더니, 작년도 모델의 에어컨을 몇 천 대 갖고 있다고 자랑이다. 더욱 가관인 것은 1년이 지났으니 추가로 판매 지원금을 달라는 것이다. 기존에는 그게 관행이었다며 조르는데, 할 말이 없었다. 그러나 정작 어떻게 될까? 작년도 모델이라 판매 지원금까지 보태 파격할인을 하면 워낙 값이 싸니까, 올해 모델의 신상품과 크게 사양 차이가 안 난다면 가격 면에서 오히려 신상품보다 더 경쟁력이 있다. 하지만 더 중차대한 문제는, 그 구형 모델이 팔리기 전에는 신상품이 안 팔린다는 점이다. 엄청난 기능상의 업그레이드가 있지 않다면, 신상품도 울며 겨자먹기 식으로 싸게 출하해야 하는 악순환의 연속이다. 그건 마케팅도 아니고 영업도 아니다. 그런 정책을 쓰려면 남대문 시장에서 좌판을 깔고 고무신 장사나 하는 게 낫다. 월급 축내지 말고….

체중을 가볍게 하는 것이야말로 불황기를 통과할 수 있는 최고의 경쟁력이다. 할 수만 있다면 공장에도 유통점에도 전시품 이외에는 단 한 대도 재고를 보유하지 않는 것이 좋다. 팔리는 대로 생산하고 배달한다면, 원가경쟁력 면에서 따라올 회사가 없을 것이다. 이것이야말로 제대로 된 SCM(Supply Chain Management)이다. 재고는 재산이 아니라 비용이다.

● *Insight in Story* ●

벌목대회 1등의 비결

캐나다의 한 도시에서는 매년 벌목대회가 열린다. 주어진 시간 동안 누가 더 많은 나무를 베었는가가 승패의 요건이다. 이 대회에서는 전동이 아닌 일반 톱만을 사용할 수 있다. 힘과 기술을 자랑하는 전 세계의 벌목꾼들이 모였다. 모두들 쉬지 않고 자기만의 방식으로 나무 베기에 열중했고, 결국 순위가 결정됐다.

2등을 한 사람이 자신의 벌목 방법을 소개했다. "전 50분은 열심히 나무를 베고, 나머지 10분은 쉬면서 체력을 비축했습니다."

2등과 별다른 차이가 없을 것 같지만, 1등 역시 자신의 벌목 방법을 소개했다.

"나는 40분 동안 열심히 나무를 베었습니다. 10분은 쉬었지요."

"그럼 나머지 10분은요?" 주최 측에서 물었다.

"아, 그 10분 동안은 나무를 베느라 무뎌진 톱날을 갈았습니다."

결과와 성과만
주문하라,
실용주의 리더십

유능한 리더라면 '머리와 손발을 잘 빌릴 수 있어야' 한다.
그러려면 평판이나 인맥, 과거의 지위 같은 여러 정보 속에서
'실질적인 전략적 사고와 업무 능력'을 간파해내는 '투시력'이 있어야 한다.
전략이라는 큰 집을 모래로 쌓아서는 곤란하다.
겉으로 그럴듯하게 보이는 모래성에 현혹되어 '빨리 빨리
눈에 띄는 성과'를 내는 데 집중하면 언젠간 하루아침에 무너져 내리고 만다.
카리스마는 눈에 힘을 주는 데서 생기는 게 아니다.
'무언가 잘못되어갈 소지가 보이는 것'을 재빨리 집어내 방지하는 것이 리더의 역할이다.
당장에 부하직원들에게 인기를 얻지는 못할망정,
영원히 사라지지 않는 카리스마가 알아서 찾아와줄 것이다.

PART

WINNING
HABIT 2

06

리더의 몰입도가
조직의 몰입도다

어렵게 회사를 만들어 경영자가 되었다면, 어떤 쪽으로든
세상을 바람직하게 바꾸어가는 일을 해야 보람이 있을 게 아닌가?
좀 더 재미있다든지, 좀 더 편리하다든지, 아니면 좀 더 여유 있어진다든지.
'내 회사 덕분에 세상이 움직였다'고 할 수 있는 것을 한 가지라도 만들어야 할 것 아닌가?
그런 기개야말로 모든 젊은 리더들에게 바라고 싶은 바다.
－ 호리바 마사오堀場雅夫, 호리바제작소 창업자

삼성의 고(故) 이병철 회장은 매해 연초면 신년 구상을 하기 위해 도쿄 행(行)을 택하곤 했다. 당시 일본은 우리와 문화도 비슷하고 또 기업들의 변화 속도가 우리보다 몇 년을 앞서 있으니, 배울 만한 것도 벤치마킹 할 것도 많았을 것이다.

그런데 신년 구상이라고는 하지만, 골방에 틀어박혀 홀로 구상하고 연구하는 그런 '생각 여행'이 아니었다. 전문가들을 만나 일일이 자문을 구하고, 직접 현장을 돌아보며 살 냄새와 땀 냄새를 맡으며 하는 '현장 여행'이었다.

이 회장의 그런 행보에 대해서 기자들은 틈만 나면 질문을 던지곤 했다. '너무 세세한 것까지 회장이 나서서 신경 쓰는 것 아니냐'는 것이다. 그때마다 이 회장의 답변은 한결같았다.

"나무를, 아니 그 안의 작은 가지들까지 볼 줄 알아야 거대한 숲도 보이는 법입니다. 리더란 모름지기 회사 제품의 1mm짜리 부속 나사까지도 다 파악하고 있어야 합니다. 나는 해박한 사람은 아닙니다. 하지

254

만 돈을 주고서라도 배울 건 배워야 한다고 생각합니다. 배우지 않고 분석하지 않고 실행했다가 실패해서, 톡톡히 대가를 치르는 것보다 낫기 때문입니다."

삼류 회사에 가보면 조직의 리더들은 상부에서 하부에 이르기까지, 전부 다 자신이 해야 할 일을 아래 사람에게 '양보(?)'하고 있는 것을 볼 수 있다. 자기들은 골치 아픈 일들 처리하느라 머릿속이 복잡하니, 회사의 사활이 걸린 중요한 의사결정 혹은 그런 의사결정에 필요한 자료 조사는 일체 아래 사람에게 하라고 시킨다. 그래놓고 무엇 하나 잘못되면 아래 사람이 무능한 탓이란다. 다들 손잡고 한강물에 뛰어들어 정신 차릴 일이다.

'권한 위임(empowerment)'이 잘못 번역돼 소개된 탓이다.

물론 중요도가 비교적 덜한, 혹은 실무 부서나 실무자 선에서 더 잘 파악하고 있는 일을 위임하는 것은 좋은 일이다. 그런데 가만히 보면 권한 위임의 방법이 잘못돼도 한참 잘못됐다. 삼류 회사의 CEO일수록 한두 푼 새어나가는 것은 눈에 불을 켜고 감시하면서, 정말 큰 덩어리가 새어나가는 것은 눈 뜨고도 용인한다. 업무에 필요한 연필 한 자루 사는 것까지 쌍심지를 켜고 감시하면서, 회사 수익률 1% 떨어지는 것쯤은 우습게 생각한다는 말이다.

리더는 시장 근저에서 일어나고 있는 세세한 부분까지도 모조리 챙겨 아는 전문가가 되어야 한다. 그래서 유능한 경영자나 리더는 머리

뒤에도 눈이 달려 있다고 하지 않는가? 그러려면 물류, 판촉, 판매기획, 상품기획 하다못해 회계경리까지도 샅샅이 알고 묻고 생각해야 한다.

리더가 몰입하는 방법은 '제대로 묻는 것'이다. 현실이나 진실이라는 표피를 뒤집어 쓴 모든 현상의 이면에 있는 '진상'을 파악하기 위한 질문이다. 그래서 유능한 경영자는 이런 말을 듣는다. '어이쿠, 저 양반은 모르는 것이 없어', '도저히 속일 수가 없어, 귀신이야.'

어느 조직에서든 리더라면 이런 평가를 받아야 한다. 백보 전진하는 방법이라고 실무 스태프들이 백번 귓가에 대고 속닥여도, 그것이 장기적인 관점에서 발전을 위한 것인지 아니면 지금 당장 모면하자고 미래가치를 갉아먹는 일인지 판단할 수 있어야 한다.

리더여, 관대해지지 마라

필자가 잘 알고 있는 H사의 회장님은 통이 크시다. 그래서 중간관리자들에게 인심이 후하고 당장 성과만 낸다면 어떤 방법을 쓰든 만사 오케이다. 한번은 계열사 경영을 맡긴 부사장이 단기적으로 30억 정도의 장부상 이익을 낸 적이 있었다. 중공업 계열의 회사였는데, 회사 부지로 사두었던 땅값이 올라서 그렇게 된 것이다. 회장은 당장에 해당 계열사 임원들을 모두 불러 통 크게 한턱 쏘셨다. 그리고 수익 내는 재주가 있으니 창의적인 일도 해보라며, 그 부사장에게 신규 프로젝트까지 떡하니 맡겼다. 과연 그 기대대로 결과는 성공적이었을까?

비교해서 미안한 노릇이지만, 삼성의 고(故) 이병철 회장은 부동산

시세 차익으로 단기 이익을 낸 경영자가 자랑 삼아 찾아와 보고를 하자, 그 자리에서 단칼에 경영자 지위를 박탈했다. 수익을 낼 수 있는 전략과 체질로 수익을 내야지, 한국 최고의 기업 임원이 고작 땅 투기로 돈 벌었다고 좋아하다니 경영자로서 자격이 없다는 것이다.

비근한 예로 2003년 일명 카드대란이 일어나기 직전, 천문학적인 이익을 내고 있는 카드 부문의 수익구조를 보고 받은 이건희 회장은 그 자리에서 카드 대출 축소를 지시한 바 있다. '괴상하다 생각될 정도로 수익이 비대하다는 것은 사기나 도박에서나 가능한 일이다. 그것은 곧 언제든 그 수익이 거품이 되어 없어질 수 있다는 것을 반증한다'고 호통을 쳤음은 물론이다. '원칙을 지켜 경쟁력을 키우고, 그 경쟁력에 기반해 수익을 낸다!' 이것은 윤리경영 같은 거창한 이야기를 하기에 앞서 기업의 체질 강화를 위해 가장 필요한 기본 전제조건이다.

실적의 압박을 받는 실무자는 언제든 변칙이나 단기적 효과의 유혹에 넘어가기 십상이다. 개발 관련 실무자라면 잘 만들어놓은 다른 회사 제품의 디자인이나 기능을 슬쩍 흉내 내고 싶고, 마케팅 관련 실무자라면 1~2% 추가 할인을 해서라도 많이 팔고 싶은 유혹을 느낀다. 시장 반응이 시원찮은데도 성과에 대한 추궁을 당할까 두려워 사실대로 말하지 못한다. 그래서 리더에게 하얀 거짓말을 한다.

"옆 회사는 저렇게 많이 깎아주고 있습니다! 우리가 깎아주는 것은 비교도 안 됩니다."

"지금 광고 효과가 팍팍 나고 있습니다."

"역시나 고객들 칭찬이 대단한데요?"

그런 말에 리더가 '허허' 하면서 덩달아 놀아나면 회사는 궤도를 벗어나버리고 만다. 실력보다는 아부, 원칙보다는 편법, 치열하게 하는 것보다는 적당히 열심히 하는 것처럼 위장하는 게 조직의 습관이 되어버린다는 말이다. 그 다음부터 조직의 추락은 시간문제다.

최고의 머리, 최고의 손발을 빌려서라도 하라

경영의 주변에는 어겨서는 안 될 사회적 법규도 있으며, 효율을 올리는 데도 원칙이 있다. 잘해본다고 어설프게 시도한 것이 도리어 아주 중요한 원칙을 흐뜨려놓아서, 결국 그것을 수습하느라 더욱 곤혹스러워지거나 난관에 부딪힐 때도 있다. 그래서 조직의 리더는 매 순간 "이것이 정말 실용적인 목적을 충족시키는 일인가?" 하고 물어야 한다.

위니아만도의 김일태 사장은 그런 측면에서 훌륭한 경영자다. 필자를 과감하게 영입하고 내가 약속한 기한까지 '답답함이 많았을 텐데도' 꾹 참아주었다. 큰 그림을 그려서 '이렇게 이렇게 하겠다'고 약속하고 그것을 지키기만 하면, 그 다음에는 일체 간섭하지 않았다. 그랬기에 마케팅 수장을 맡은 지 단 3년 만에 '수익 550억 원'이라는 결과를 만들어내는 것이 가능했다.

창업 공신인 자신들을 제쳐두고, 박힌 돌보다 굴러들어온 돌이 인정받는 것에 대해 탐탁지 않게 생각한 사람도 많았을 것이다. 전통적으로 생산 파트의 입김이 강한 회사였는데, 마케팅 총괄본부장이 그곳까지 가서 원가 절감을 위한 생산 프로세스까지 간섭했으니 불만도 많이 터져 나왔을 것이다. 하지만 김일태 사장은 내게 일체 그런 내색조차 하지 않았다.

"김 본부장은 소신대로 하시오. 필요한 건 내가 다 책임지리다!"

유능한 리더라면 '머리와 손발을 잘 빌릴 수 있어야' 한다. 그러려면 평판이나 인맥, 과거의 지위 같은 여러 정보 속에서 '실질적인 전략적 사고와 업무 능력'을 간파해내는 '투시력'이 있어야 한다.

전략이라는 큰 집을 모래로 쌓아서는 곤란하다. 겉으로 그럴듯하게 보이는 모래성에 현혹되어 '빨리 빨리 눈에 띄는 성과'를 내는 데 집중하면 언젠간 하루아침에 무너져 내리고 만다. 카리스마는 눈에 힘을 주는 데서 생기는 게 아니다. '무언가 잘못되어갈 소지가 보이는 것'을 재빨리 집어내 방지하는 것이 리더의 역할이다. 당장에 부하직원들에게 인기를 얻지는 못할망정, 영원히 사라지지 않는 카리스마가 알아서 찾아와줄 것이다.

숫자를 읽고 목표를 경영하는 안목

리더라면 목표를 운영하는 분명한 철학이 있어야 한다. 앞서 설명했듯이 숫자와 도표로 표현되는 스토리를 읽고 어디가 문제인지, 짚어낼 수 있는 명의(名醫)가 되어야 한다.

X레이로 인체를 투과해 사진을 찍었을 때, 유난히 부풀어올라 있거

나 쪼그라들어 있는 곳은 문제가 있을 공산이 크다. 흥미롭게도 사업도 마찬가지다. 어느 부분이 지나치게 비대해져 있거나 제품이 되었든 서비스가 되었든 특정 아이템이 전체에서 차지하는 비중이 너무 크다면, 그것은 곧 기업 건강의 적신호다.

전체 매출액 대비 특정 제품이나 서비스 상품의 매출 기여도가 너무 높다면, 그 제품에 갑자기 이상이 생기거나 제품 수명이 다했을 때 다른 것으로 먹고살 수 없다는 증거다. 지금 당장은 베스트셀러 효자상품이 되어서 회사 전체를 기쁘게 해주고 있지만, 머지않아 골치 아픈 재고상품이 될 수도 있다는 시나리오를 예상해두어야 한다.

여러 거래선이 있는데 특정 거래처만 전체 매출의 상당 부분을 차지하고 있거나 특정 거래처가 다른 곳에 비해 유독 형편없는 매출을 기록하고 있다면, 그것 역시 이상 신호다. '잘 팔아주니 좋다'고 안주할 일이 아니다. 기여도가 높은 거래처라면 그만큼 그가 등을 돌렸을 때는 내 목을 조를 수도 있는 강력한 적이 될 수도 있음을 간과해서는 안 된다. 다른 곳 제품은 잘 팔고 있는데 유독 우리 제품만 못 팔고 있는 곳이 있다면, 그 거래처의 능력을 탓할 일이 아니다. 해당 거래처를 담당하고 있는 실무자에게 문제가 있거나 우리 제품에 문제가 있는 것은 아닌지 눈을 치켜뜨고 살펴보아야 한다.

유통 채널별로 이익기여도는 다를 수밖에 없다. 그럼에도 불구하고 쉬운 매출을 선호하는 경영자가 많다. 어느 지역이든 어떤 형태의 유통이든, 많이만 팔아주면 되는 것이 아니다. 현금 한 푼이 아쉬워도 달라는 대로 주지 마라. 어느 한 개의 유통에 질질 끌려 다녀선 노예가 되고 만다. 단기적으로 목표에 미달해 당신의 체면을 구기더라도 참고, 의도대로 유통 부문을 키워나가고 컨트롤 해가야 한다. 그러면 같은 매출을 하더라도 이익이 현저하게 달라진다.

필자가 위니아만도에 근무했던 3년여 동안 연간 매출 증가액은 채 100억도 되지 않았다. 그럼에도 불구하고 이익은 매년 증가하여 3년차에는 첫해의 3.5배로 늘어났다. 신비롭지 않은가? 영업이익률이 3년차에는 11%가 넘었으니 초우량 기업이다. 그래야 많은 보너스가 보장된다. 국내 최대 할인점에 '출하 중지'라는 강수를 둘 때, 나는 고민을 많이 했다. 그러나 결과는 '대단한 회사'라는 평판으로 돌아왔다. 생각하는 마케팅, 골머리를 싸매고 고민하는 집중력의 승리다. 일등으로 가는 길은 험난한 가시밭길을 맨발로 걷는 일이다. 당신 회사의 미래를 위해 승리하는 목표를 운영하라. 뜻이 있는 곳에 길이 있다.

군사를 효율적으로 사용하는 명장이 돼라

시장에서 이기기 위해서는 하루하루가 전쟁의 연속이다. 적진에 첩자를 보내기도 해야 하며, 새로운 무기도 계속 만들어내야 한다. 상대의 전술에 즉각 대응해야 하며, 새로운 전술로 선제공격을 할 줄도 알아야 한다. 중요한 마케팅 의사결정의 이면에는 그 전투로 무엇을 얻을 것인지를 분명히 해야 한다. 잘못되면 이라크에 발 담근 미국 꼴이 된다.

내부 조직원의 목표의식이나 공감대는 기본이고, 현장에서 전투하는 보병의 역할은 최후 승리의 관건이 된다. 어떤 채널이 마케팅 공격 지점으로 선정된다면, 그 채널을 관리하는 거래선을 동참시켜야 한다. 칼자루는 당신이 쥐고 있다. 마음껏 횡포를 부려도 된다. 전쟁 중에 보병들이 휴가를 가게 하지 마라. 그들이 미쳐서 덤비지 않으면 전투는 허사로 돌아간다.

필자는 모든 전략의 중심에 거래선을 포함시켰다. '회사가 이만큼의 비용을 쓰면 당신들이 해야 할 몫은 이것이다'라고 반드시 정해주었다. 의도적으로 전투의 중간 중간에 거래선을 소집하고, 마음에 들지 않는 거래선은 혹독하게 고문했다. 거래선을 울려본 적이 있는가? 울려라. 그래야 독해진다.

위니아만도를 그만둔 후에야 들었던 이야기다. 나는 잊을 만하면 한 번씩 예고되지 않은 비상을 걸었다. 휴일에 거래선끼리 골프를 치다가도 비상이 걸리면, 게임을 포기하고 사무실로 오곤 했다는 것이다. 아무나 1등 할 수 있는 것은 아니다. 거래선에게 돈을 벌게 해주고 마음껏 부려먹어라. 그래야 이긴다.

유통은 습지와 같다. 건강한 습지가 되도록 친구를 늘려야 한다. 친구들이 많아야 최고의 습지를 만들 수가 있다. 당신의 기업이 최고의 브랜드를 보유하고 있다면 친구들을 만들기는 더 쉽다. 그렇지 않더라도 목적을 가지고 접근해서 친구를 만드는 일은 살아가는 데 큰 도움이 된다. 그래서 부모는 자식들이 좋은 친구를 만들기를 바라는 것이다. 그렇다고 매일 밥이나 사주고, 선물하고 아부만 한다고 친구를 만들 수 있는 게 아니다. 어떤 때는 큰소리도 치고, 싸움도 하고, 한동안은 삐져서 말을 안 하기도 해야 한다. 절대로 사정만 하고 퍼주기만 해야 하는 친구를 만들지 마라. 그건 친구가 아니다. 그러기 위해서는 자신의 힘을 키워나가는 일은 기본이다.

능력 있는 공급자를 선정하는 것도 중요하지만, 적절한 인센티브에 의한 동기부여와 긴장감을 주어서 더욱 열심히 하게 하는 것은 기본적인 핵심사항이다. 그들이 항상 현장에서 살게 하라. 그들이 현장에 없으면 판매사원도 자리를 비운다.

전자사전을 파는 한 중견업체 사장은 아무에게도 휴대폰 번호를 알려주지 않는다. 집무실에 있을 때 외에는 어디서 무엇을 하는지 모른다. 그러다 어쩌다 한 번씩 불쑥불쑥 판매현장에 나타난다. 판매사원은 죽을 맛이다. 한시도 농땡이를 부릴 수가 없는 것이다.

전략을 만들기만 하고, 그것에 대한 실행은 직원들이 알아서 할 것이라고 착각하는 리더들이 많다. 심한 경우는 계획 수립 단계부터 뒷짐 지고 구경하면서, 회사가 잘되기를 바라는 리더들도 있다. 잘못된 판단력으로 계획 수립에 간섭해서 전체를 엉망으로 만들어놓는 경우도 많다.

제대로 지시할 수 없다면 하고 있는 대로 하도록 놔두거나, 아니면 외부 전문가의 도움이라도 받아야 한다. 전략의 기본 틀은 충분히 숙지하는 것이 좋다. 그리고 실행은 프로세스 중에서 가장 중요한 부분을 차지하기에 더욱 촉각을 세우고 관찰해야 한다. 단계별로 실행의 스피드가 잘 맞지 않으면, 결국 실행 단계에서 전략의 기본 틀이 훼손될 수 있다. 너무 서둘러도, 지연시켜도 성공할 수 없다. 해야 하면 하라. 대신 그것을 주도하고 체크하는 것이 '리더'인 당신 몫이다. 실행하되 몰입하게 해야 한다. 리더가 긴장을 늦추면 조직 전반에 영향을 미친다. 개인적으로 몰입하게 하는 것은 리더인 직속상관이 하기 나름이다. 강요하는 몰입이 아닌 자발적인 몰입을 하게 하라.

할인점 담당 팀장인 조 부장은 시시각각 현장의 정보를 가지고 와서 보고하고, 일의 진척상황을 알려준다. 매 주말 다른 일이 있어서 사무실을 방문하거나, 일요일에 전화를 해도 조 부장 팀의 직원이 전화를 받는다. 나는 매주 쉬지도 않고 출근하는 것은 좋아하지 않는다. 쉴 때는 쉬어야 한다. 그런데도 조 부장은 어떻게, 왜 매주 직원들을 출근시키는지 궁금했다. 결국 월요일 아침에 자기가 담당하는 유통영역에 대한 정보보고를 하기 위해 출근하는 것일 뿐, 자발적인 근무가 아니라는 것을 알게 됐다. 전략을 짜고 현장을 돌아야 할 사람들이 소중한 휴일까지 바쳐가며, 상사의 업무를 위한 데이터 관리를 하고 있었다. 나한테 자신이 유능한 팀장으로 부각되기 위해, 팀 전체를 혹사시키고 있었던 것이다.

당연히 매출은 줄어들고 직원들 사기도 형편없었다. 결국 정기 인사 때 양판점 팀장으로 보냈더니, 득달같이 해당부서 사원 한 명이 사직의사를 밝혔다. 결국 영업부서에서 조 부장을 전배시켰다. 묵묵히 티

내지 않고 일하는 다른 팀장들의 몰입도가 높았던 것이다. 조직은 그래서 헤드가 중요하다. 당신이 몰입하면 조직 전체가 몰입한다.

● *Insight in Story* ●

북극 표류 634일 동안, 무엇이 그들을 살렸는가?

지금으로부터 80여 년 전, 두 팀의 탐험대가 북극탐험 길에 올랐다. 공교롭게도 두 팀 모두 갑자기 얼어버린 바다에서 배가 꼼짝도 못하는 지경에 처하게 됐다. 사방이 얼음으로 뒤덮인 북극의 살인적인 추위, 식량과 연료는 떨어져가고 다른 곳의 어느 누구와도 교신이 불가능한 상황이었다. 그러나 두 탐험대의 운명은 달랐다. 칼럭 호에 타고 있던 캐나다 탐험대는 수 개월 만에 11명이 죽는 비극을 겪어야 했다. 비극의 원인은 자기 자신들에게 있었다. 조난이 길어지자 선원들은 서로 식량과 연료를 놓고 싸우고 도둑질하는 일상을 되풀이하며 서로를 적으로 만들어가고 있었다.

반면 인듀어런스 호에 타고 있던 영국 탐험대는 무려 637일이라는 조난기간 동안 단 한 명의 사망자도 내지 않은 채, 승무원 27명 전원이 구조되는 기적을 이루어냈다. 두 탐험대의 운명이 어디서부터 엇갈렸을까? 바로 리더십의 문제였다. 인듀어런스 호에는 어니스트 섀클턴Ernest Shackleton이라는 탁월한 리더가 있었다.

• **목표를 포기하지 않는다** : 조난기간 초기 섀클턴은 12년 전 탐험대가 버리고 갔던 비상식량을 찾아 오기로 결정한다. 썰매와 구명보트로 하루

5마일씩 얼음벌판을 가야 하는 길이었지만 섀클턴은 강행한다. 절망에 빠진 대원들에게 명확한 공동의 목표를 주고 싶었던 것이다. 이 목표를 수행하면서 대원들은 단결했고 불행을 잠시나마 잊을 수 있었다.

• **솔선수범으로 조직을 이끈다** : 점차 바다 밑으로 가라앉기 시작한 인듀어런스 호를 포기하기로 결정했을 때 섀클턴은 단호한 목소리로 불필요한 모든 물건들을 버리고 개인 소지품은 2파운드 이상 가져가지 말라고 명령했다. 말을 마치고 섀클턴은 자신의 주머니에서 금으로 된 담배케이스와 금화를 꺼내 눈 속으로 던져버렸다.

• **현실적 기반 위에서 낙천성을 유지한다** : 섀클턴은 난파된 배 위에서도 책을 읽었고 배를 포기하기 전날까지 웃는 얼굴로 선상파티를 열 정도로 낙천적이었다. 어떤 상황에서도 리더인 자신이 동요하지 않으면 대원들도 낙담하지 않을 것이라는 사실을 알았다.

• **정신적·육체적 힘을 기른다** : 섀클턴은 조난기간 동안 도덕적, 심리적, 육체적 건강을 유지하기 위해 힘썼다. 리더가 정신적으로나 육체적으로 무너진다는 건, 곧 팀의 패배를 의미하기 때문이었다. 본래 건강한 체질도 아니었던 섀클턴은 최선을 다해 스테미너를 지켰다.

• **공동체 정신을 끊임없이 주지시킨다** : 조난기간 동안 섀클턴이 가장 중시한 건 공동체 정신이었다. 그는 일부에게만 일을 시키거나, 정보를 독점하지 않았다. 위급한 상황에서 생기기 쉬운 분열을 막기 위해 최선을 다했다.

• **서로에 대한 예의를 포기하지 않는다** : 인듀어런스 호에는 귀족에서 천민까지 여러 출신들이 모여 있었다. 하지만 섀클턴은 무조건 평등하게 생활하게 했다. 자신에게 제공되는 특식도 거부했다. 이를 통해 대원들의 이질감을 해소할 수 있었다. 자신의 잘못된 판단에 대해서는 부하에게도 사과하는 예의를 지켰다.

- 조직 내에서 힘겨루기를 하지 않는다 : 조직 내의 힘겨루기는 긴장을 낳고 긴장은 생사가 걸린 상황에서 죽음을 불러올 수도 있다. 섀클턴은 사소한 의견차이라도 반드시 해결하려고 했고 대원 개개인의 개성을 인정해줌으로써 갈등구조를 만들지 않았다.

- 가치 있는 위험에는 도전한다 : 얼지 않은 땅을 찾아 800마일을 보트로 이동하는 등 섀클턴은 조난상태를 극복하기 위해 수많은 시도를 했다. 도전만이 새로운 가능성을 열어주기 때문이었다.

- 끈질긴 창의성을 가진다 : 섀클턴의 가장 큰 장점은 지칠 줄 모르는 창의성이었다. 배의 못을 뽑아 얼음 위를 걷는 신발을 만드는 등 난파된 배의 여러 도구들을 사용해 생존에 필요한 물건들을 만들었고, 주변의 날씨와 지형 등을 늘 분석하고 연구했다. 그의 순간적인 문제해결 능력은 창의성에서 비롯된 것이었다.

- 매일경제신문 허연 기자, 2001년 4월 28일자

생산적이지 않은 것에
한눈팔게 하지 마라

기업들이 문제에 부딪히는 이유는 오래전에 해결했어야 할 문제를
손댈 수 없는 지경이 될 때까지 속수무책으로 내버려두기 때문이다.
늦기 전에 좀 더 일찍 걱정을 시작하라. 언젠가는 그 효과가 나타날 것이다.
— 세스 고딘 Seth Godin

미국의 필라델피아 오케스트라는 중국에서 연주회를 가진 최초의 서
양 관현악단이었다. 이른바 핑퐁 외교가 일으킨 해빙 무드를 타고
1973년 '죽(竹)의 장막'을 넘었다. 상임지휘자 유진 오먼디Eugene
Omandy가 단원들과 함께 공연장을 돌아볼 때, 마침 중국 교향악단이
연습을 하고 있었다. 베토벤 교향곡 5번을 연주했는데 영 보잘 것 없
는 수준이었다. 1악장을 마친 중국 지휘자가 오먼디에게 한 수 가르침
을 청했다.

오먼디가 지휘봉을 잡자 놀라운 일이 벌어졌다. 연주가 갑자기 훌륭
해진 것이다. 중국인 단원들조차 이것이 과연 자신들 연주인가 의심
할 정도였다. 필라델피아 오케스트라 단원들 또한 입이 벌어졌다. 위
대한 마에스트로의 진가를 재확인하고 그와 함께 연주한다는 자부심
을 새삼 더 강하게 가질 수 있었다.

— 〈중앙일보〉, 2008년 10월 28일자 이훈범 정치부 차장 칼럼 중에서

지금 한국타이어에 있는 허기열 사장은 명절이 되면 부하사원에게 간단한 선물을 한다. 그러나 반대로 부하사원은 절대 당신에게 선물을 못하게 한다. 적어도 그분이 상사로 계실 때는, 일 이외에는 다른 그 어떤 것도 고민할 필요가 없었다. 굽실거릴 것도 아부할 일도 없었다. 열심히 한 만큼 평가받았고, 다들 그것이 정상이라고 느꼈다.

그런데 모든 조직이 그렇게 움직이는 것은 아니다. 보통 정도의 업무능력을 공히 갖고 있다면, AQ(아부 지능)이 뛰어난 친구가 대우받는 일이 비일비재하다. 일은 조금 못해도 상관없다. 집에 한 번 더 찾아가면 되고, 갈 때 빈손으로 가지 않으면 된다. 김장철에 부인 보내서 김장해주면 된다. '누구는 몇 번 찾아 갔다더라, 누구는 한 번도 안 갔다더라. 그놈 배짱도 좋지. 자기 실력만 믿고 우쭐대기는, 건방진 놈!' 이런 평가를 들은 해의 고과는 실적에 의한 것이 아니다.

리처드 스탠겔Richard Stengel은 아부를 일컬어 "자기 자신이 유리한 입장에 놓이기 위해 다른 사람을 높이는 일종의 현실 조작이자, 미래의 좋은 결과를 기대하고 행하는 의도적인 거래"라고 정의했다. 아부를 하는 부하직원은 그저 당신에게 찬사를 보내고 있는 것이 아니라, 무언가를 의도적으로 바라고 있다는 것이다. 세상에 아부 싫어하는 사람은 없다. 칭찬과 더불어, 자기 자신의 존재가치를 확인할 수 있는 가장 기분 좋은 대접이 바로 아부다.

그러나 기업은 무엇인가? 개인의 소유욕이나 권력욕을 과시하기 위한 공간도 아니고, 윗사람의 명령에만 승복하고 복종하면 되는 상명하복의 군대조직도 아니다. 개개인이 경쟁력을 갖추게 해주는 것은 상사로서 자신이 한 구성원의 미래를 결정하는 일이자, 기업 전체의 경쟁력을 좌우하는 일이다.

기업이 장수하기 힘든 이유는 무엇인가? 필자는 그 이유 중 하나가바로 '원칙의 해체'라고 생각한다. 실력보다 편법, 노력보다 아부가 더빠른 성공의 지름길이라고 한다면, 노력할 사람이 누가 있겠나? 대한민국에서 가장 깔끔하다고 하는 회사조차, 몇몇 리더의 전횡으로 망가질 수 있다. 아부와 상납이 유행이 되어버리면 그 조직은 병이 든다.

조직의 생명력은 '맑은 피가 흐르게 하는 데'서 출발한다. '남들도다 하는데 왜 나는 안 되는 거야?' 하고 생각해선 안 된다. '나만이라도' 그렇게 하지 말아야 한다. 좋은 회사는 회사가 만드는 것이 아니라, 그 안에 몸담은 '사람들'이 만드는 것이다. 혼탁한 연못이라도 연꽃이 있으면 물은 깨끗해진다. 그리고 그 깨끗해진 물에서라야 다양한생명체가 기력을 가지고 살아갈 수 있다.

직원을 편견의 스펙트럼으로 재단하지 마라

한 상사 밑에서는 만날 주눅이 들어 제 실력 발휘를 못하던 사람이, 다른 상사 밑으로 가면 마치 날개를 단 것처럼 비약적으로 성장하는것을 종종 보게 된다. 결국 상사가 경계해야 할 것은 '편견'이라는 스펙트럼인 경우가 많다. 사람은 누구나 자신의 고정된 시야를 통해 세상을 바라보는 경향이 강하기 때문에, 그런 시야를 갖지 않도록 끊임없이 노력해야 한다. 특히 리더의 위치에 있는 사람일수록 그런 태도는 필수적이다.

필자가 위니아만도의 마케팅 총괄본부장으로 취임할 당시의 일이었다. 임원 한 분이 나를 찾아 왔다. 당신도 나와 같은 S대 출신인데, 지금까지 K대 출신이 단합하여 회사를 좌지우지하니 우리도 별도 세력화하자는 것이었다. 물론 나는 단칼에 거절했다. 또 한 번은 전임자가 기존 간부들에 대한 본인의 생각을 자료로 정리해주기도 했다. 그분이 건네준 자료에는 평소에 자기가 좋아하는 사람이 순번대로 나열돼 있었다.

필자 역시 편견으로부터 자유로울 수 없는 사람 중 하나지만, 조직을 운영할 때는 편견을 버리려고 많이 애를 쓰는 편이다. 조직이 제대로 성장하려면 리더가 바로 서야 한다. 경쟁사는 우리 회사를 호시탐탐 노리고 있는데, 정작 나는 내부의 적을 만들고 있어서는 안 된다. 편견은 적을 만들고 결국 조직을 망가뜨린다.

나와 같이 일하는 직원들은 이미 경쟁사와의 전투만으로도 충분히 생채기도 나고 몸통이 갈라져 있다. 고목이 되어가고 있는 그들을 다른 쓸데없는 일로 힘들게 해서는 안 된다.

제대로 관찰하라, 바나나는 하얀색이다

부하사원들은 대부분 상사와 잘 지내기를 바란다. 누가 의도적으로

엇나가고, 상사에게 미운털이 박히고 싶겠는가? 그러니 일 자체보다 상사의 일거수일투족에 관심을 두고 눈 밖에 나지 않으려고 기를 쓴다. 더군다나 실력이 없는 사람일수록 아첨하려 하고, 취미조차 상사의 것으로 바꾸려 하며, 명절에 빼먹지 않고 선물을 보낸다. 경쟁사 정보를 알려고 노력해야 할 시간에, 상사의 취향이나 관심사를 연구하느라 허비한다.

그러니 내 눈에 예뻐 보인다고 좋아해서는 안 된다. 오히려 고분고분하지 않고 상사의 의견에도 턱턱 반대 의견을 내놓는 사람에게 잘해주는 편이 낫다. 그들은 최소한 개성이 독특하거나 입바른 소리를 잘할 수 있는 친구들이다.

한 동료는 지사장인 직속상사가 골프를 좋아하는 걸 알고 손에 피가 나도록 골프를 연습했다. 플레이 때마다 따라다니며, '굿 샷', '나이스 샷'을 연발한다. 그렇게 지사장의 꼬봉이 되었다. 일을 그렇게 열심히 했으면, 못해도 전무는 되었을 것이다. 그런데 지사장 때문에 간부가 된 그 친구는 매번 잘릴까 봐 안절부절이다.

열심히 하는 사람, 원석을 알아보지 못하는 사람은 뭔가 눈에 문제가 있는 사람이자, 제대로 된 관리자가 아니다. 유능한 경영자는 수천 명이나 되는 직원들 중에서도 일 잘하는 사람을 턱턱 골라낸다. 그 정도의 지위에 오르면 아부하는 사람, 친해지려 하는 사람이 얼마나 많겠는가? 하지만 진정한 경영자는 회사를 자기 자신보다 더 사랑한다. 직원들이 무슨 일을 어떻게 하고 있는지 유심히 보라. 그리고 아부하는 직원보다 일 잘하는 직원을 칭찬하라. 그러는 당신을 직원들은 존경하고, 최대의 성과를 이루어내는 조직으로 바뀔 것이다.

상대방을 자신에게 끼워 맞추지 마라

성공한 직장인, 특히 고위직일수록 그들의 성공 이면에는 저마다의 자부심이 있다. '내 분야에서만큼은 내가 최고다' 하는 자랑거리가 있다. 물론 그런 특성 때문에 부하직원들로부터 존경을 받는다. 하지만 바로 그런 성공의 경험이 때로는 치명적인 함정이 될 수도 있다.

성공한 사람들의 나쁜 습관 중 하나는 '나의 기준에 부합하지 않으면 탐탁지 않게 여기는 것'이다. 이런 상사 밑에 있는 부하직원은 '찍히면' 끝이다. 과단성과 결단력을 자랑하는 상사는 한 번 눈 밖에 난 부하직원에게 여간해서 다시 기회를 주지 않는다. 그래서 부하직원들은 찍히지 않으려고, 눈 밖에 나지 않으려고, 상사의 방식이 불합리하거나 아니꼬워도 맞추려고 노력한다. 그래서 자기 분야에서 전문성을 갖춘 리더에게는 특히 자기수양이 필요하다. '나와 다른 것'을 용인하고 인정하고 지켜봐줄 수 있는 아량을 키워야 한다. 그렇게 하지 않으면 자신과 비슷비슷한, 그래서 실수가 생겨나고 허점이 생겨나도 그것을 채울 수 없는 닮은꼴들만 조직에 남게 된다.

부정이 싹틀 여지를 잘라라

필자가 삼성전자에서 신입사원으로 일할 때의 이야기다. 지금은 그런 일이 절대 일어날 리 없지만, 아직도 많은 회사들이 겪고 있는 문제를 당시의 삼성은 겪고 있었다. 아직 사업을 시작한 지 초창기 단계라 제대로 된 기준이나 규정이 없는 경우가 많았다. 컬러TV가 이제 막 출시될 때의 일이었으니 말이다. 워낙 수요가 폭발적이라 만드는 족족 팔리고, 팔리는 족족 이익이 나던 노다지 시장이었다.

당시의 판매과 주무과장은 끗발이 대단했다. 자기에게 잘 보이는 거래선은 수금기한까지 연장해주면서 많은 물량을 배분해줬다.

교사 출신의 점잖은 양반이었던 영동대리점 사장님은 아무리 열심히 해도 잘 보이는 거래선 축에 낄 수 없었다. 어느 날은 현금 1억 원을 가져와서 사정을 했지만, 결국 재고가 없다는 말만 듣고 돌아가야 했다. 얼굴이 벌게질 정도로 화가 났던 사장님은 그만 그 자리에서 과장의 책상을 뒤엎어버렸다. 주무과장은 자기에게 잘 보이는 모 대리점 사장의 승용차를 자기 자가용처럼 몰고 다니고, 매일 저녁마다 룸살롱 순회를 다녔다. 물론 그런 세월이 절대 오래 갔을 리 없다.

21세기 대명천지인 지금도, 많은 회사들에서 이런 특수관계가 통한다. 성격이 대쪽 같아서 차마 굴욕적으로 굽면서는 못하겠다는 사람은 이런 상황을 맞닥뜨리면 가슴이 아프다. 그러니 영업 담당자에게 공급가를 결정할 수 있는 권한을 주어선 안 된다. 단 1%의 할인도 본인 재량으로 할 수 있게 해서는 안 된다. 사람을 모두 나쁜 쪽으로 의심하라는 말이 아니다. 실행의 방법에 관해서는 권한위임을 하되, 원칙을 흐트러뜨리는 영역에 한해서는 재량의 여지를 주어서는 곤란하다. 누울 자리 보고 다리 뻗는다고, 그런 곳에서 부정이 싹트기 때문이다.

거래선에 '묻지마' 식의 혜택을 주려면, 회사의 이익을 포기하지 않고는 불가능하다. 특혜가 아닌 불가피한 상황이라면 별도 품의라는 결재과정을 두어야 한다. 부정한 목적을 가진 사람이 공식적인 의사결정 프로세스를 거치겠는가? 그렇지 않다. 정말로 거래선에 줄 혜택이 필요하다면, 그렇게 해서 생긴 추가이익을 다음해에 거래선에 장려금 명목으로 환급해주면 된다. 무엇이든 개인적인 통로를 통해서 이루어져선 곤란하다. 공식적인 회사의 이름을 달고 이루어져야 한다.

직원들에게서 '회사에 대한 애정'과 '자발성'이 샘솟는 순간

책임이 주어졌을 때

의미 있는 업무가 주어졌을 때

과제가 다양하게 주어질 때

도전과제가 생겼을 때

조직을 움직일 수 있는 권한이 있을 때

문제를 해결했을 때

신뢰받고 있다고 느꼈을 때

의사결정에 참여했을 때

자신의 성과를 측정할 수 있을 때

자신의 말에 귀 기울여줄 때

팀에 참여할 때

칭찬을 들었을 때

기여한 만큼 인정받았을 때

목표나 방향이 주어졌을 때

지식이나 기술을 쌓을 때

지원하고 지도하고 피드백 할 때

팀과 조직에 대한 정보가 있을 때

– 《모드 씨의 비밀노트》 중에서

열정을 가진 조직의
경쟁력을 갖춰라

밧줄을 풀고 안전한 항구를 벗어나 항해를 떠나라.
돛에 무역풍을 가득 담고 탐험하고 꿈꾸고 발견하라!
– 마크 트웨인 Mark Twain

나는 운명이라는 놈의 목을 조르고 싶다.
– 루트비히 판 베토벤 Ludwig van Beethoven

마른하늘에 날벼락이 치는 날이라 해도

나의 캐디백은 열려 있어야 한다.

마른하늘에 불벼락이 치는 날이라 해도

나의 왼손엔 장갑이 있어야 한다.

거실 벽에 머리를 박고 서서라도 퍼팅 연습은 해야 한다.

(…… 중략 ……)

라운딩이 없으면

스윙 리듬이라도 웅얼대고

방바닥 라이라도 보아야 한다.

(…… 후략 ……)

한 블로그 주인장이 '상인 일기'를 패러디해서 올린 '백돌이 일기'
의 일부다. 당구에 미친 사람은 눈을 감으면 천장에 당구대가 그려진다고 한다. 화투에 미친 사람은 자면서도 화투 패를 손에서 놓지 않는다. 그러나 일에 미친 회사원이 눈을 감으면 업무에 관련된 아이디어가 떠올라 견딜 수가 없다는 이야기는 별로 들어본 적이 없다.

얼마 전, 프로골퍼 최경주는 육군 홍보대사에 위촉되었다. '그의 집요함'이 육군의 지구력과 패기를 상징하는 데 어울렸다고 판단했던 것 같다. 최경주가 왜 벙커샷의 일인자인가? 고향 앞바다 모래사장에서 밤낮을 안 가리고 미친 듯이 연습한 열정의 결과다. 그의 열정이 세계적인 프로골퍼를 만들었다. 그는 체계적으로 교육을 받지도 못했고, 돈이 많아서 여유롭게 즐기며 골프를 한 것도 아니다. 오로지 '하겠다!'는 열정 하나로 이루어낸 것이다.

창의성의 진정한 원천은 '열정'이다

2004년 아테네 올림픽 여자 핸드볼에서의 아쉬운 은메달, 그러나 그 은메달은 그 어떤 금메달 못지않은 감동과 의미를 우리에게 선사하였다. 설욕전인 베이징 올림픽에서도 심판진의 개운치 않은 판정으로 결국 고배를 마시고 말았다. 그러나 동메달이라는 결과는, 신체적으로도 유럽선수들에게 뒤지는 데다 열악한 환경 속에서 훈련해온 선수들에게는 정말 값진 수확이었다. "훈련이 너무 혹독한 거 아니냐."는 질문에 임영철 감독은 "이렇게 하지 않으면 안 된다. 힘든 걸 왜 모르겠냐."며 한 켠으로 안쓰럽고 미안한 마음을 표현했다.

3~4위전인 동메달 결정전에서 33 : 28로 이미 승리를 확정지었을 때,

임영철 감독은 종료 직전에 작전타임을 요청하여 선수 교체를 했다. 이번이 마지막 올림픽 출전이 될 문필희, 허순영, 박정희, 안정화, 오영란 선수에게 기회를 주기 위한 것이었다. 엄청난 훈련을 견디어낸 선수들에게 주는 마지막 선물이자, 애정의 표현이었다. 그들이 따낸 것은 단순한 메달이 아님을, '열정과 혼'을 불어넣은 피땀의 결과물임을 감동적으로 표현한 것이다. 마지막 1분을 남겨두고 벌어진 또 한 편의 드라마는, 마치 영화 〈우리 생애 마지막 순간〉 2편을 보는 듯했다.

세계적인 심리학자 하워드 가드너Howard Gardner는 조선일보 박종세 특파원과의 인터뷰에서 이렇게 말했다. "IQ는 중요하지 않습니다. 능력보다는 성격이 창의성을 만듭니다. 가지가지 실수를 즐기며, 바보가 돼야 진짜 창조경영을 할 수 있습니다. 무조건 따라 하고 남의 말을 믿으면, 실수도 없지만 발전도 없습니다."

창의성의 진정한 원천은 다름 아닌 열정이다. 열정이 없는 사람의 눈은 흐리멍덩하고 초점을 잃을 수밖에 없다. 마찬가지로 열정이 없는 천재성은 시니컬하게 박제된 이론일 뿐이다. 열정이 없는 직원은 퇴근 시간만 기다린다. 당연히 차기 명예퇴직 1순위다. 일을 하다 보면 능력은 큰 차이를 만들어내지 않는다는 것을 시간이 지날수록 더욱 더 절실하게 느끼게 된다. 열정이 있으면, 비록 요직이 아니더라도 꼭 그 사람이 필요한 자리에서 필요한 역할을 할 수 있다. 그러나 제아무리 똑똑한 사람이라 해도, 열정이 없다면 설 자리가 없다. 열정은 비전을 낳으며, 비전이 바로 성공에 꼭 필요한 집요함을 낳는다.

홍수환 선수가 일곱 번 다운을 당하고 다시 일어나 KO로 이겼을 때, 국민들은 희망을 가졌고 퉁퉁 부은 그의 얼굴을 보고 모두가 함께 울었다. 지금 그는 유명한 강사가 되어 있다. 대학에서 체계적으로 학문을 연구하지 않았지만, 그는 몸으로 열정을 체득하는 동안 그 누구도 알기 힘든 경지를 맛보았다. 열정적인 사람이라면, 누구나 자기 분야에서 감동 드라마의 주인공이 될 수 있는 것이다.

삼성전자 국내영업부에서 근무하던 대부분의 직원들은 이상현 전 삼성전자 사장을 잘 알지 못했다. 어느 날 그분이 비서실에서 전임해 생활가전 사업부장으로 부임했을 때, 허황된 소문이 돌기는 했다. 비서실 출신인지라, '앞으로 사장은 따 놓은 당상'이라는 둥, '권력의 실세'라는 둥 상상 속의 이야기들만 난무했다.

생활가전 사업부는 주문자상표부착방식(OEM)으로 타사에서 생산된 제품을 판매만 하는, 어찌 보면 주인공이나 실세 자리는 아니었다. 하지만 실세라는 소문이 더해지면 당연히 많은 주목을 받는다. 영업본부 입장에서는 제조부문 사업부장에게서 그다지 영향력을 받을 일이 없는데도 은근히 주시하고 부담감을 갖게 된다.

그분이 부임한 후, 첫 대면에서 필자는 그만 깜짝 놀라고 말았다. 제조부문이든 영업부문이든 같은 회사다. 다만 일하는 영역만 다를 뿐이다. 당연히 직급도 존재하고 서열도 존재한다. 적어도 다른 제조사업부 부장들은 다분히 근엄했다. 그런데 이상현 사업부장은 그렇지 않았다.

마치 당신이 영업본부에 납품하는 중소기업의 임원인 것처럼, 예의 바르게 모든 의견을 경청했으며 아무리 하급 부하직원의 요구라고 해도 적극적으로 수용해주었다. 틈만 나면 영업본부를 찾아와서, 특히 중간관리자들을 중심으로 숱하게 만났다. 다른 사업부장들이 영업본부엘 오면 같은 직급인 영업본부장만 만나고 가는데, 그분은 쉬는 날이 없는 듯했다. 제조업체, 영업 현장을 신입사원처럼 빠짐없이 다녔다.

당시 생활가전 사업부는 역대 최고의 실적을 보였다. 나는 그 힘이 사업부를 살리려는 이상현 당시 사업부장의 열정에서 나왔다고 생각한다. 당시 필자는 TV, VTR 등 몇 개 사업부의 판매기획과 생활가전 기획도 병행했는데, 생활가전 기획 쪽은 매출이나 중요도에서 밀리는 영역이었지만 일주일 내내 전화하고 두 번 이상 방문해서 독려하는 사업부장 덕분에 좀 더 신경을 쓸 수밖에 없었다. 나도 이상현 당시 사업부장의 열정에 감염이 되고 만 것이다.

결국 그분은 사업부장에서 사장으로까지 승진하게 된다. 원래 '사장이 될 실세'라는 소문 덕분이었을까? 나는 그렇게 생각하지 않는다. 그분은 열정으로 스스로 사장 자리에 오른 것이다. 나는 그분에게서 열정을 배웠고 꿈을 보았다. 자신감은 과거의 비서실 경험이 아니라 열정이 만들어낸 꽃이었다.

'젊은이여, 꿈을 가지라'는 말은 곧 '젊은이여 열정을 가지라'라는 말과 같은 의미다. 성공하는 사람들은 주저 없이 자신의 성공비결로 열정을 꼽을 것이다. 그들은 일단 방향을 정하고 나면, 흔들림 없이 뜨거운 열정으로 미친 듯이 빠져드는 습관을 가지고 있다. 지금 당장 사장처럼 생각하라. 언젠가 사장이 되어 있는 자신을 발견하게 될 것이다.

똑같은 문제에 부딪혀도, 사람마다 그 대응방법이 다르다. 이런 저런 이유를 대서 현재의 상황을 피해가려는 사람이 있는가 하면, '언제든 부딪힐 문제'라고 생각하고 해결하려 이리저리 뛰는 사람도 있다. 해결하려 노력하는 사람 중에서도 집중해서 꼭 맞는 해결책을 집어내어 실행하는 사람이 있는 반면, 무턱대고 이것저것 막 시도해보는 사람도 있다.

당신은 어떤 사람인가? 미국발(發) 금융위기 속에서 어느 회사든 '위기'를 맞을 수밖에 없다. '경기가 나빠서', '환율부담은 불가항력이라 적자가 날 수밖에 없어서', 그리고 '명예퇴직 바람이 불 것이 불을 보듯 빤하니 납작 엎드려 눈치만 볼' 작정이라면 알아서 미리 그만두는 편이 낫다. 글로벌 금융위기의 여파는 꽤 오래 간다. 그렇다고 해서 '환율부담 때문에 적자가 나는 건 당연하다'고 여긴다면, 그 회사는 망하는 수밖에 도리가 없다.

이 세상에 당연한 것은 없다. 하늘이 두 쪽 나도 이익을 낼 방도를 찾아야 한다. 경영학의 아버지라 불리는 피터 드러커는 이미 50년도 전에 이미 '비즈니스의 목적은 고객을 창출하는 것이다'라고 정의했다. 이런 최악의 불경기 시대에는 한번쯤 사업을 보는 시각을 전환할 필요가 있다. 이전에는 한 번 생각해도 됐다면 이젠 두 번 생각해야 한다. 어려울수록 다시 한 번 질문을 던져보라. 우리의 업(業)은 무엇이고 고객은 누구이며 고객이 가치 있게 생각하는 것은 무엇인지, 우리의 사업은 어떻게 될 것이고 어떻게 돼야 하는지 질문을 해보라.

그 질문에 대한 답이 곧 해결책이다. 아무리 경기가 나빠도 옷은 입어야 하고, 먹어야 하고, 친구도 만나야 하고, 기념일에는 선물도 주어야 한다. 경기가 나쁘다고 인구가 줄어드는 것은 아니다. 그런데 대책이 없다고? '두드려라, 열릴 것이다.' 삼고초려 하라! 제갈량도 꼬실 수 있다. 제갈량이 있어야 전국통일을 할 수 있다. 당신 안의 제갈량에게 삼고초려 하라.

웅진코웨이는 경기침체와 불황을 예견한 듯하다. 다방면으로 진취적인 행보를 하고 있는 회사이니 그럴 만하다. 소비자의 얇아진 주머니도 덜어주고, 마케팅에도 새 옷을 입히기로 한 것 같다. 2008년 10월 29일 홍준기 웅진코웨이 사장은 새로운 렌탈 기법인 '페이프리(pay-free)' 서비스의 본격 시행을 선언한다. 외환카드와 제휴를 맺고 고객들에게 정수기를 무료로 대여해주는 '공짜마케팅'을 전개한 것이다.

진짜로 공짜일까? 물론 그것은 아니다. 돈 주고 광고해가며 공짜로 서비스하면 기업은 죽으란 얘기다. 실제로는 공짜가 아니다. 외환카드, OK캐시백 등과 제휴해 렌탈 고객에게 '웅진 페이프리 카드'를 발급해준다. 그리고 렌탈 고객이 이 카드를 사용할 때마다 쌓인 마일리지를 이용해 렌탈료 결제를 할 수 있게 한 것이다. 일반 가정이 흔히 이용하는 주유소와 대형할인점에서 일정 금액 이상을 사용하면, 월 렌탈료가 마일리지로 대체되는 것이다. 외환카드도 440만 계좌 289만 가구에 달하는 웅진의 고객망을 활용할 수 있으니 상생 마케팅이다.

많은 사람들이 '낡은 비즈니스'라고 생각하는 이른바 전당포 사업은 '불황'을 맞아 새로운 판도를 맞고 있다고 한다. 은행이나 사금융보다 훨씬 빨리 돈을 융통할 수 있다는 게 장점이란다. 낡고 음침한 이미지를 벗고, 다양한 서비스를 가미한 전당포가 미국, 영국, 중국 등지에서 빠른 속도로 확산되고 있다. 물론 바람직한 비즈니스 모델은 아니다. 하지만 고객의 절박한 심정을 읽어 우리의 비즈니스에 활용할 방법을 찾을 수는 있을 것이다.

풀어야 할 중요한 문제가 있다면 답이 나올 때까지 계속 집중하는 수밖에 없다. 답이 없다고 지레 겁을 먹거나 해답을 고민할 정신적·물리적 여유가 없다면 그 기업은 문제에 잠식당하고 말 것이다.

일을 잘한다는 것은 기업이 처한 상황에서 가장 핵심이 되는 문제를 찾아내는 일이다. 당면한 매출 감소나 시장점유율의 단기적 후퇴는 진짜 문제가 아니다. 그런 것은 모든 사람의 눈에 보이며, 단기적이고 일반적인 수준에서 해결책을 찾아서 대처해나가면 된다. 그런 것은 전략도 마케팅도 아니다. 그냥 단순한 '업무 처리'다.

보다 근본적인, 그러면서도 눈에 잘 보이지 않는 문제를 찾고 해결하는 능력이 필요하다. 잘 보이지 않는 문제점을 찾아내는, 아무나 보지 못하는 심각한 문제를 찾아내는 능력이 중요하다. 문제만 찾으면 해결책 역시 반드시 찾게 되어 있다. 과장 때나 부장 때 일을 잘한다고 평가받던 사람이 임원이 되면 능력이 떨어지는 것은 이런 경우다. 시키는 일을 잘하는 사람에 불과하기 때문이다. 그러면 만년 부장이다.

열정의 조직, 무엇으로 만들 것인가?

한경닷컴 커뮤니티에서 연재하고 있는 감성코치 하현덕 씨의 칼럼 '성공 오케스트라'를 즐겨 보고 있다. 흥미로운 조사결과와 청소년들을 위한 꿈과 성공에 대한 감동적인 이야기들이 가득하다. 그녀의 글 중에 재미있는 구절이 있어 소개하고 싶다.

> 한 중학교에서 선생님이 꿈의 중요성에 대해 이야기하기 위해, 학생들에게 이렇게 묻는 것으로 포문을 열었다고 한다.
> "여러분들이 꿈을 펼치는 데 가장 큰 장애요소는 무엇일까?"
> 그런데 학생들은 쭈뼛거리기만 할 뿐, 쉽게 대답을 하지 못했다고 한다. 그래서 선생님은 친절하게 힌트를 주었다.
> "자, 잘 생각해보렴. 답은 '자'로 시작하는 네 글자야. 선생님이 생각하는 이 두 가지 장애물은 너희들도 많이 가지고 있는 것이란다."
> 선생님이 말하려던 두 가지 장애물은 '자기비하'와 '자기부정'이었다고 한다. 그때 한 학생이 천연덕스럽게 대답했다.
> "자기부모요!"

모든 일을 수행할 때는 '방향에 대한 공감대'가 최우선이다. 감독이 멋진 각본을 완성했는데, 정작 무대에 올라야 할 배우가 연극의 컨셉을 이해하지 못하거나 대사를 제대로 외우지 못했다면, 그 연극은 실패작이다. 무대에 오른 배우들도 절대 흥이 나지 않는다.

각본의 취지에 대해 상세하고 친절하게 가르치되, 스스로 어떻게 연기할지 구상하도록 제대로 된 질문법을 사용해야 한다. 그래서 스스로가 자신의 머리와 마음으로 깨닫고 제대로 일을 하게 하는 것이 조직의 성과를 올리는 첩경이다. '왜?' 하고 끊임없이 생각하게 하는 습관이다.

마음을 움직이는 두 번째 수단은 '잘하면 인센티브 주고 승진을 시켜주겠다'는 달콤한 보상보다는 그들의 성취감과 자존심을 세워주는 것이다. 나는 2006년의 목표를 상회하는 매출과 이익을 실현했을 때, 회사 최초로 '영업인의 밤'을 호화롭게 개최했다. 개개인에 대한 금전적 포상도 중요하겠지만, 우선 그들의 긍지를 최고조로 올리기 위해 이제까지 전례가 없었던 행사를 가진 것이다. 영업이나 마케팅 인력의 사기가 하늘을 찔렀음은 물론이다.

훌륭한 리더라면 '조직 전체의 업적을 최대화하는' 당연한 임무를 수행해야 한다. 더불어 조직 구성원의 능력을 키워서 강력한 회사가 '유지'될 수 있도록 해야 한다. 시간이 지나면서 모두 리더로 성장해야 할 사람들이다. 그들에게 이심전심으로 배우게 하라.

특히 고객이나 거래선에 대한 제대로 된 생각을 갖게 하는 능력이야말로 우선적으로 가르쳐야 할 사항이다. 아이들은 자기가 좋아하는 사람의 말투나 걸음걸이까지 따라 하려고 한다. 당신에게 배우고 싶은 행동과 능력이 있다면, 부하사원도 거래선도 고객도 따라 하려고 노력할 것이다. 당신이 하고 있는 생각을 부하사원이 똑같이 하고, 부하사원이 생각하고 있는 것을 거래선이 똑같이 하고, 그리고 거래선이 생각하는 것을 고객이 똑같이 하게 된다면, 당신은 안심하고 회사를 비워도 된다. 현재에 만족하지 않고 변화하며 혁신을 리드한다면 더욱 바람직할 것이다. 혼자서 모든 일을 할 수는 없다. 모두가 훌륭한 생각을 할 때 비로소 시너지가 생길 것이다.

열정적인 사람이 있는 반면, 그렇지 않은 사람도 있다. 열정의 첫 불씨를 피우는 사람이 필요하다. 하물며 열정의 불씨를 꺼뜨리는 리더가 되어선 곤란하지 않겠는가? 앞의 중학교 사례가 우스운가? 아니다. 당신도 회사에서 그런 부모가 되어 있을지도 모를 일이다. 리더는 끊임없이 도전하는 모습을 보여야 한다. 그래야 조직을 열정으로 뜨겁게 만들 수 있다.

군대를 보라. 옆 내무반하고 축구시합을 했다. 지면 어떤가? K리그도 아니고 국가 대항도 아닌데, 완전군장에 네 시간 구보가 기다린다. 군대에는 2등이 없다. 그들은 이미 1등과의 싸움에서 죽은 목숨이다. 개개인을 놓고 보면 심약한 젊은 청년들이지만, 군대라는 문화가 '1등이 아니면 안 된다'는 바이러스를 심어준 것이다.

"열심히 해! 잘 해!" 하는 말로는 소용이 없다. '숙제해, 공부해, 컴퓨터 하지 마!' 자식의 공부에 장애요소가 되는 폭력적인 말들이란다. 부하사원들에게 장애요소가 되는 것을 골라내어 지적해주고, 열정이 최고조에 이르도록 스스로 동기부여를 시켜주어야 한다.

내가 해야 할 일이 무엇인지 구체화해서 직원들에게 제대로 일할 수단(무기)를 주고, 진행과정에서 어려움이 있으면 돌파할 힌트를 주라.

리더에게도 프로세스를 지키는 것이 기본이다. 그 밑바탕에는 비전, 즉 미래에 대한 강력한 희망이 있어야 한다. 직원들에게 물고기 잡는 방법을 가르치지 마라. 물고기를 잡고 싶어 미치도록 만들어라. 열정을 가진 조직은 당신의 것이다.

삼성 고(故) 이병철 회장의 '경영 15계명'

제1계명. 행하는 자 이루고, 가는 자 닿는다.

제2계명. 신용을 금쪽같이 지켜라.

제3계명. 사람을 온전히 믿고, 믿었으면 맡겨라.

제4계명. 업의 개념을 알아라.

제5계명. 판단은 신중하게, 결정은 신속하게.

제6계명. 근검절약을 솔선수범하라.

제7계명. 메모광이 되어라.

제8계명. 세심하게 일하라.

제9계명. 신상필벌을 엄격하게 하라.

제10계명. 전문가의 말을 경청하라.

제11계명. 사원들을 일류로 대접하라.

제12계명. 부정부패를 엄히 다스려라.

제13계명. 사원 교육은 회사의 힘을 기르는 것이다.

제14계명. 목계의 마음을 가져라.

제15계명. 정상에 올랐을 때, 변신하라.

Back to the Basic
Stick the Principle

일과 성과로 승부하는 조직은
고객과 시장에 대해 소설 쓰지 않는다

지금 이 순간에도, 우리를 먹여살려주는 고객의 마음속에는 해결되지 못한 갈증, 미래에 대한 불안, 누군가 채워줬으면 하는 열망이 숨쉬고 있을 것입니다. 혹시 우리는 루틴한 업무, 내게 주어진 과제, 그리고 조금은 나사가 풀린 생각 코드 탓에 정작 중요한 것을 놓치고 있을지도 모릅니다.

일을 한다고 다 일이 아니지요. 일에는 목적이 있고 순서가 있고 원칙과 핵심이 있습니다. 그것을 헷갈리면 그때는 일이 아니라 재앙이 되고 맙니다. 우리가 회사엘 다니고 월급을 받고 밥을 먹을 수 있는 것은, 그렇게 제대로 일하려고 노력하고 있기 때문이고 고객에 대한 고민을 잊지 않으려고 노력하고 있기 때문입니다.

현장에서 조금 더 먼저 혹은 조금 더 고객과 밀착해 경험해본 저의 이야기를 삼백여 페이지에 걸쳐 장황하게 늘어놓았습니다만, 결국 모든 것의 핵심은 고객과 시장에 대해 얼마나 정직하게 알려고 노력하고 또 얼마나 열정적으로 대응하느냐의 문제인 것 같습니다. 다 같이 잊지 않고 챙겨갔으면 하는 바람입니다.

조금은 잔소리 같은 장황한 이야기에 귀 기울여주신 독자께 먼저 심심한 위로(?)와 감사를 드립니다. 필자 역시 이 책을 사주시는 독자 덕택에 밥 먹고 있는 것임을 잊지 않으려고 꾸준히 노력하겠습니다. 혹여 다른 책으로 또 다시 독자 여러분을 만날 기회가 생긴다면, 그때 더 성장한 모습으로 더 깊은 고민을 가지고 부족한 첫 책에 실망하셨을지 모를 분들에게 답례하고 싶습니다.

길게 잔소리를 늘어놓기는 했지만, 잘 압니다. 이미 여러분은 충분히 힘들고 충분히 인정받을 만큼 고생하고 있다는 것을요. 그리고 더 잘하려고 '자기계발서'를 뒤적이고 좋은 글귀를 책상 앞에 붙여놓고 자신을 채찍질하고 있다는 것도 압니다. 그런 여러분의 행보에 '브라보(Brovo!)'를 보냅니다.

책이 나오기까지 많은 분들이 고생해주셨습니다. 먼저 불같은 보스를 모시고 사느라 고생이 많은 BNB 마케팅 가족들, 그리고 일선에서 같이 땀 흘려 고생하는 많은 동료, 선후배 여러분들, 일일이 지면에서 다 열거해 감사 인사를 드리지 못함을 송구하게 생각합니다.

부족한 필자를 믿고 '이기는 습관'이라는 유례없는 명작의 대열에 필자로 참여할 수 있는 기회를 주신 쌤앤파커스 박시형 대표, 원고를 독촉하며 책이 나오기까지 산고를 더 많이 치른 이은정 실장을 비롯한 출판사 여러분께도 감사를 드립니다.

지은이 김진동

지은이 | 김진동

"1년 반짝 잘할 수는 있다!
그러나 장기적인 승리, 시장에서의 명승부를 어떻게 만들어낼 것인가?
지금 당장, 탁월한 전략과 마케팅력으로 평균의 함정을 뛰어넘어라!"

김진동 대표는 마케팅 분야에서 내로라하는 '전략가'로 꼽힌다. 특히 곪거나 적체된 조직의 체질 개선, 구조적 모순의 핵심을 짚어내는 '경쟁력 확보의 마이더스 손'으로 꼽히는 그는 '입에 쓴 약'과도 같은 존재다. 증상의 언저리만 건드리지 않고, 폐부를 찔러 원초적으로 처방하는 그의 비즈니스 컨설팅 기법은 이미 업계에서 정평이 나 있다.

저자는 삼성전자에서 현장 마케터로 잔뼈가 굵었다. 현장 영업 일선에서는 4년 연속 1위 지점을 경영했고, 부진한 지점으로 자진 부임해 변화를 일군 주인공으로 주목을 받았다. 국내 영업본부와 해외법인 정상화 TF 등을 거치면서, 현장을 관통해 전략을 뽑아내는 실력을 대내외적으로 인정받았다. 이후 소니코리아, 위니아만도 등의 마케팅 총괄본부장을 거치면서, 매출 드라이브의 허장성세가 아니라 수익률과 현금회전율 등 알짜배기 성과를 귀신같이 창출하는 신화적 인물로 조명을 받아왔다. 또한 조직의 비능률을 척결하고 현장 중심의 '실용 전략'을 구사함으로써, 업계에서 인정받는 '승부사'이자 조직구성원들이 두려워하면서도 좋아하는 리더로서의 위치를 확고히 해왔다.

1955년 경남 합천에서 태어나 성균관대학교 경상대학을 졸업했으며, 1982년부터 2002년까지 삼성전자에서 근무했다. 삼성전자 국내 영업본부, 국내 마케팅, 중국 지역전문가, 해외법인 정상화 TF 등 현장의 요직을 거쳐, 사장 직속의 상품기획센터에서 비즈니스 크리에이터로 일했다. 2002년부터 2004년까지 소니코리아 영업본부장을 맡으면서 매출 1.5배 확대의 변화를 일궜으며, 2004년부터 2007년까지 위니아만도 마케팅·영업·서비스 총괄본부장을 역임하며 이익률 3.5배 성장이라는 신화를 만들었다.
현재 마케팅 컨설팅 회사인 BNB마케팅 대표이사로 재임 중이다.

공피고아 : 어떤 조직에서도 승승장구하는 사람들의 비책
장동인·이남훈 지음 | 14,000원

회사에서는 일만 잘하면 된다고 생각하는 순간, 당신의 조직생활에 위기가 시작된다. 일을 제대로 하고 싶다면, 당신과 그 일을 함께할 '사람'을 먼저 배워라. 조직과 사람이 움직이는 원리를 관통하는 10가지 키워드와 명쾌한 대응전략! (추천: 가장 현실적인 '직장생활의 정공법'을 익히고 싶은 이들을 위한 책)

일본전산 이야기
김성오 지음 | 13,000원

장기 불황 속 10배 성장, 손대는 분야마다 세계 1위에 오른 '일본전산'의 성공비결. 기본기부터 생각, 실행패턴까지 모조리 바꾼 위기극복 노하우와 교토식 경영, 배와 절반의 법칙 등 '일본전산'의 생생한 현장 스토리가 우리들 가슴에 다시금 불을 지핀다. (추천: 감동적인 일화로 '사람 경영'과 '일 경영'을 배운다.)

일을 했으면 성과를 내라
류랑도 지음 | 14,000원

성과의 핵심은 오로지 자신의 역량뿐! 이 책은 누구도 세세히 일러주지 않은 일의 전략과 방법론을 알려줌으로써, 어디서든 '일 잘하는 사람, 성과를 기대해도 좋은 사람' 이란 평가를 받게끔 이끌어준다. (추천: 일에 익숙하지 않은 사회초년생과 그들을 코칭하는 리더, 그리고 현재의 역량을 배가하고자 하는 모든 직장인들을 위한 책)

거절할 수 없는 제안을 하라
마이클 프란지스 지음 | 최정임 옮김 | 13,000원

전직 마피아 보스가 들려주는 비즈니스 성공원칙! 누구도 경험하지 못한 마피아들의 조직 논리와 비즈니스 본능을 바탕으로, 단순한 경영이론을 뛰어넘어 현실에서 적용할 수 있는 남다른 비즈니스 원칙을 제시한다. (추천: 효율적인 비즈니스 전략과 조직운영을 추구하는 기업 및 조직의 리더들을 위한 책)

이기는 습관 1
전옥표 지음 | 12,000원

애니콜, 하우젠 신화를 만든 마케팅 달인이자, 꼴찌조직을 1등으로 끌어올린 명사령관 전옥표가 말하는 '총알같은 실행력과 귀신같은 전략으로 뭉친 1등 조직의 비결'. 동사형 조직, 지독한 프로세스, 규범이 있는 조직문화 등 실천적인 지침을 담았다. (추천: 경영자에겐 조직단련의 방법론, 직원에겐 행동강령을 제시해줄 일터의 필독서)

혼·창·통 : 당신은 이 셋을 가졌는가?

이지훈 지음 | 14,000원

세계 최고의 경영대가, CEO들이 말하는 성공의 3가지 道, '혼(魂), 창(創), 통(通)'! 조선일보 위클리비즈 편집장이자 경제학 박사인 저자가 3년간의 심층 취재를 토대로, 대가들의 황금 같은 메시지, 살아 펄떡이는 사례를 본인의 식견과 통찰력으로 풀어냈다. (추천 : 삶과 조직 경영에 있어 근원적인 해법을 찾는 모든 사람)

오리진이 되라

강신장 지음 | 14,000원

더 나은 것이 아니라, 세상에 없는 것을 만들어라! 창조의 '오리진'이 되어 운명을 바꿔라! CEO들을 창조의 바다로 안내한 SERI CEO, 그 중심에 있던 강신장이 말하는 세상에서 가장 맛있는 창조 이야기. 이제 세상을 다르게 보는 길이 열린다! (추천: 읽기만 해도 창조의 영감이 솟아오르는 텍스트를 기다려온 모든 이들을 위한 책)

유머가 이긴다

신상훈 지음 | 13,000원

유머는 딱딱한 머리를 말랑하게 해주는 최고의 '유연제'이자, 막힌 가슴을 쾅 뚫어주는 '소통의 묘약', 21세기 리더십의 필수요소다. 20년 넘게 개그작가로 활동하며 대한민국 최고의 유머코치로 정평이 난 신상훈 교수의 유머레슨을 책으로 만난다. (추천: 회의, 연설, 파티, 주례사 등 리더를 위한 상황별 유머비법 총망라)

멋지게 한말씀

조관일 지음 | 14,000원

자기소개, 건배사, 축사, 행사 진행, 프레젠테이션… 언제든 써먹는 '노래방 18번'처럼, 어느 자리에서든 당신을 멋지게 띄우는 '한말씀'의 기술! 첫마디 시작하는 법, 화젯거리 찾는 공식, 흥미진진하게 말하는 법 등, 대한민국 명강사의 '30년 한말씀 노하우' 총망라! (추천: 공적, 사적 모임에서 멋진 한말씀으로 돋보이고 싶은 사람들을 위한 책)

에너지버스

1편 : 존 고든 지음 | 유영만, 이수경 옮김 | 10,000원
2편 : 존 고든 지음 | 최정임 옮김 | 12,000원

60만 독자들의 열광! 1편은 '에너지 뱀파이어'로부터 자신을 보호하고 열정 에너지를 주위에 전파시키는 법을, 2편은 '불평불만'과 결별하고 긍정 에너지를 발산하는 방법을 알려준다. (추천: 열정과 에너지 넘치는 삶과 일터를 위한 탁월한 가이드)

Winning Habit 2